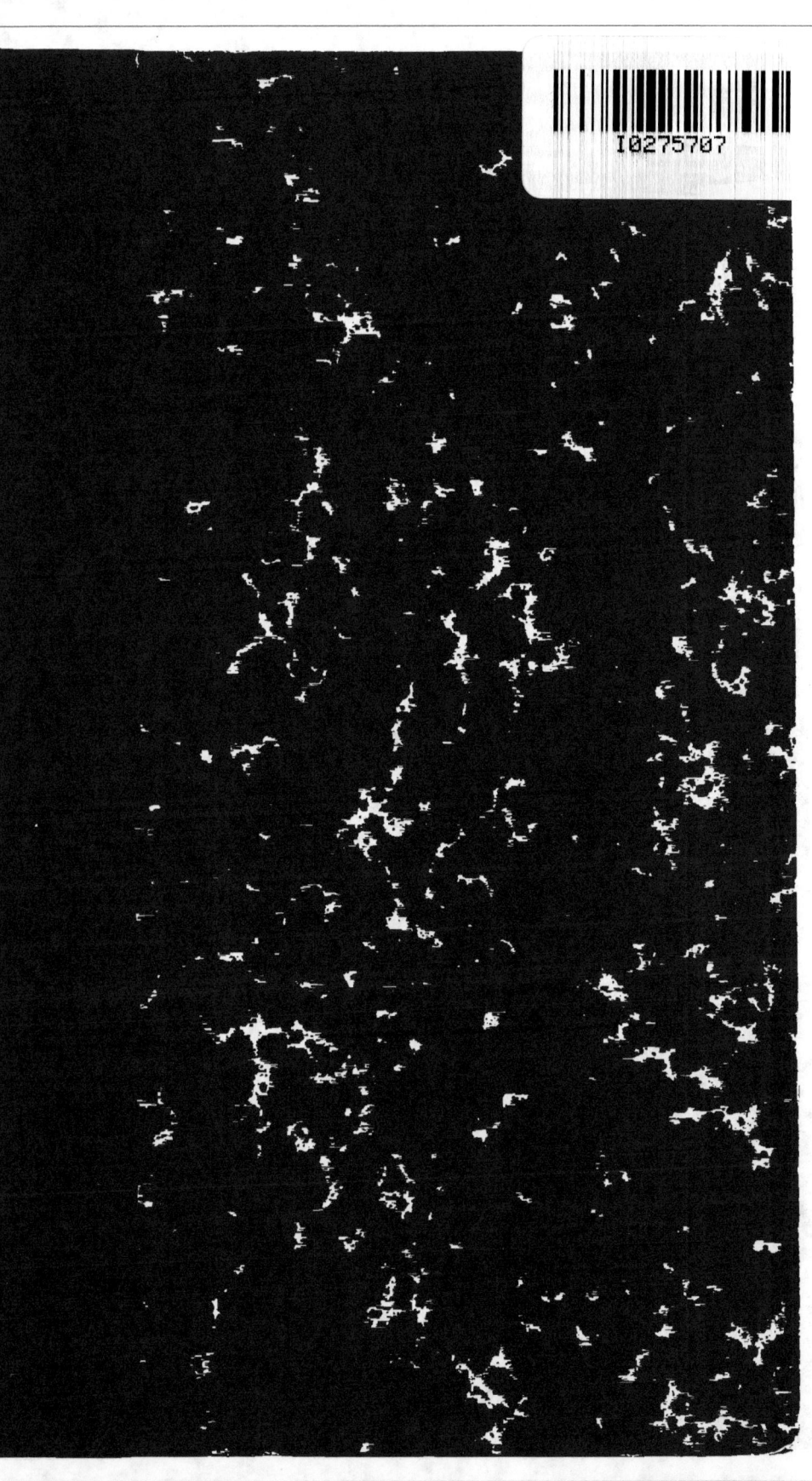

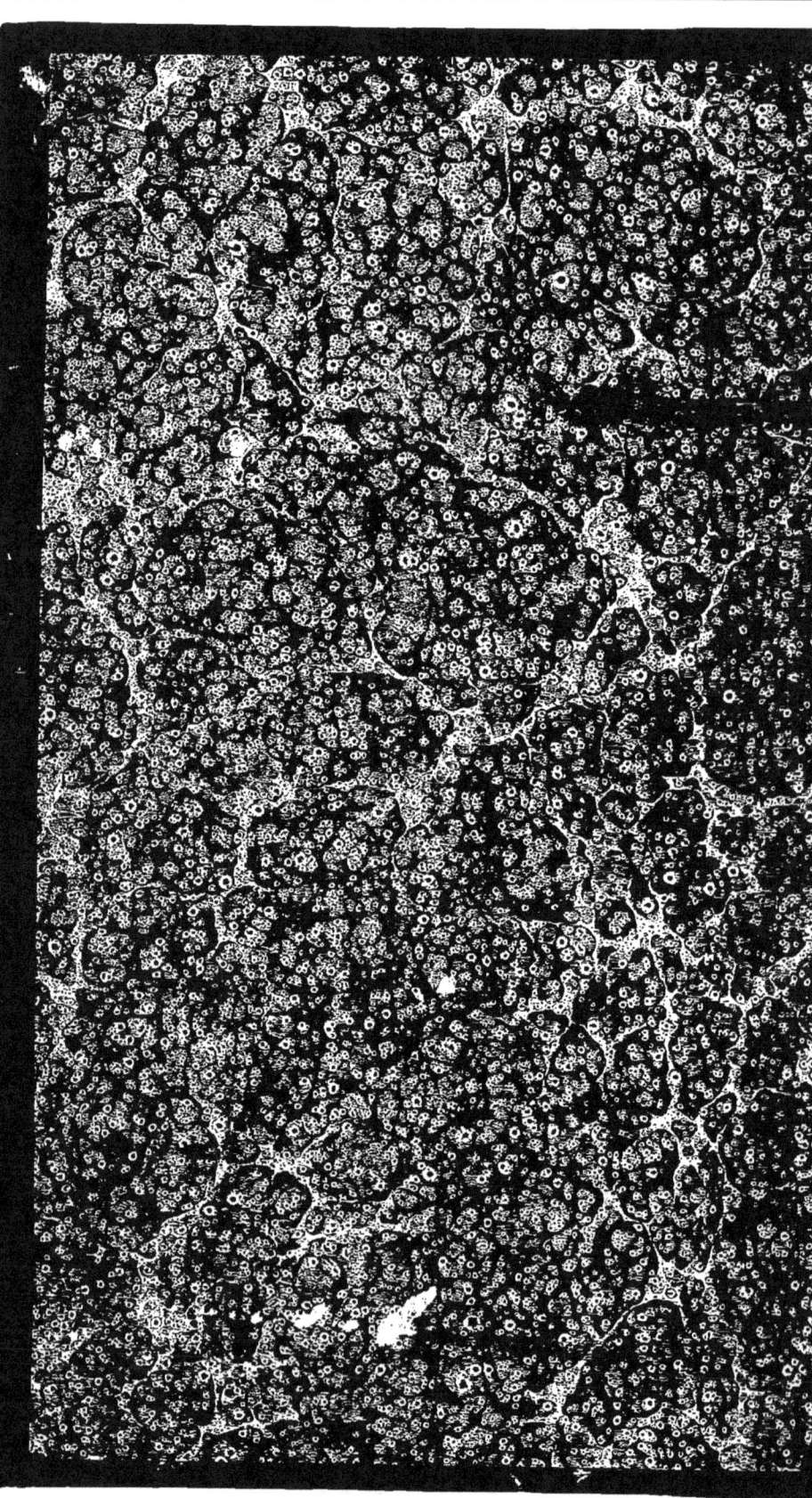

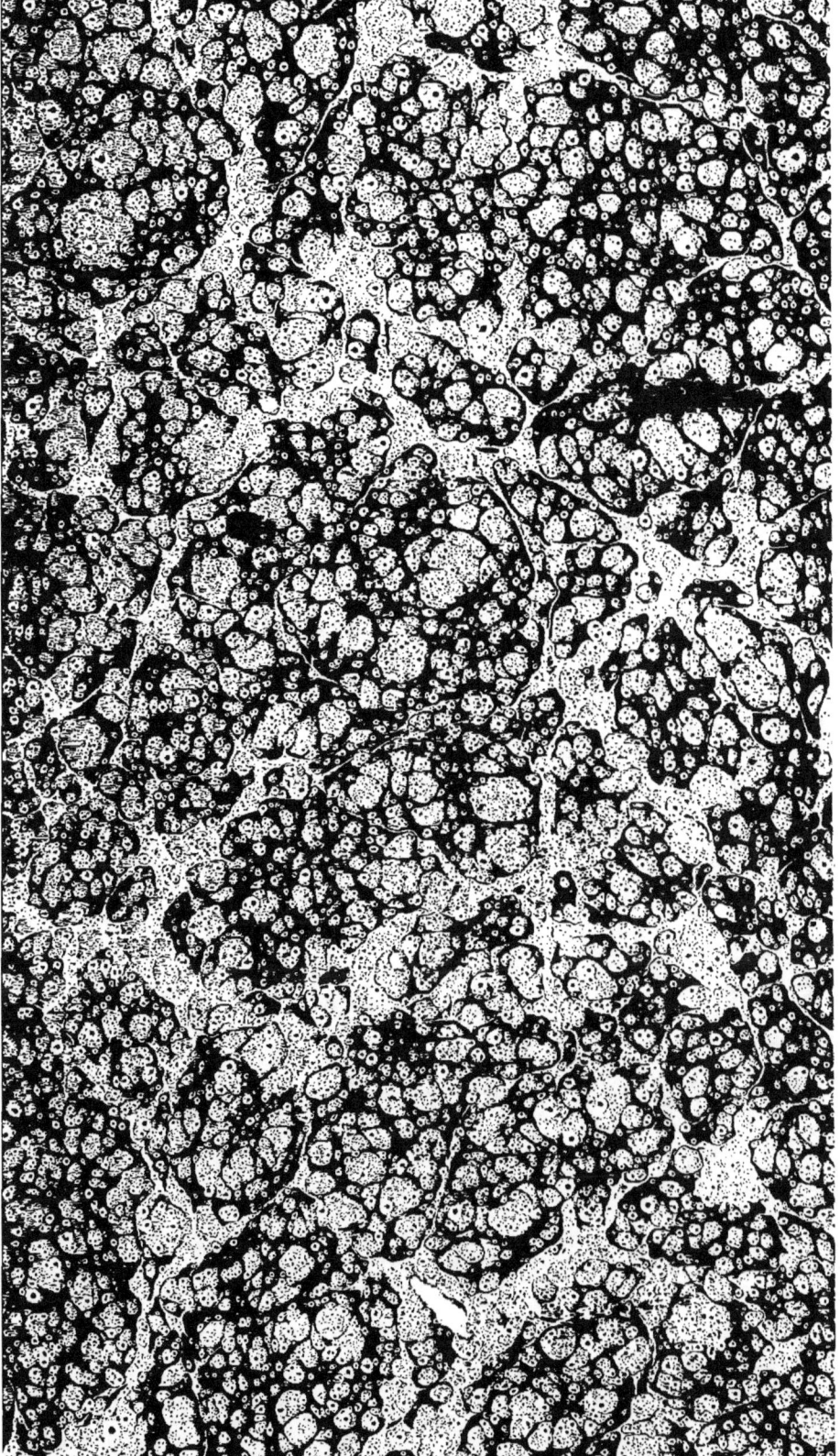

PORTEFEUILLE

DE

MIL HUIT CENT TREIZE.

TOME SECOND.

PARIS. — IMPRIMERIE DE FAIN, RUE RACINE, N°. 4,
PLACE DE L'ODÉON.

PORTEFEUILLE

DE

MIL HUIT CENT TREIZE,

ou

TABLEAU

POLITIQUE ET MILITAIRE

RENFERMANT,

AVEC LE RÉCIT DES ÉVÉNEMENS DE CETTE ÉPOQUE,

Un choix de la Correspondance inédite de l'Empereur Napoléon, et de celle de plusieurs Personnages distingués, soit Français, soit Étrangers, pendant la première Campagne de Saxe, l'Armistice de Plesswitz, le Congrès de Prague et la seconde Campagne de Saxe;

PAR M. DE NORVINS.

PARIS,

A LA LIBRAIRIE UNIVERSELLE

DE P. MONGIE AÎNÉ,

BOULEVART DES ITALIENS, N°. 10.

1825.

LE PORTEFEUILLE

DE

MIL HUIT CENT TREIZE.

CHAPITRE PREMIER.

30 mai. — Conférences à Waldstadt. — Correspondance de l'empereur.

Le 29, le duc de Vicence s'était rendu à Neudorf, où il attendait les plénipotentiaires. Mais une difficulté survenue du côté de Jauer, aux avant-postes du général Régnier, avait empêché leur admission, et ce ne fut que le lendemain que la réunion eut lieu dans l'abbaye de Waldstadt. Les plénipotentiaires des alliés y arrivèrent dans la nuit du 29 au 30, et à deux heures du matin ils écrivirent au duc de Vicence : « Nous sommes prêts à entrer en discussion aujourd'hui matin, mais dans le cas où les troupes françaises recevraient l'ordre de rester dans leurs positions actuelles, et qu'il y ait suspension d'armes jusqu'à ce que l'affaire soit terminée, ou du moins pour vingt-quatre heures. Dans le cas contraire, nous ne pouvons entrer en discussion. » Ce début montrait assez sur quel ton ils voulaient prendre la négociation. En effet, la réunion eut lieu, et le duc de Vicence rendit compte à l'empereur de cette première entrevue. « Les plénipotentiaires alliés n'admettaient point la lettre close comme pouvoirs suffisans; ils rejetaient l'échange des pouvoirs après qu'on serait tombé d'accord sur les bases... Leur mission était toute militaire; ce qui est relatif à un congrès dans le préambule lui est étranger... Il fallait parler de la médiation autrichienne... On ne voulait donc pas faire la paix... Quant à la démarcation, on ne pouvait pas s'entendre;... ils voulaient se retirer, parce qu'ils entendaient le canon... L'armée française avait marché la veille... Ils articulèrent (ce qui n'était que trop vrai et ce qui faisait le procès à la demande de l'armistice) qu'ils avaient des renforts en route, des forces en Saxe et au delà de l'Elbe; que le corps de Bulow, fort de soixante mille hommes, était à Hoyerswerda... Ils niaient avec raison que nous fussions à Berlin, et à tort que nous eussions passé l'Oder à Glogaw; ils niaient aussi l'occupation de Hambourg, *qui se rendit le lendemain*... Ils disaient que si la paix ne se faisait point, les armées devaient reprendre leurs positions; et par la nouvelle démarcation qu'ils proposaient, ils demandaient l'évacuation de toute la haute Silésie. Enfin, et c'était là le mot d'ordre de leur quartier-général, *ils avaient rendu l'Autriche maîtresse de la question de la paix*, ajoutant que cette puissance pouvait mettre l'empereur Napoléon à même d'apprécier combien ce désir était sincère. » Il était difficile aux alliés de simplifier d'une manière plus claire leur volonté au sujet de la médiation autrichienne, et d'en rendre la manifestation plus amère à Napoléon par le témoignage qu'ils invoquaient auprès de lui. Ce fut ainsi qu'ils débutèrent en mettant à chaque circonstance le marché à la main, voulant imposer quand on proposait, ne masquant ni leur méfiance, ni leurs prétentions, et affectant de peu s'embarrasser de rompre la négociation.

Napoléon laissait quelquefois ses ennemis choisir leur champ de bataille, dans l'espérance de le leur rendre fatal par la supériorité de sa tactique, ou de les attirer sur celui qu'il avait pris lui-même; car il était le grand politique de la guerre. Il jugea aussi de l'esprit de la négociation par la dépêche de son plénipotentiaire. Sa fierté s'indigna de l'arrogante exigence des alliés, et, par cette réponse qu'il fit expédier le même jour au duc de Vicence, il le plaça ainsi que les alliés sur le terrain où il voulait négocier.

« Monsieur le duc de Vicence, il me paraît, par votre lettre, que ces messieurs prétendraient que j'évacuasse toute la haute Silésie, et même mes communications avec Glogaw ; il y a tant d'absurdité dans ce dire que ce n'est pas concevable. Cependant je suppose que vous vous êtes mal expliqué, car vous dites dans votre lettre *que les armées reprendraient leurs positions si la paix ne se faisait point*, ce qui suppose que de leur côté ils auraient reculé aussi. Vous pouvez donner pour nouvelle aux plénipotentiaires, que le général Bulow a été battu le 28 en avant de Hoyerswerda ; que la veille un corps de cent cosaques et douze officiers avaient été surpris, et que cette armée était poursuivie vivement ; que quant à Hambourg, nous avons dû y entrer le 24 ; que les Danois font cause commune avec nous, et que dix-huit mille hommes de leurs troupes se sont réunies au prince d'Eckmühl. J'en reviens à ce que vous m'écrivez. Le principe de toute négociation de suspension d'armes est que chacun reste dans la position où il se trouve : les lignes de démarcation sont ensuite l'application de ce principe. Au reste, s'ils tiennent à des conditions aussi absurdes que celles que vous expliquez dans votre lettre, il n'y a pas lieu à s'arranger, et il est inutile de continuer davantage les conférences. Dans ce cas, revenez le plus tôt possible ici. Sur ce, je prie Dieu, etc.

» Napoléon.

» Rosnig, 30 mai 1813, à midi. »

On fut effectivement au moment de rompre de

la part des alliés, parce que les Prussiens insistaient fortement pour l'évacuation de la Silésie; cependant le lendemain ils demandèrent au duc de Vicence de fixer un rendez-vous dans un des villages intermédiaires des avant-postes respectifs, ayant reçu l'ordre de s'expliquer clairement sur certains articles, d'après ce que le duc de Vicence leur avait communiqué la veille. L'empereur et les alliés jouaient le même jeu : ils ne voulaient point rompre la négociation; mais leurs vœux étaient différens comme le but qu'ils se proposaient. Napoléon n'entendait parler que de la paix à son quartier-général, et il se flattait d'y parvenir. Les alliés ne voulaient négocier que pour laisser le temps à leurs renforts d'arriver, et à l'Autriche de terminer ses armemens.

CHAPITRE II.

Conférences de Gebersdorf — 31 mai et 1ᵉʳ juin. — Correspondance de l'empereur.

LE village de Gebersdorf fut choisi pour reprendre les conférences ; le séance fut très-longue et se prolongea jusque dans la nuit. Le duc de Vicence mit sous les yeux de l'empereur tous les détails de cette conférence. Les objections des alliés seront connues du lecteur par la propre réfutation de Napoléon, qui, de son quartier-général, conduisait lui-même toute la discussion, et dictait les propositions qu'il avait résolu de leur faire adopter, sans s'inquiéter du système de dénégation et de résistance qu'ils avaient montré au début. En effet, ils avaient persisté à tout nier et à tout refuser ; ils accordaient ce que l'on possédait, comme les environs de Glogaw, où l'armée française était entrée. C'était un pas en avant que l'empereur Alexandre avait voulu faire : ce prince proposait une nouvelle ligne de démarcation plus favorable aux Français, mais qui excluait tout-à-fait Breslau, où ils entrèrent le jour même. Les alliés poussaient la jactance jusqu'à dire que quand même cette occupation aurait lieu de la part de Napoléon, elle favoriserait leurs opérations militaires. Cette assertion n'était pas heureuse, faite au premier homme de guerre du siècle ; ils refusaient également Hambourg, qui, à la même heure peut-être, recevait le prince d'Eckmühl dans ses murs. Les plénipotentiaires disaient qu'ils osaient à peine demander des instructions à cet égard. Ils accordaient l'armistice pour six semaines ; ils demandaient à échanger les pleins-pouvoirs originaux ; ils ne cessaient de répéter que l'armistice n'était pour eux qu'un sacrifice fait à la paix, qu'il n'était qu'à l'avantage des Français, et très-contraire à leurs intérêts militaires. Enfin, après trois défaites telles que celles de Lutzen, Bautzen et Wurschen, après la perte de la Saxe et de la basse Silésie, ils osaient dire *que leur campagne allait commencer, et que la position de l'armée française leur offrait tous les avantages qu'ils pouvaient désirer.* C'était rappeler d'une manière au moins bien intempestive la réponse du général Kutusof au général Lauriston après la prise de Moscou, ou plutôt c'était déclarer qu'ils comptaient sur l'armée autrichienne.

Le duc de Vicence continuait d'être chargé de suivre l'intérêt que Napoléon mettait à traiter particulièrement de la paix avec l'empereur Alexandre. Il était autorisé à entretenir particulièrement le comte de Schouwaloff ; mais il n'avait pu en trouver l'occasion, et ce n'était qu'en présence du plénipotentiaire prussien qu'il avait reçu l'assurance que l'empereur Alexandre était sans passion et voulait sincèrement la paix. La méfiance était portée à son comble sans déguisement sur les intentions que l'on supposait à Napoléon, et elle n'était pas étrangère aux rapports que les plénipotentiaires alliés avaient entre eux. La présence de M. de Stadion rendait leurs positions respectives très-délicates, et la rigoureuse réserve que le plénipotentiaire russe semblait s'imposer vis-à-vis du plénipotentiaire français, n'était peut-être que le résultat de cet état de contrainte où une politique inattendue avait placé ces trois puissances. Quoi qu'il en soit, la confidence de l'impossibilité où le duc de Vicence se trouvait d'entretenir particulièrement le comte de Schouwaloff, était certainement ce qui, dans le compte rendu à l'empereur de la conférence de Gebersdorff, devait le plus vivement affecter ce souverain. L'empereur répondit :

« Monsieur le duc de Vicence, je reçois votre lettre de trois heures du matin. Les assertions que vous tiennent les plénipotentiaires sont tout-à-fait ridicules, et j'ai peine à comprendre comment ils peuvent se laisser aller à de pareils propos. J'ai dix rapports sur l'affaire du duc de Reggio; et ce qui répond à tout, c'est qu'il est à trois journées du champ de bataille. Le rapport qu'ils assiégent Vittemberg est absurde : j'ai des nouvelles de cette place du 31. La nouvelle qu'il y avait deux mille hommes à Magdebourg est plaisante; il y a dans cette place quinze mille hommes. Quant à leur dire, que nous sommes dans une fausse position, je ne parle pas de la position où ils se trouvent, il est extraordinaire qu'ils veuillent connaître la mienne et en parler. Toutefois, les principes que vous m'annoncez pour l'armistice ne me paraissent pas s'éloigner des instructions que je vous avais données, puisque tous les états de la Saxe seraient délivrés. Dans les états du roi de Saxe, je comprends ceux de Dessau qui sont de petits fiefs enclavés. Ils font passer la ligne de manière que je ne pourrais occuper aucune ville, parce que la rivière passant au milieu de Liegnitz, cette même ligne partagerait Lowenberg et Goldberg. Il serait donc convenable que la ligne passât à une lieue de chacune de ces villes; mais c'est un objet de peu d'importance. En parlant du Thalweig de l'Elbe, il faudrait accorder une lieue sur la rive droite autour de Magdebourg. Quant à Vittemberg, il n'est besoin d'aucune stipulation de cette nature, puisque Vittemberg est enclavé dans la Saxe à plus d'une lieue des frontières. La seule difficulté est Hambourg; tout me porte à penser qu'au moment où la nouvelle arrivera à Hambourg, nous serons maîtres de la place, ou du moins que nous la cernerons, puisque le prince d'Eckmühl a tenu, le 25, un conseil avec les officiers danois et M. le comte de Kaas, ministre de l'intérieur, que le roi de Danemarck envoie auprès de moi; que d'ailleurs les batteries tirent à boulets rouges sur la ville, et que les Danois m'offrent quinze mille hommes. Mais ce point est si loin, qu'on pourrait se tirer d'embarras en ne faisant pas d'armistice sur ce point. Il y a un mois de marche d'ici là; il est donc évident que des renforts ne sauraient être dirigés de ce côté. On pourrait donc ne pas en parler, et faire finir l'armistice à Boitzenbourg sur la frontière de la trente-deuxième division, vu qu'il serait contraire à la constitution que je fisse un acte quelconque comme empereur qui laissât l'ennemi sur le territoire français. Ces messieurs doivent comprendre que le biais que je propose est dans des sentimens toutà-fait concilians; il se passera de ce côté ce qu'on voudra. Cette partie est trop éloignée pour avoir aucune influence, et le mode qu'on propose aura d'autant plus d'avantages, qu'il faudra vingt articles sur Hambourg, puisqu'il y aurait à prévoir le cas où les Français et les Danois cerneraient la ville, celui où ils y seraient entrés, etc. Quant à mes convois, vous savez que je n'en ai pas encore perdu un seul, et que la route de l'armée depuis Mayence n'a pas encore été un moment interceptée, vu que tout marche réuni sous des escortes de quinze cents à deux mille hommes. Il est vrai que des voitures d'artillerie, ayant pris la route de Bayreuth, ont été interceptées par des partisans : le matériel a été repris. Mais ces discussions sont tout-à-fait vaines. J'ai fait dresser les pouvoirs par le prince de Neufchâtel; vous pouvez les échanger aujourd'hui, afin d'avoir le temps de discuter; vous recevrez avec, des lettres du prince de Neufchâtel, qui vous autorisent à suspendre tous les mouvemens en avant que feraient les différens corps d'armée; vous expédierez donc un officier français et un officier russe par le plus court chemin sur Breslau pour arrêter la colonne où elle se trouvera, et si on se battait, pour suspendre les hostilités : vous en ferez autant du côté de Jaüer et du duc de Raguse. Vous remarquerez que dans vos pouvoirs il est dit : le *statu quo*, chacun devant conserver ce qu'il a dans ce moment. Aussitôt que vous aurez pris toutes les mesures de concert avec les plénipotentiaires russe et prussien pour faire cesser les hostilités, il sera convenable que vous choisissiez une maison à mi-chemin des avant-postes, où il y aura une garnison française et russe, et que le terrain à un quart de lieue autour soit déclaré neutre. Cette petite circonstance n'ayant aucune importance et pouvant se faire facilement, une compagnie de cavalerie qu'enverra le général Latour-Maubourg et une compagnie de voltigeurs seront suffisantes. Voici actuellement ce qui se passe du côté de Breslau. Hier, le prince de la Moscowa est arrivé à une lieue de cette ville à sept heures du soir sur la petite rivière de l'Ohe, et y a trouvé un corps de dix à douze mille hommes avec lequel il a tiré quelques coups de fusil et de canon. Il l'aura probablement attaqué ce matin à quatre heures, à moins que ce corps ne se soit retiré. Il est inutile de parler de cette circonstance, mais seulement vous ferez expédier d'abord l'ordre dans la direction de Breslau, afin que si on se battait on suspendît le différend. L'avantage qu'aurait remporté le général Saint-Priest est sans doute l'escarmouche qu'il a eue hier avec les Wurtembergeois, où chacun cependant a gardé ses postes. Le duc de Tarente, ayant eu pour instruction de ne pas avancer et garder sa position, n'a pas voulu s'engager davantage. Tout est avantage pour ces messieurs; il paraît qu'ils ont l'esprit singulièrement tourné. Vous sentez que vous ne pouvez pas vous départir de la base que chacun garde ce qu'il a : aussitôt que la suspension d'armes pour trente-six heures sera arrêtée, que les ordres seront envoyés sur Breslau et Jaüer, vous ferez connaître aux plénipotentiaires que la négociation de l'armistice doit avoir lieu sur cette base, et vous leur ferez admettre cette base. Ce principe une fois admis, vous diviserez l'armistice en trois parties :

» 1°. L'armée qui est ici, pour laquelle je demande à conserver tout ce que j'ai, en prenant une ligne qui passe par tous les postes que j'occuperai au moment de la suspension d'armes, c'est-à-dire la ligne qu'indiquent vos pleins-pouvoirs;

» 2°. L'armée du général Bulow et du duc de Reggio : ils traceront une ligne selon la position où ils se trouveront au moment où leur arrivera la notification de la signature de l'armistice. On ne peut pas les comprendre dans la première suspension d'armes, parce qu'ils sont trop loin;

» 3°. Enfin, les partis sur la rive droite de l'Elbe et de l'Oder (car j'ai de forts partis qui poursuivent, sur la rive droite de l'Oder, un bataillon qui s'était réfugié sur Posen). Il sera convenable que les uns repassent l'Elbe et les autres l'Oder. Je ne parle pas des partisans et des patrouilles, parce qu'ils seraient exposés, mais des corps qui auraient leurs communications : chacun pourrait garder la position où il se trouvera au moment de la signature de l'armistice. Quant à la trente-deuxième division militaire, c'est un point de délicatesse et d'honneur dans lequel l'empereur Alexandre doit entrer plus que personne. Vous leur représenterez que s'ils veulent véritablement la paix, aucune paix ne peut être faisable aux dépens du territoire constitutionnel de l'empire. C'est en vain qu'ils pourraient dire que l'empereur Alexandre n'a pas reconnu la réunion de Hambourg. Je n'avais pas reconnu la réunion de la Lithuanie, et cependant l'empereur Alexandre n'aurait pas voulu entendre à la cession de quelques points de ce territoire lorsque je l'occupais. Pourquoi me croirait-il ici moins de délicatesse et d'énergie? En nous donnant Hambourg, etc., par l'armistice, on arracherait ces malheureuses villes aux angoisses auxquelles elles sont en proie, et ce serait même une manière fort honorable de s'en tirer, si toutefois ces villes ne sont pas déjà occupées par nous. Une batterie de mortiers de deux était établie dans les îles. Le prince d'Eckmühl avait trois divisions d'infanterie, et le 25 un conseil s'est tenu chez le prince, où se sont trouvés M. de Kaas, ministre de l'intérieur danois. On avait déjà les ordres de la cour de Danemarck, pour que toute l'armée danoise qui était dans le Holstein marchât avec l'armée française. Il est donc probable que Hambourg est pris ou assiégé. Je ne puis donc pas stipuler pour la rive gauche de l'Elbe : 1°. parce que je suis maître d'Hambourg; 2°. parce qu'il serait déshonorant et contraire aux principes de nos constitutions de stipuler aucun armistice qui laisse l'ennemi sur notre territoire, tandis que nous nous trouvons sur le territoire étranger. Mais un biais tout simple c'est de faire finir l'armistice aux limites de la trente-deuxième division, entre Lunébourg et Boitzembourg, et de laisser aller les choses sur le bas Elbe. Comme il y a un mois de marche d'ici là, pour l'une et l'autre armée, on ne peut pas craindre qu'on fasse des détachemens de ce côté, c'est donc réellement un autre théâtre. Quant à la durée de l'armistice, vous ferez connaître qu'il est difficile en un mois de négocier la paix; que deux mois paraissent nécessaires, d'autant plus que depuis la signature de l'armistice, il se passera au moins cinq à six jours avant qu'on ait nommé les plénipotentiaires. Vous devez donc proposer de mettre deux mois. S'ils ne veulent pas, il faudrait accorder six jours comme ils le proposent pour dénoncer l'armistice, et quinze jours pour commencer les hostilités. Vous ferez connaître que les quinze jours permettront de disséminer les troupes, et par là d'être moins à charge au pays, puisque l'on aura toujours le temps de les réunir. Il faudra stipuler que les quinze jours devront compter du moment où la notification en aura été faite au quartier-général du général commandant l'armée, et où on en aura tiré reçu. Ainsi donc, je désire que vous rédigiez l'armistice en trois parties. 1°. L'armée ici où nous nous trouvons, dont la ligne sera déterminée par les points qu'occuperont les avant-postes au moment de l'échange des pleins-pouvoirs; 2°. l'armée qui couvre Berlin, où l'armistice sera déterminé par la ligne qu'occuperont les deux armées au moment de la signature de l'armistice, la rive gauche de l'Elbe, qu'on évacuera en même temps que la rive droite de l'Oder, enfin le territoire français ou la trente-deuxième division, où on laissera continuer les choses comme elles sont.

» Il sera convenable qu'après avoir bien expliqué cela, vous le mettiez par écrit, afin que les plénipotentiaires l'envoient à leur quartier-général, et qu'on en délibère. La justice de ces propositions est trop évidente pour que l'empereur Alexandre n'y consente pas. Si on ne veut pas accorder le léger avantage d'envoyer des lettres tous les dix jours aux garnisons, renoncez-y. Mettez seulement qu'on ne fera aucun ouvrage à la portée du canon, et qu'il y aura un commissaire français près l'armée de blocus pour l'approvisionnement de la garnison.

» Je n'ai pas besoin de vous dire que s'ils veulent stipuler pour la deuxième partie de l'armistice, j'adopte les bases que vous proposez, c'est-à-dire, l'évacuation de la Saxe, y compris celle du pays de Dessau; mais ceci doit être le résultat. Le moyen d'y arriver doit être d'en faire un article à part. Vous direz un mot de la Norwége, vous ferez connaître que le prince héréditaire de Danemarck s'est rendu dans ce pays, et vous demanderez si l'empereur Alexandre ne jugerait pas de sa générosité pour une nation, qui lui a été toujours attachée, que l'armistice s'étendît à la Norwége : mais cette question accidentelle est tout-à-fait hors de ligne. Sur ce, je prie Dieu, etc.

» Napoléon.

» Neumarck, le 1er. juin 1813, à dix heures du matin.

» *P. S.* Je vous écrirai dans une heure. »

Le duc de Vicence reçut en même temps du major-général la nouvelle que les troupes françaises étaient entrées à Breslau le matin même, et que le corps qui bloquait Glogau s'était retiré sur Schweidnitz. Le prince major-général prescrivait aussi au duc de Vicence de prendre toutes les mesures convenables avec le général ennemi qui lui était opposé afin que toutes les hostilités fussent suspendues pendant le temps de la négociation et d'adresser le même ordre aux maréchaux Ney, Macdonald et Marmont et au général Bertrand. Le duc de Vicence reçut également les pleins-pouvoirs qu'il avait demandés, d'après le refus des alliés d'admettre la lettre close en cette qualité.

A M le duc de Vicence, grand-écuyer. —Pleins-pouvoirs pour l'armistice.

« Sa majesté ayant résolu, monsieur le duc, de travailler au rétablissement de la paix, dont tous les peuples sentent le besoin, a nommé des plénipotentiaires munis de ses pleins-pouvoirs pour négocier, conclure et signer une paix définitive, qui sont prêts à se rendre soit à Prague, soit au lieu qui sera indiqué par les puissances belligérantes. Elle a pensé que la conclusion d'un armistice ou suspension d'armes entre les armées belligérantes, soit pendant la durée des négociations, soit pendant un temps limité, est propre à faciliter les moyens de s'entendre et à opérer un rapprochement si désirable. Sa majesté vous ordonne en conséquence de vous rendre au lieu indiqué par les plénipotentiaires nommés par l'empereur de Russie et le roi de Prusse; là, vous neutraliserez une maison ou un village, qui d'un côté sera gardé par un piquet des troupes alliées, et de l'autre par un piquet des troupes françaises, et vous procéderez à la négociation et à la conclusion d'un armistice entre les deux armées, en prenant pour base la position qu'occupent les diverses armées au moment de l'échange des pleins-pouvoirs.

» Sa majesté vous autorise également à faire cesser sur-le-champ les hostilités sur tous les points. Vous trouverez ci-joint un ordre signé de moi, dont vous ferez faire autant de copies collationnées par vous qu'il sera nécessaire, et que vous enverrez à tous les généraux commandans des corps, par un officier, accompagné d'un officier russe, pour annoncer la suspension des hostilités, et ordonner que chacun se tienne en repos, jusqu'à la signature de l'armistice. Les généraux respectifs conviendront de se prévenir six ou douze heures avant la reprise des hostilités, si, ce que Dieu ne veuille, la rupture de l'armistice devait avoir lieu.

» Le présent ordre vous servira de pleins-pouvoirs que vous pourrez échanger contre les pleins-pouvoirs dont seront munis les plénipotentiaires alliés de la part de leur général en chef.

» Recevez, monsieur le duc, l'assurance, etc.

» Le prince vice-connétable, major-général.

» ALEXANDRE.

» 1ᵉʳ. juin 1813. »

La seconde lettre que Napoléon avait annoncée au grand-écuyer ne se fit pas attendre.

« Monsieur le duc de Vicence, je n'ai point de lettres de vous depuis celle de trois heures après minuit. Je vous ai réexpédié le même officier pour vous annoncer les pleins-pouvoirs du prince de Neufchâtel. Le prince de Neufchâtel vous a envoyé ses pleins-pouvoirs par un de ses officiers, et peu de temps après je vous ai expédié mon officier d'ordonnance Desaix avec une longue lettre de moi. Comme je vais monter à cheval, pour me porter sur la route d'Eisendorf, j'espère y trouver de vos nouvelles. Je désire être instruit sur-le-champ, aussitôt que vous aurez échangé vos pleins-pouvoirs et qu'on aura donné de part et d'autre l'ordre de cesser les hostilités.

Vous sentez l'importance que je sois instruit de cela, parce que, s'il n'y avait pas suspension des hostilités, il y aurait des dispositions militaires à faire pour la journée de demain. Je suppose aussi que si vous entendiez le canon du côté de Jaüer, vous m'en instruiriez. Actuellement que nous sommes bien en possession de Breslau, si l'on pouvait admettre Breslau en compensation de Hambourg, il me semble que cela finirait tous les différens et tout se trouverait arrangé. Il faudrait avoir soin alors que la ligne de démarcation passât sur le couvent de Liegnitz, pour former une position militaire et passât à une lieue des deux petites villes de Goldberg et de Lowemberg. Il me semble que j'évacuerais un bien grand espace de pays depuis Breslau jusqu'à une lieue de Liegnitz pour compensation de Hambourg, qui peut-être dans ce moment est même dans ma possession. D'après les renseignemens que j'ai reçus, il paraît que ce sont les Suédois, qui doivent se rendre du côté de Hambourg. Je vous recommande toujours de préparer quelque ouverture directe. *Je désire la paix, je la désire solide, mais il faut qu'elle soit négociée et honorable. C'est spécialement sous ce point de vue que j'attache de l'importance à un armistice. Je n'ai rien à vous répéter sur la longueur de l'armistice; je le voudrais de deux mois, afin d'a-*

*voir un temps raisonnable pour discuter et signer
la paix.* Sur ce, je prie Dieu, etc.

» Napoléon.

» Neumarck, le 1ᵉʳ. juin 1813, à trois heures après-midi.

» *P. S.* Je viens de recevoir les députés de Breslau. Le bourgmestre était à leur tête ; il paraît que les autorités principales sont restées dans la ville : elles en ont obtenu la permission du roi. Il serait fâcheux de perdre par l'armistice cette ville, à moins que ce ne fût pour terminer les affaires de Hambourg. »

Les deux lettres de l'empereur à son plénipotentiaire, et surtout la première, qui se ressent d'une dictée rapide et de cette expression si vive, que les choses qu'il dictait lui-même donnaient à ses paroles, prouvent clairement, que de cette *négociation toute militaire* dont les alliés qualifiaient celle de l'armistice, Napoléon cherchait à faire une négociation toute politique. La défense des plénipotentiaires alliés fut à cet égard aussi vive que l'attaque ; mais ils avaient affaire à un esprit d'une trempe toute particulière, à un caractère qui se grandissait par les difficultés même qu'il faisait naître, et qui loin de croire au découragement de ceux qu'il semblait devoir fatiguer par l'expression de ses volontés, prenait d'autant plus de confiance en lui-même, qu'il avait peut-être plus de certitude de leur opposition. Ainsi quoiqu'une armée russe et suédoise combinée fût en marche pour défendre Hambourg et menacer les villes anséatiques et la puissance danoise, Napoléon argumentait avec l'inspiration du succès pour que la trente-deuxième division militaire lui fût rendue, et par l'inspiration d'une politique généreuse pour son allié le roi de Danemarck, il désirait que son plénipotentiaire trouvât le moyen de faire comprendre la Norwége dans l'armistice. Napoléon ne s'attachait point, dans ses réponses aux dépêches très-détaillées que lui adressait exactement son plénipotentiaire, à réfuter toutes les objections des alliés; il n'en saisissait que quelques-unes, qui heurtaient plus directement et plus vivement sa pensée : quant aux autres, au lieu d'y répondre, il faisait connaître à son plénipotentiaire ses intentions sur d'autres objets et lui prescrivait de les présenter aux conférences. Il voulait dominer et il dominait réellement cette négociation par la marche naturelle de son caractère et de son esprit.

Cependant deux points étaient fort remarquables dans les envois que le duc de Vicence avait reçus le 1er. juin; c'étaient d'abord, dans les pleins-pouvoirs, le silence absolu de Napoléon sur la médiation de l'Autriche. C'était ensuite les derniers mots de la seconde lettre au duc de Vicence : *Je vous recommande toujours de préparer quelque ouverture directe. Je désire la paix*, *etc.* Il était donc positif pour le duc de Vicence que Napoléon ne voulait traiter qu'avec la Russie secrètement, et refusait toute intervention autrichienne, parce qu'avec raison il regardait déjà l'Autriche comme une portion de la ligue du Nord. C'était donc avec le chef de cette ligue qu'il voulait s'entendre, sans passer par un intermédiaire dont la partialité n'était plus douteuse. Mais cet intermédiaire insupportable à Napoléon était la condition *sine quâ non* des alliés.

Aussitôt la réception des ordres de l'empereur, le duc de Vicence avait communiqué aux plénipotentiaires alliés les nouvelles propositions dont il était chargé, et le même jour il écrivit à l'empereur qu'elles avaient été toutes refusées, et que les plénipotentiaires n'avaient cessé de lui répéter *qu'ils n'étaient pas diplomates et qu'ils ne pouvaient répondre à aucune question hors* DE LA LIGNE MILITAIRE *de l'armistice.* Ainsi la proposition de comprendre Breslau et Hambourg dans la cession à faire pour l'armistice était déclarée absolument inadmissible. On n'accordait qu'un mois pour l'armistice, et six jours pour la dénonciation... L'échange des pleins-pouvoirs avait eu lieu par pure condescendance des alliés, qui avaient rejeté la forme de ceux du duc de Vicence, et on était convenu de neutraliser un village, celui de Plesswitz, pour les conférences.

CHAPITRE III.

Conférences de Plesswitz. — 1er. et 2 juin.

Les conférences furent reprises le même jour à Plesswitz, sur les propositions de l'empereur Napoléon. Le duc de Vicence écrivit à ce prince dans la nuit du 1er. au 2 juin : « Les plénipotentiaires alliés avaient persisté dans tous leurs refus. La division de l'armistice en trois points n'avait point été adoptée. Ce que les alliés nous donnaient au delà de l'Elbe et en Saxe était plus considérable que ce qu'ils nous demandaient en Silésie. Ce qu'ils nous offraient était derrière nous; ils prouvaient par-là qu'ils voulaient un armistice pour arriver à la paix, plutôt qu'une position militaire pour recommencer la guerre. Ils ne croyaient point à nos succès prochains pour la prise de Hambourg ; ils consentaient seulement à ce que cette ville, ou la partie de la trente-deuxième division militaire qui serait occupée par nos troupes le lendemain, 3 juin, avant midi, nous restât, etc. Ils alléguaient que le roi de Prusse ne serait pas déshonoré parce que nous occupions une partie de la Silésie ; ainsi, que l'empereur ne ferait rien d'humiliant en consentant à un armistice qui ne comprît pas Hambourg, puisque ses troupes ne pouvaient y être... » Cette réponse des alliés exprimait et voulait exprimer une réciprocité désagréable entre le roi de Prusse et Napoléon, qui n'était pas sans doute disposé, surtout depuis ses nouveaux succès, à vouloir sitôt traiter d'égal à égal avec un souverain qui venait de déserter ses drapeaux, et à qui il avait fait grâce à Tilsitt.

Enfin, il résultait de la dépêche du duc de Vicence, que les alliés refusaient également et la division de l'armistice pour les différens corps, et le stationnement d'aucune de nos troupes au delà de l'Oder, indépendamment de ce qu'ils rejetaient la proposition d'arrêter l'armistice au delà de la trente-deuxième division militaire, et celle de la remise de Breslau en compensation de Hambourg. L'empereur de Russie disait lui-même sa pensée sur ces propositions dans la lettre que le comte de Nesselrode écrivit au comte de Schouwaloff.

« Monsieur le comte,

» Leurs majestés ont examiné et mûrement pesé les propositions que votre excellence a été chargée de leur transmettre relativement à la manière de régler les différentes applications à faire de l'armistice.

» La division entre parties implique par elle-même des questions qui fourniraient infailliblement matière à des inconvéniens très-graves, et le premier se présente déjà de fait, puisque l'on ne parle que des corps qui ont leurs communications, qui tireraient une ligne sur la position où ils se trouvent; et jamais on n'a parlé des communications d'un corps volant, quoique son organisation la lui assure à quelque distance qu'il se trouve, et qu'il soit principalement destiné à agir sur celles de l'ennemi.

» Leurs majestés sont donc d'avis qu'il est beaucoup plus simple de s'en tenir à cet égard à ce qui est contenu dans les premières instructions données à messieurs les plénipotentiaires prussien et russe. Il en est de même pour tous les autres points. Le *statu quo* définit suffisamment la chose, et la ligne de démarcation tracée, chacun se retire du côté qui lui appartient. Ce principe s'applique également au Bas-Elbe. La rive gauche sera évacuée. Leurs majestés pensent que cette marche est trop claire et trop simple pour n'être pas adoptée. Quant à l'occupation de Breslau, leurs majestés n'y consentiront pas, et cet article est conditionnel de l'armistice, comme votre excellence l'a vu par ses instructions.

» Agréez, etc.

» Le comte DE NESSELRODE. »

D'après cette lettre, qui renfermait le plénipotentiaire russe dans les limites rigoureuses des premières instructions, et dont l'esprit devint une loi pour ces négociations, il était difficile au duc de Vicence de tenter auprès de lui l'ouverture dont l'empereur Napoléon l'avait chargé. Cependant il fut au moment de s'y trouver encouragé par le comte de Schouwaloff, qui, l'ayant pris à part, lui dit : *Terminons l'armistice : nous ne sommes pas si loin de nous entendre si on acquiert la conviction que l'empereur Napoléon le veut franchement.* Le duc de Vicence le pressa de s'expliquer davantage, et le comte de Schouwaloff s'était contenté de lui répondre, *qu'il n'avancerait pas une chose dont il ne fût pas sûr*. Il n'y avait rien dans cette confidence du plénipotentiaire russe, qui ne fût en même temps prussien et autrichien : car il ne pouvait être douteux pour M. de Schouwaloff que l'empereur Napoléon, qui avait provoqué et renouvelé la demande de l'armistice ne voulût le conclure, bien qu'il cherchât, comme les alliés, à se le rendre le plus favorable ; et il ne pouvait échapper à l'empereur Napoléon, en lisant cette partie de la dépêche de son plénipotentiaire, que c'était l'Autriche qui, pour se donner le temps de terminer ses armemens, avait décidé les alliés à se mettre en négociation sous sa direction pour cet armistice. Napoléon s'était vainement flatté que l'intermédiaire du duc de Vicence, longtemps honoré à Pétersbourg, pendant son ambassade, de la bienveillance particulière de l'empereur Alexandre, pourrait devenir, entre ce prince et lui, un moyen de conciliation.

Malgré les mauvaises nouvelles que le duc de Vicence venait de donner à l'empereur du résultat de la conférence de Plesswitz, Napoléon fut loin de se regarder comme battu, et il dicta au prince major-général la lettre suivante, où il reprenait, malgré sa défaite diplomatique, la négociation d'aussi haut qu'il l'avait conçue.

Le major-général à M. le duc de Vicence.

« Neumarck, 2 juin 1813.

» L'empereur, monsieur le duc, me charge de répondre à votre lettre de ce jour à 4 heures du matin.

» Les difficultés sont au nombre de trois; 1°. Hambourg et la trente-deuxième division militaire que nous voulons avoir et qu'ils ne veulent pas donner; 2°. Breslau que nous avons, et que nous désirons garder et qu'ils veulent avoir aussi; 3°. la durée de l'armistice que nous voulons pour deux mois et qu'ils ne veulent que pour un.

» Vous devez, monsieur le duc, leur faire cette récapitulation, et leur proposer pour ultimatum de partager le différent : qu'ils cèdent sur un point, nous céderons sur un autre.

» Je parlerai d'abord de la durée de l'armistice.
» Les deux empereurs étaient à Tilsitt en personne. Ils se voyaient trois fois par jour. La

question était bien plus simple, et cependant ils ne purent finir le traité qu'en dix-huit jours. L'empereur estime donc que l'armistice doit durer jusqu'au 20 juillet, temps indispensable pour pouvoir négocier, conclure et signer la paix, sans se trouver embarrassé par l'incident d'un prolongement d'armistice. L'empereur est aussi pressé que les alliés d'en finir, et certes si on n'est pas d'accord au 20 juillet, les négociations pourront se continuer, si on le veut, en même temps qu'on reprendra les hostilités, ou les négociations seront rompues, parce qu'il ne sera pas possible de s'accorder. Quant à la condition de se prévenir de six jours, cela paraît convenable. S'ils veulent mettre dix jours, de manière que les troupes puissent se disséminer davantage, ce qui soulagerait le pays, vous le proposeriez, de sorte que les hostilités ne pourraient être reprises que le 1er. août. C'est aujourd'hui le 2, nous serons au 4 avant que l'armistice ait été signé et échangé; nous serons au 10 avant qu'on ait pu s'entendre pour l'ouverture des négociations. Vous voyez donc que de là au 20 juillet il n'y a que quarante jours. Si les alliés se refusaient à cela, vous leur feriez connaître que l'empereur n'a pas autant d'intérêt à l'armistice qu'ils veulent bien le croire, mais qu'accoutumé à se rendre responsable de tout ce qu'il signe, il faut qu'il fasse une chose raisonnable, et que la France, où l'on raisonne beaucoup, pourrait trouver extraordinaire qu'on eût l'espoir dans un mois, de commencer, de suivre et de mener à bien une négociation qui, comme un drame, a ses divers actes, son exposition, son nœud et son dénoûment.

» La fixation de l'expiration de l'armistice au 20 juillet paraît de la plus haute importance pour que cela n'ait pas l'air d'une capitulation ou d'une affaire mal réfléchie. Cette affaire étant faite entre souverains, l'empereur y est pour quelque chose; et dans la situation où il se trouve, il en a moralement la principale responsabilité.

» Une fois que les alliés auront cédé sur cela, vous leur ferez connaître que l'empereur cédera sur Hambourg, mais avec des ménagemens dans la rédaction. L'empereur ne peut pas prendre l'engagement d'évacuer une portion du territoire français que nos troupes occuperaient. Il faut donc dire que la ligne d'armistice sera l'Elbe, en laissant à l'armée française les îles qu'elle occupe; mais que si au moment où les deux officiers français et russe arriveront à Hambourg l'armée française et danoise avait cerné la ville ou s'en était emparé, rien ne rétrograderait; que si la ville de Hambourg était assiégée, elle serait traitée comme une ville assiégée, par exemple comme Dantzick; que si nos troupes en sont maîtresses, elles y resteront, et que les commandans respectifs conviendront d'une ligne, qui serait celle où se trouveraient nos avant-postes.

» Quant à la question de Breslau, si les deux premières modifications étaient admises, l'empereur admettrait que tout le pays entre Breslau et la Katzbach serait neutre, que Breslau, Streigau, seraient aussi neutres. On aurait huit jours pour évacuer Breslau, et rentrer dans la ligne qu'on devrait occuper ; qu'aucun quartier-général, aucune troupe des deux armées, n'entreraient dans Breslau, ni dans le pays neutralisé ; que la ville et le pays seraient gardés par leurs gardes bourgeoises, et qu'ils ne seraient tenus à aucune prestation de vivres pour l'une ni pour l'autre armée.

» Vous aurez soin de déterminer qu'il y ait une lieue réservée autour de Leignitz, de Lowemberg et de Goldberg, afin que tout ce qui est position militaire, ainsi que le couvent où vous avez conféré avec les plénipotentiaires soit de notre côté.

» Il sera avantageux qu'il y ait aussi entre les deux armées un pays intermédiaire de quelques lieues.

» Il est un autre article important, c'est d'ajouter que le Danemarck sera compris dans ledit armistice, soit pour la Norwége, soit pour le Holstein.

» Vous ne devez pas manquer de faire connaître à ces messieurs que s'ils avaient des corps sur la rive droite de l'Elbe, c'est ce qu'il y aurait de plus heureux pour nous, puisque nous avons un corps français considérable qui se réunit à Leipsick, et que par-là ils affaibliraient d'autant le corps de Bulow; que s'ils ont une armée russe et suédoise combinée à Hambourg, nous y avons une armée combinée danoise et française, et qu'enfin plus ils auront de forces près des limites de la France, mieux cela sera pour nous : que dans le fait, c'est l'empereur qui fait tous les sacrifices, que ce n'est pas eux qui nous ont donné nos communications avec Glogau, tandis que c'est l'empereur qui évacue Breslau et qu'eux ne cèdent rien.

» Vous leur ferez connaître que c'est dans l'espérance de la paix, que l'empereur désire au moins autant qu'ils peuvent la désirer, que les concessions sont accordées, et que si l'armistice ne devait être que d'un mois, comme l'empereur est convaincu que dans cet espace de temps il est impossible de mener bien la négociation, sa majesté n'y verrait plus qu'un moyen de l'armée russe pour sortir de la fausse position où elle s'est placée en nous laissant maîtres de Breslau et des ponts de l'Oder; ce qui est le résultat de l'événement de la bataille, et que dans ce cas l'empereur perdrait ses avantages sans pouvoir espérer ceux de la paix.

» Je n'ai pas besoin de vous dire que ceci est l'ultimatum; que vous devez faire l'impossible pour conserver Breslau, en proposant d'abord de ne le faire garder que par deux bataillons, afin de s'en servir pour en tirer des vivres. Enfin, on conçoit bien que Breslau est d'une grande importance, et que les alliés mettront de l'intérêt à ce que nous le quittions. Mais pourquoi perdrions-nous Jaüer? Tâchez de garder du moins cette petite ville qui flanque l'ennemi.

» En résumé, ce n'est que lorsque vous verrez que toute autre proposition est impossible, que vous offrirez l'ultimatum.

» Recevez, monsieur le duc, l'assurance de ma plus haute considération,

» Le vice-connétable,

» ALEXANDRE. »

Non content de cette longue dépêche qu'il venait de dicter, l'empereur voulut écrire lui-même à son plénipotentiaire, afin de préciser encore mieux ses intentions.

« Monsieur le duc de Vicence, le prince de Neufchâtel a été chargé de vous faire connaître mes intentions. J'espère que vous finirez enfin cette nuit. Faites en sorte que le pays neutre comprenne non-seulement ce que nous occupons, mais aussi quelque chose de ce qu'occupent les armées russes. Il faut stipuler que l'on nommera des commissaires de part et d'autre pour veiller à l'exécution des stipulations. Ayez soin de comprendre bien mes principes, et de vous montrer très-scrupuleux dans la rédaction de ce qui est relatif à Hambourg. Cela a pour but de faire sentir l'importance que j'attache à ce qui est constitutionnellement réuni à l'empire. Faites aussi en sorte que la notification de l'armistice aux places de Dantzick, Modlin, Zamosc, Stettin et Custrin, soit envoyée par un officier français et un officier russe; que l'officier puisse entrer dans la place, y donner des nouvelles, en recevoir qui me mettent bien au fait de la situation de la place, et veiller à l'exécution des stipulations. Faites connaître que les vivres doivent être donnés par l'ennemi, sauf le compte de paiement qui en sera fait par liquidation au quartier-général français. Ne stipulez point qu'on ne fera pas de travaux dans les places, cela serait absurde, et nous obligerait à recevoir dans nos places un inspecteur russe, ce qui est impossible. Il est tout simple qu'une place fasse ce qu'elle peut pour se mettre en état; il est tout simple également que, pendant l'armistice, on ne fasse point de travaux sous le canon des places. Il vaudrait mieux ne pas parler de cette circonstance de faire des travaux, s'il devait en résulter qu'on n'en ferait pas dans les places. N'oubliez pas qu'il soit nommé une commission pour veiller à l'exécution de l'armistice. Cette commission pourrait se tenir à Breslau, on y enverrait de part et d'autre les plaintes qu'on pourrait avoir à former sur la non-exécution des articles convenus, et sur tous les différens qui seraient survenus.

» Surtout, soignez bien la ligne de démarcation aux environs de Liegnitz.

» Sur ce, je prie Dieu qu'il vous ait en sa sainte garde.

» NAPOLÉON.

» Neumarck, ce 2 juin 1813.

» *P. S.* Je vous ai mandé de rectifier la ligne, en conservant Jaüer, et de manière à nous donner Hirschberg, qui est une bonne ville ; faites comprendre Strigau dans le pays neutre. Faites en sorte qu'avant minuit je sache à quoi m'en tenir : la suspension d'armes en ce moment est toute en faveur de l'ennemi. »

Ainsi, loin d'être découragé par les refus opiniâtres des alliés à ses propositions, Napoléon exprimait encore de nouvelles prétentions, en demandant que le pays neutre comprît non-seulement ce qu'il occupait, mais aussi quelque chose de ce qu'occupaient les ennemis. Il avait cependant fait une concession, en consentant que les villes de Breslau et de Strigau restassent neutres, ainsi que le pays jusqu'à la Kátzbach. Mais, fidèle à son amitié pour le Danemarck, et en raison du retour de cette puissance à son alliance, il demandait encore que ce royaume fût compris dans l'armistice, soit pour la Norwége, soit pour le Holstein, qui étaient également menacés. Il argumentait contre les alliés pour le mois d'armistice dans le même sens où ils argumentaient contre lui pour les deux mois; il savait manier toutes les armes, persuadé qu'il rendait redoutables toutes celles dont il daignait se servir, s'embarrassant peu si la nature de son attaque était en proportion, soit avec la dignité, soit avec la force de son ennemi. L'exercice de la supériorité lui était naturel, comme à un gladiateur celui de la force. L'habitude d'être le maître chez lui et chez les autres, lui avait rendu la subtilité méprisable. Ainsi il ne cherchait pas à être adroit, ni délié dans cette négociation, la première qu'il eût encore traitée d'égal à égal : et il s'y montrait aussi positif que dans les autres, comme si il eût encore été l'arbitre du traité. Il était impénétrable et absolu par caractère, et ceux avec qui il traitait étaient subtiles et opiniâtres par position : aussi le reflet de mépris qui caractérisait ses argumentations aurait pu être pour les alliés une preuve bien sensible de la conviction qu'il avait de sa supériorité sur eux.

La suspension d'armes, disait Napoléon, est dans ce moment toute en faveur de l'ennemi. C'était leur dire, qu'ils seraient battus, s'il pouvait les attaquer. Mais ce n'était pas en ce moment seulement, c'était pendant les deux mois qu'il demandait pour l'armistice, que tout serait en leur faveur. Il fallait donc qu'il rompît la négociation, si d'après la nouvelle position de son armée, et l'occupation de Glogau et de Breslau, il croyait, ce qui était vrai, que l'armistice fût tout en faveur des alliés. On aura remarqué aussi dans les lettres si originales, écrites pendant cette campagne, avec quelle facilité Napoléon savait descendre des plus hautes régions de la politique et des plus grandes combinaisons de la guerre, jusque dans les moindres détails des choses qui l'occupaient. Il fallait que ces choses inaperçues pour les autres, devinssent grandes quand il les touchait. De là, cette foule de questions, de raisonnemens, d'arguties; cette dispute de mois, de jours et d'heures, dont cette négociation d'armistice est remplie. De là, cette importance dont il honorait tout à coup des bourgs, de simples villages, qu'il voulait avoir dans sa ligne, ou faire neutraliser. Napoléon avait un sentiment de propriété sur tout ce qu'il croyait devoir lui convenir, et dans les affaires mêmes où intervenaient les plus hautes parties, il se persuadait qu'il ne s'agissait que des siennes.

Cependant, dans la soirée du même jour, le duc de Vicence écrivit à l'empereur et au prince major-général, que les plénipotentiaires se retranchaient irrévocablement sur la ligne de leurs instructions, et lui avaient adressé une réponse absolument négative à la note qu'il leur avait communiquée, et enfin que toute proposition relative à une autre ligne de démarcation était inadmissible. Le comte de Schouwaloff s'était même rendu chez le duc de Vicence, dans la persuasion que la négociation n'irait pas plus loin, pour demander, qu'aux trente-six heures convenues pour la suspension d'armes, il en fût ajouté deux aux douze d'avertissement, afin de compenser le temps nécessaire à se rendre au quartier-général de chaque armée; ce que le duc de Vicence avait accepté. En rendant compte de cette petite convention au prince major-général, le grand-écuyer lui parlait de la nouvelle répandue de la jonction opérée la veille d'une partie des réserves de Labanoff et du corps du général Sacken. L'armistice était donc déjà au bout de trois jours tout en faveur des alliés.

CHAPITRE IV.

Conférences de Plesswitz. — 3 juin. — Correspondance de l'empereur.

Une autre conférence, qui se prolongea dans la nuit, avait terminé la journée du 2 juin. Le duc de Vicence écrivit à deux heures du matin à l'empereur et au prince major-général. On était enfin à peu près arrivé au point que sa majesté désirait. L'Elbe sera une des démarcations; l'armée française gardera les îles et tout ce qu'elle aura occupé dans la trente-deuxième division militaire le 6 juin avant minuit, au lieu du 3 juin avant midi. Le mois de plus demandé pour l'armistice avait été refusé, ainsi que les six jours pour la dénonciation. Le grand-écuyer refuserait de signer si on n'accordait pas quinze jours. Quant à Breslau, les plénipotentiaires alliés avaient défense de négocier, si cette place n'était pas rendue. Deux lignes de démarcation en Silésie avaient été obtenues, ainsi que la neutralité pour le territoire intermédiaire. Les villes de Porschwitz, Liegnitz, Goldberg et Hahn, pourront être occupées par les Français. Mais Jaüer, que Napoléon voulait garder, s'il perdait Breslau, était dans le lot des alliés, à qui il importait que leur droite ne fût pas flanquée par cette place, comme le voulait Napoléon. La mauvaise foi des alliés se montra en plein jour, relativement à Hambourg et à la neutralisation du Danemarck. Ils nièrent nos relations avec la cour de Copenhague et ne parlèrent que des intentions amicales qui les unissaient avec cette puissance; et, après la conférence, M. de Schouwaloff avait dit au duc de Vicence : *Nous avons sous Hambourg des forces bien plus considérables que vous ne le croyez et notre position dans le Nord est bien différente de ce que vous pensez.* C'était opposer des dénégation bien tranchantes, aux nouvelles transmises par Napoléon, sur la coopération du Danemarck et la réunion de son armée à celle du prince d'Eckmühl. Les assertions des plénipotentiaires alliés étaient d'autant plus étranges, qu'ils ne pouvaient ignorer le 2 juin, que si le général Vandamme, qui avait bombardé Hambourg, le 19 mai, n'était pas entré de vive force dans cette place, c'était uniquement par ménagement pour la cour de Copenhague, qui était intervenue, et pour la ville elle-même, dont la reddition, depuis cette époque, ne pouvait plus être douteuse pour personne. Ils étaient d'autant moins fondés, le 2 juin, à faire valoir les bonnes intentions qu'ils attribuaient pour eux au roi de Danemarck, que, le 19 mai, ce prince avait signé un nouveau traité avec la France, que ses troupes, commandées par le comte de Schulembourg, étaient sous les drapeaux du prince d'Eckmülh, et enfin ils durent apprendre le lendemain que, le 31 mai, Hambourg avait ouvert ses portes aux Français. Ce qu'ils disaient de leur influence dans le Nord n'était vrai que par rapport à la Suède, et Napoléon était bien loin de l'oublier.

Le duc de Vicence terminait sa dépêche au prince major-général en lui disant que le principe des alliés était que la négociation devait se terminer dans la journée ou dans la nuit, mais qu'il espérait en signant obtenir quelque chose de plus.

Mais la dépêche du grand-écuyer avait été autrement comprise par Napoléon, et le prince major-général écrivit sous sa dictée au duc de Vicence :

« Neumarck, 3 juin 1813, trois et demie du matin.

» Monsieur le duc de Vicence, l'empereur me charge de vous dire que ce qu'il vous a mandé hier est son *ultimatum*, et qu'en conséquence vous romprez la négociation si on n'accorde pas l'armistice jusqu'au 20 juillet, avec six jours pour le dénoncer ; en sorte que les hostilités ne puissent pas recommencer avant le 26 juillet. Vous le romprez également si la ligne de neutralité ne passe pas au delà de la ville de Breslau, cette ville restant neutre ; c'est-à-dire qu'elle ne soit occupée par aucun quartier-général français ni troupes françaises, ni par aucun quartier-général, troupes, landwer ou landsturn des troupes alliées. Sa majesté espère que tout cela sera terminé à huit ou neuf heures ce matin, et qu'elle saura à dix heures à quoi s'en tenir. Vous devez, monsieur le duc, dire aux plénipotentiaires que, quant aux pays qu'ils prétendent céder ailleurs, ils ne cèdent rien à l'empereur ; que c'est sa majesté qui cède tout ; mais, en supposant que les alliés occupent deux ou trois villages en Saxe ou de ce côté de l'Elbe, il est indifférent à l'empereur que ces villages soient neutres. Si la négociation était rompue, il serait nécessaire, monsieur le duc, que des officiers russes et français partissent en même temps expédiés par les plénipotentiaires, pour parcourir ensemble et de concert le front de la ligne, afin de faire connaître la rupture de la suspension d'armes et convenir de l'heure de la reprise des hostilités, afin qu'il ne puisse y avoir ni malentendu ni louche là-dessus. Vous ferez sentir, monsieur le duc, combien cela est important, afin que la confiance réciproque reste entière pour d'autres circonstances.

» Le vice-connétable, major-général,

» ALEXANDRE. »

Napoléon prit la plume à son tour, et écrivit à l'appui et en explication de cette lettre :

« Monsieur le duc de Vicence, le major-général vous a fait connaître mes intentions. J'espère donc, à neuf ou dix heures, savoir à quoi m'en tenir; il ne faut pas se dissimuler que cet armistice, tel que je le propose dans mon ultimatum, n'est pas honorable pour moi. Pourquoi, en effet, abandonner pour un armistice de six semaines un pays de l'importance de Breslau? C'est moi qui abandonne tout, l'ennemi rien. Le duc de Reggio couvre la Saxe; l'ennemi n'y a que des patrouilles. Occuperait-il quelques villages de la Saxe, cela peut-il entrer en comparaison avec les plus beaux pays du monde et la ville la plus grande de ce pays? L'ennemi voudrait-il m'humilier, en me chassant, par un armistice, d'une ville dans laquelle je suis entré par le résultat de la bataille? Lorsque je consens à l'abandonner, et que je neutralise cette ville, j'accorde tout ce que l'honneur peut accorder, et ce qui est contraire au *statu quo*. Quant à ce que les plénipotentiaires disent que l'ennemi a sur la rive gauche de l'Elbe, le duc de Padoue est à Leipsick avec trois mille hommes. Il faudrait donc que l'ennemi fût absurde pour cacher de l'autre côté de l'Elbe autre chose que des partisans et des corps francs. Dites-leur donc, en rompant, que c'est dans le seul désir de la paix que j'ai consenti à un armistice aussi désavantageux, et par pure cajolerie que j'ai consenti à abandonner la capitale de la Silésie; dites-leur qu'avant huit jours *je serai à Berlin*; qu'ils ne seront pas plus heureux dans la bataille qui va avoir lieu que dans les deux précédentes, et qu'enfin ils auront montré, au lieu de dispositions pacifiques, qu'ils ne voulaient que m'amuser et gagner quelques jours, puisque aucun intérêt qu'un intérêt de vanité ne peut les porter à demander Breslau. En effet, si la paix ne se fait pas, et si l'armistice vient à se rompre, les armées alliées se trouvent à une demi-marche de Breslau ; et l'armée française à deux marches. Il est clair par-là que, militairement parlant, Breslau leur appartient. Quant au délai de l'armistice, le terme proposé est une insulte. Ne dirait-on pas que je suis dans une place assiégée, et comment souffrez-vous qu'on emploie de pareils termes vis-à-vis de vous ? Je veux un armistice, mais je le veux en homme d'état et en souverain ; je voulais l'armistice avant la bataille de Wurschen comme je le veux après. Mais veut-on y mettre un terme ? Il faut que ce terme donne le temps de commencer et de finir la négociation. Nous sommes aujourd'hui au 3 ; l'armistice ne sera pas ratifié avant le 5 : avant le 10, on ne sera pas d'accord sur la manière de négocier ; du 10 mai au 20 juillet, il n'y a que quarante jours pour négocier et conclure. Nous avons employé dix-huit jours à Tilsitt; les souverains étaient en présence ; ils se voyaient trois fois par jour : ici les souverains sont éloignés, et la négociation est bien autrement compliquée. Je veux négocier la paix et non la recevoir comme une capitulation. Les ennemis se trompent s'ils espèrent qu'il en sera différemment que par le passé. L'expérience leur a prouvé qu'ils s'étaient trompés constamment. Prévenez-les qu'ils seront battus à la prochaine bataille; que je resterai maître de Breslau, où j'aurai de bons cantonnemens; que je resterai maître de Berlin; que j'ai avec moi et derrière moi des forces telles, que rien ne peut m'empêcher d'arriver de tous côtés sur l'Oder; que je ne fais aucun cas de tout le terrain qu'ils me donnent, et que je comprends très-bien que c'est moi qui donne tout; qu'enfin j'ai été jusqu'aux limites de ce que l'honneur me permettait de faire.

»Sur ce, je prie Dieu qu'il vous ait en sa sainte garde.
» Napoléon.

» Neumarck, le 3 juin 1813, six heures et demie du matin. »

Une pareille lettre porte avec elle tous ses commentaires. Napoléon s'y déclarait le dominateur de la négociation, au-dessus de laquelle il faisait planer son grand caractère. C'était en homme d'état armé qu'il stipulait sur la paix. Ce langage était noble, élevé, digne en tout de la France et de lui. On voit par la fréquente répétition du traité de Tilsitt, que Moscou n'était pas pour lui sa dernière époque, tandis que les alliés ne dataient que de ce dernier désastre, et semblaient refuser d'accepter les souvenirs plus récens des triomphes dont la Saxe venait d'être le théâtre. Napoléon avait reconquis le droit de s'indigner de l'imperturbable opiniâtreté de ceux qu'il avait vaincus, et de nommer une troisième victoire la troisième bataille qu'il aurait dû leur livrer. *Quant au délai de l'armistice, le terme proposé est une insulte : ne dirait-on pas que je suis dans une ville assiégée ! et comment souffrez-vous que l'on emploie de pareils termes vis-à-vis de vous ? Je veux un armistice, mais je le veux en homme d'état et en souverain. Je voulais l'armistice avant la bataille de Wurschen comme je le veux après.... Je veux négocier la paix et non la recevoir comme une capitulation. Les ennemis se trompent s'ils espèrent qu'il en sera différemment que par le passé...Prévenez-les qu'ils seront battus, etc.* Napoléon se dessinait lui-même à grands traits dans cette lettre remarquable. C'est lui seul aussi qui sera chargé de se peindre dans cet ouvrage. Il est beau de voir sortir d'une adversité, dont personne ne connaissait mieux que lui toutes les menaces et tous les périls, un caractère qui se déclare à l'avenir invulnérable. Il y a peu de figures aussi grandes dans l'histoire, dans une telle situation.

Les alliés restèrent imperturbables dans le refus de l'ultimatum de Napoléon, et son plénipotentiaire attendait des ordres pour revenir au quartier-général, aussitôt qu'ils auraient reçu la réponse à une lettre qu'il les avait engagés à écrire à leurs souverains. Dans l'intervalle, le duc de Vicence reçut encore une lettre du major-général, qui de nouveau lui confirmait encore l'invariable persistance de Napoléon dans son ultimatum.

« Neumarck, 3 juin, à deux heures.

» Monsieur le duc de Vicence, je viens de soumettre à l'empereur votre lettre d'aujourd'hui 3, en réponse à la dépêche que je vous ai expédiée ce matin à six heures, par mon aide-de-camp, M. de Bauffremont.

» Sa majesté me charge de vous écrire que la question de Breslau est une question d'honneur, à laquelle on ne peut pas céder; que l'ennemi n'a sur la rive gauche de l'Elbe que des partisans et des troupes franches; qu'enfin, monsieur le duc, l'empereur tient à son ultimatum. Vous leur ferez observer que l'armistice pour un mois, et cette espèce d'orgueil qui paraît régner dans les négociations, ne peuvent mener à rien de bien. Telle est, monsieur le duc, la réponse que sa majesté me charge de vous faire.

» Recevez, monsieur le duc, etc.

» Le major-général,

» ALEXANDRE. »

Cependant, au milieu de la négociation, intervint tout à coup un événement militaire qui portait le caractère d'une violation de la part des Français. Les plénipotentiaires alliés se plaignirent, par une note, au duc de Vicence, de ce qu'un corps de troupes, parti le 2 de Breslau, avait remonté l'Oder vers Ohlau, au mépris de la suspension conclue le 1ᵉʳ. Ils demandaient une réponse prompte, ajoutant que dans le cas où ce ne serait qu'un malentendu, les choses devaient être immédiatement rétablies dans la position respective du 2 juin; mais que, dans le cas contraire, ils regardaient la suspension d'armes comme dénoncée, à dater de la réception de la réponse de S. A. le prince de Neufchâtel. Le prince major-général répondit au duc de Vicence, qui l'informait de ce grief des alliés :

« Neumarck, 3 juin 1813.

» Monsieur le duc de Vicence, je reçois à l'instant votre lettre datée de midi un quart. L'objet dont vous me parlez ne peut être qu'une méprise. Le corps qui était à Breslau n'a reçu qu'hier soir votre lettre relative à la suspension des hostilités pendant la conférence. Je n'ai aucune connaissance que, depuis la signification de la suspension des hostilités, on ait fait aucun mouvement. Si on veut parler d'un pont qu'avaient détruit les Prussiens sur l'Oder, entre Breslau et Glogau, cela est vrai ; mais les troupes qui s'y sont portées ne font point partie de celles comprises dans la suspension des hostilités.

» Le prince vice-connétable, major-général,

» Alexandre. »

Cette réponse fut communiquée aux plénipotentiaires des alliés, qui écrivirent au duc de Vicence.

Plesswitz, le $\frac{22\text{ mai}}{3\text{ juin}}$.

» Monsieur le duc,

» La réponse que M. le prince de Neufchâtel vient d'adresser à votre excellence, relativement au mouvement que les troupes qui se trouvent à Breslau doivent avoir fait sur Ohlau, ne peut nous satisfaire. La nouvelle de la suspension d'armes, signée avant-hier, à deux heures après midi, a été portée sur toute la ligne des avant-postes des troupes y comprises, par des officiers russes et des officiers français envoyés par votre excellence. C'est M. de Bongars, aide-de-camp du prince-major-général, qui l'a portée aux troupes à Breslau ; par conséquent elle a été reçue, ainsi que nous en sommes instruits, avant-hier, avant minuit, et non pas hier, comme le marque M. le prince de Neufchâtel. Nous sommes prêts à supposer encore, monsieur le duc, que c'est une erreur ; et, à moins d'en avoir la conviction, nous rejetons une supposition qui ne doit pas avoir lieu entre nations civilisées. Nous demandons à votre excellence une explication claire à ce sujet ; et si, par hasard, il s'est fait un mouvement par erreur depuis que la nouvelle de la suspension d'armes a été connue sur toute la ligne des troupes y comprises, c'est-à-dire depuis avant-hier avant minuit, nous ne doutons pas qu'on ne donne immédiatement l'ordre de faire retourner les troupes qui auraient marché. Nous prions votre excellence de nous faire savoir ce qui sera fait à ce sujet, nous la prions également, si, contre toute attente, on refusait de nous satisfaire sur un point de la plus stricte justice, de nous en instruire le plus tôt possible.

» Nous prions en même temps votre excellence d'agréer, etc.

» Schouwaloff, — Kleist. »

Le mouvement sur Ohlau de la part des Français n'était point excusable, mais il ne provenait que d'une faute individuelle de la part du commandant d'un détachement. Les alliés ne furent pas plus contens des explications ultérieures qui leur furent données ; mais ils tenaient tant à ne pas rompre la négociation, que malgré le ton qu'ils avaient pris sur cette affaire les choses en restèrent là. Cette conduite des alliés éclaira Napoléon sur celle qu'il devait tenir avec eux, au lieu de l'éclairer tout-à-fait sur la propre question de l'armistice, qu'il aurait dû résoudre négativement.

CHAPITRE V.

Conférences de Plesswitz, 4 juin. — Correspondance de l'empereur. — Fin de la négociation. — Convention de l'armistice.

Le 4 juin, à deux heures et demie du matin, le prince major-général écrivit au duc de Vicence sous la dictée de l'empereur :

« Monsieur le duc de Vicence, l'empereur, voyant par votre correspondance qu'on ne pouvait s'arranger avec les plénipotentiaires, attendait de vos nouvelles hier au soir, de manière à ce que les hostilités auraient pu recommencer aujourd'hui : en conséquence, *on a prévenu les maréchaux de se tenir prêts à marcher ce matin; que les conférences étaient rompues, et qu'il paraissait qu'on ne voulait pas s'arranger.* Tel est l'état des choses. Pendant ce temps, les cosaques et les partis ennemis attaquent, font des courses et des excursions sur nos derrières. Sa Majesté vous a envoyé son ultimatum; elle désire que vous terminiez d'une manière ou d'autre, ne voyant dans tout cela, sinon que l'ennemi veut gagner du temps, un ou deux jours de plus.

» Le prince major-général.
» Alexandre. »

Napoléon avait bien deviné la pensée des alliés

et, alors qu'il semblait ou renoncer à sa propre passion pour l'armistice, ou aux inspirations de sa prudence, il se félicitait de sa pénétration, et il eut à s'applaudir dans la même journée du système de tenacité dans lequel il s'était renfermé depuis l'ouverture de la négociation. Le duc de Vicence s'était empressé, d'après les ordres de l'empereur, de prévenir les plénipotentiaires de ceux donnés aux maréchaux. Mais, dans le moment où il était chez eux, était arrivé un officier qu'il croyait porteur de la réponse des souverains à la lettre qu'il annonçait dans sa dernière dépêche de la veille avoir été écrite par les plénipotentiaires. Ceux-ci lui avaient demandé s'il rompait l'armistice; et dans ce cas il n'y avait pas de réponse à lui donner sur la négociation; quant à eux, ils s'en tenaient à ce que prescrivait la suspension : au surplus, ils allaient lire la réponse de leurs souverains et ils pourraient sous peu en donner une sur la négociation. Il était quatre heures du matin; au bout d'une demi-heure, ils s'étaient rendus chez le duc de Vicence, à qui ils avaient fait lire le commencement de la réponse qui en expliquait le retard, *parce que leurs majestés étaient sorties pour voir leurs troupes lorsque leur courrier était arrivé*; et enfin ils avaient consenti les deux points importans que Napoléon avait exigés, la durée de l'armistice à deux mois et la neutralisation de Breslau. La rédaction relative au premier point avait été ainsi convenue : *L'armistice sera de deux mois, formant soixante jours, et six pour le dénoncer, avec la condition que le second mois sera la conséquence des bases de paix établies dans le premier mois.* Le duc de Vicence ne fut pas aussi heureux qu'il espérait l'être d'après les nouvelles qu'il s'était hâté de transmettre au prince de Neufchâtel. La major-général lui répondit :

Neumarck, 4 juin, neuf heures et demie du matin.

» Monsieur le duc de Vicence, je m'empresse de répondre à la lettre que vous venez de m'envoyer par l'adjudant-commandant Galbois. L'empereur, après en avoir pris lecture, me charge de vous répondre, qu'il n'est pas content que vous ayez adopté une rédaction comme celle que vous soulignez dans votre dépêche. Puisque vous n'êtes pas des plénipotentiaires, que vous ne voulez pas parler de préambules de paix, il est donc ridicule d'en parler là. Cette rédaction a l'air de vouloir imposer la paix ; et comment ignorez-vous, *vous qui connaissez les relations de l'Autriche, si l'armistice n'est pas pour nous une chose funeste, vu qu'au moment de le dénoncer, l'Autriche interviendra et reprendra couleur.*

» L'armistice doit donc être pour deux mois, ou jusqu'au 20 juillet, si l'on veut, mais sans rien qui complique la question.

» Vous direz donc, monsieur le duc, qu'on n'adopte pas la rédaction présentée dans votre lettre ce matin, parce que, soit d'une part, soit de l'autre, il n'y a pas de dignité ni pour les uns, ni pour les autres d'avoir l'air de se menacer de la reprise des hostilités pour influencer les négociations : que la force des deux parties belligérantes est trop en équilibre pour que l'une ou l'autre puisse avoir la prétention d'influer les négociations par la rupture de l'armistice, et que quant à la France, cette menace, qui serait faite dans le cours des négociations, romprait tout.

» La paix doit être le résultat d'un système bien réfléchi, fondé sur les vrais intérêts des différens pays, honorable à tous, et ne peut pas être ni une capitulation, ni le résultat d'une menace ; que si c'est à nous que cela s'adresse, nous ne craignons pas la guerre. Lorsqu'on a demandé quarante jours pour négocier la paix, c'est précisément pour éviter cet inconvénient. Il ne peut donc se mêler ni un sentiment d'aigreur, ni un sentiment de menace.

» La condition des deux mois d'armistice, telle qu'elle est rédigée, est donc inadmissible à la dignité des souverains et à la négociation.

» L'empereur, monsieur le duc, désire que vous terminiez, puisque vous avez son *ultimatum*.

» Telle est, monsieur le duc, la réponse de l'empereur.

» Recevez l'assurance, etc.
» Le prince major-général.
» ALEXANDRE. »

Après avoir dicté cette lettre du prince de Neufchâtel, Napoléon en dicta encore une autre pour son plénipotentiaire. Il avait adopté cette manière, afin que sa volonté lui fût présentée sous toutes les formes, et qu'il fût comme entraîné lui-même à forcer la main aux plénipotentiaires des alliés.

« Monsieur le duc de Vicence, cette rédaction : *L'armistice sera de deux mois, à condition que le second mois sera la conséquence des bases de paix qui auront été établies dans le premier mois,* est inadmissible. C'est un style de capitulation et non d'armistice entre deux armées égales, et qui, par amour de la paix, font cesser les hostilités. Cela ferait supposer qu'une des deux parties contractantes ne ferait la paix que pressée par la force. Or, comme la proposition est faite par les ennemis, cela indique assez que ce serait convenir que c'est moi qui fais la paix par la crainte de leurs armes. Il faut qu'ils soient bien fous et aient une bien fausse idée des choses, s'ils nourrissent encore cette idée. Toutefois, il n'en serait pas moins vrai que cet article ainsi rédigé, serait déshonorant pour moi, et propre à rompre toute négociation de paix ; car l'idée seule que les ennemis me croient menacer me porterait à les braver ; et pour leur faire voir que je ne demande pas un armistice indéfini, restez toujours au terme du 20 juillet, toujours sur le même raisonnement, qu'il faut quarante jours pleins pour essayer si l'on peut s'entendre. N'excluez pas toutefois les deux mois s'ils y adhèrent. En y réfléchissant, et lorsque vous aurez développé cette idée, ils sentiront eux-mêmes l'inconvenance et l'absurdité de leur modification. S'il y a supension d'hostilités pendant deux mois, l'avantage n'est ni pour eux ni pour moi, et peut-être même qu'en approfondissant ce point, il serait facile de leur faire comprendre que tout ce qui tend à leur faire gagner l'hiver est, militairement parlant, à leur avantage.

« Je suis vraiment fâché que cette négociation dure si long-temps. Pendant ces délais, l'ennemi gagne tout ce qu'il peut gagner; ses troupes se réorganisent, et moi je reste en l'air. Je suis plus fâché encore que vous ne sentiez pas la conséquence d'un article comme celui que vous m'envoyez. Toute négociation de paix entre les deux parties serait impossible, si les ennemis continuaient à avoir l'idée que je puis être, en désirant la paix, influencé par la peur de la guerre. La proposition de cet article serait une chose funeste, si je ne la considérais pas comme irréfléchie. Si nous ne voulions pas traiter de la paix, nous n'aurions pas la sottise de traiter d'un armistice dans le moment actuel et surtout nous ne l'aurions pas prolongé pendant ces quatre jours qui ont été tout à l'avantage des alliés.

Tâchez d'en finir avant midi. Sur ce, je prie Dieu qu'il vous ait en sa sainte garde.

» NAPOLÉON.

» Neumarck, 4 juin 1813, dix heures du matin. »

La différence de ces deux dépêches est remarquable. Dans la dernière, Napoléon traitait sa question personnelle; dans l'autre, il traitait sa question politique quand il faisait écrire par le prince de Neufchâtel *qu'à la dénonciation de l'armistice l'Autriche interviendrait et prendrait couleur.* L'Autriche était intervenue dès le 22 mai par la lettre de M. de Stadion au prince de Neufchâtel. C'était ce commissaire impérial de Vienne qui avait décidé les souverains alliés, après Wurschen, à accéder à la proposition de Napoléon de négocier un armistice. Il n'était pas douteux pour ce prince que M. de Stadion n'eût été l'âme de toutes les discussions qui venaient d'avoir lieu; il ne pouvait échapper non plus à sa pénétration que M. de Stadion seul avait pu dicter aux alliés les concessions que, malgré l'opiniâtreté de leurs refus pour des choses d'une médiocre importance, ils venaient de faire tout à coup à ses nouvelles exigences. M. de Stadion savait aussi bien que Napoléon combien l'ultimatum de Neumarck différait de celui de Dresde, donné à M. de Bubna. Napoléon aussi dut s'étonner qu'au lieu de quarante jours qu'il avait vainement demandés en dernier lieu pour la durée de l'armistice on lui donnât les soixante qu'il avait demandés au début, et que la neutralité de Breslau, qui lui tenait tant à cœur, et qui avait été si débattue, lui fût également accordée. Ce prince ne pouvait douter non plus que son silence sur la médiation de l'Autriche, soit dans la lettre close du 18 mai, soit dans les pleins-pouvoirs du 1er. juin, n'eût été remarqué par M. de Stadion, et que le parti de l'Autriche ne fût bien arrêté, quand son commissaire consentait ou plutôt décidait les alliés à passer outre sur cette omission du point capital, où se rattachaient tous les intérêts de la paix et de la guerre. Peut-être par cette manière de procéder, si patente et si expressive de ses sentimens, Napoléon voulut-il donner à l'empereur Alexandre un témoignage énergique du désir qu'il avait de traiter avec lui seul ; ce qui avait été indiqué à ce souverain par la démarche du prince de Neufchâtel à Dresde.

M. de Stadion fut effrayé à la fin de la ténacité impérieuse de Napoléon, et surtout de l'ordre donné aux maréchaux. Il sentit que la proie de l'armistice pouvait lui échapper : il calcula qu'il fallait encore deux mois à l'Autriche pour compléter ses armemens ; que si cette occasion de rendre à son gouvernement sa prépondérance dans les affaires de l'Europe était manquée, l'Autriche retombait sous l'empire des événemens d'une lutte incertaine, dont le vainqueur lui serait également redoutable. Les griefs étaient graves entre l'Autriche et les belligérans. L'empereur d'Autriche se souvenait de la marche des Russes dans la campagne de Wagram : l'empereur Alexandre avait à lui reprocher son contingent dans la campagne précédente, et l'empereur Napoléon sa défection actuelle. Si l'armistice n'avait pas lieu, les possessions autrichiennes seraient menacées même du côté de l'Italie, par le prince Eugène et sa nouvelle armée. M. de Stadion sentit profondément la question de l'armistice, et il employa pour vaincre les ressentimens et l'opiniâtreté des alliés, l'influence que devaient prendre sur leur détermination la partialité de l'Autriche et leur intérêt à l'attirer à leur cause. L'intérêt matériel du moment n'avait pas besoin d'être expliqué ; il était démontré par l'avantage de rester en contact avec la Bohème. M. de Stadion n'eut donc point de peine à faire comprendre aux Russes qu'ils devaient sacrifier quelques intérêts locaux qui ne touchaient que la Prusse, et surtout la question du mois de plus, qui donnerait à leurs réserves le temps d'arriver, aux Autrichiens celui de paraître en arbitres armés, et de continuer avec plus d'avantage leur séduction auprès des souverains de la confédération, afin d'assurer bientôt, par le soulèvement de toute l'Allemagne, le triomphe de la triple alliance sur Napoléon et sur la France.

Tels furent les véritables motifs des concessions dont le duc de Vicence rendit compte au prince major-général dans la matinée du 4 juin, et pendant que Napoléon s'applaudissait de son opiniâtreté, ses ennemis se réjouissaient de leur condescendance.

Ainsi donc, fidèles au nouveau système que M. de Stadion venait de leur faire adopter, les alliés consentirent aussi, sur la demande de Napoléon, à remplacer l'article relatif à la durée de l'armistice par un autre, où le nom de la paix n'était pas même mentionné. Napoléon ne devait pas retrouver la même facilité au congrès de Prague.

Enfin, par sa dépêche du même jour à onze heures du matin, le duc de Vicence informa l'empereur que *l'armistice était convenu sur les bases que sa majesté avait fixées.* Les plénipotentiaires alliés disaient n'avoir pas besoin de ratifications, puisque leurs pleins-pouvoirs étaient définitifs ; mais l'empereur exigea la ratification, qui eut lieu dans la journée. Des officiers des deux armées furent expédiés pour faire cesser les hostilités sur toute la ligne. Les commissaires nommés pour suivre à Neumarck l'exécution des conditions de l'armistice, furent, de la part de la France, le comte Dumoustier, général de division, et le comte de Flahaut, aide-de-camp de l'empereur ; de la part des alliés, le général prince de Tcherbatoff pour la Russie, et le général major baron de Tuyll pour la Prusse. Ces commissaires se réunirent le 5 à Neumarck, d'où partirent des officiers des deux armées, pour remettre aux commandans en chefs des différens corps d'armée, les ampliations de l'acte d'armistice. L'empereur quitta Neumarck le matin, se dirigeant sur Dresde par Liegnitz, où sa garde était arrivée la veille.

Conventions arrêtées pour l'armistice.

« Cejourd'hui $\frac{23 \text{ mai}}{4 \text{ juin}}$ 1813, les plénipotentiaires nommés par les puissances belligérantes.

» Le duc de Vicence, grand-écuyer de France, général de division, sénateur, grand-aigle de la légion-d'honneur, grand'croix des ordres de Saint-André de Russie, de Saint-Léopold d'Autriche, de Saint-Hubert de Bavière, de la couronne verte de Saxe, de la Fidélité et de Saint-Joseph, plénipotentiaire nommé par S. M. l'empereur des Français, roi d'Italie, protecteur de la confédération du Rhin, médiateur de la confédération Suisse, et muni des pleins-pouvoirs de son altesse le prince de Neufchâtel, vice-connétable, major-général de l'armée;

» Le comte de Schouwaloff, lieutenant-général, aide-de-camp général de S. M. l'empereur de toutes les Russies, grand'croix de l'ordre de Wolodimir de la deuxième classe, grand'croix de l'ordre de Sainte-Anne, chevalier de l'ordre de

Saint-Georges quatrième classe, commandeur de l'ordre de Saint-Jean de Jérusalem, et grand'-croix de l'aigle rouge de Prusse;

» Et M. de Kleist, lieutenant-général au service de S. M. le roi de Prusse, grand'croix de l'aigle rouge de Prusse, de Saint-Wolodimir de la deuxième classe et de Sainte-Anne de Russie, chevalier de l'ordre du mérite, de la croix de fer de Prusse et de la légion-d'honneur, munis des pleins-pouvoirs de son excellence M. le général d'infanterie Barclay de Tolly, général en chef des armées combinées ;

» Après avoir échangé leurs pleins-pouvoirs à Gebersdorf le $\frac{20\ \text{mai}}{1\ \text{juin}}$, et signé une suspension d'armes de trente-six heures, s'étant réunis au village de Plesswitz, neutralisé à cet effet entre les avant-postes des armées respectives pour continuer la négociation d'un armistice propre à suspendre les hostilités entre toutes les troupes belligérantes, n'importe sur quel point elles se trouvent,

» Sont convenus les articles suivans :

» ARTICLE PREMIER. Les hostilités cesseront sur tous les points à la notification du présent armistice.

» Art. II. L'armistice durera jusqu'au $\frac{20\ \text{juillet}}{8\ \text{juillet}}$ inclus, plus six jours pour le dénoncer à son expiration.

» Art. III. Les hostilités ne pourront en conséquence recommencer que six jours après la dénonciation de l'armistice aux quartiers-généraux respectifs.

» Art. IV. La ligne de démarcation entre les armées belligérantes est fixée ainsi qu'il suit :

» En Silésie.

» La ligne de l'armée française, partant de la frontière qui touche à la Bohême, passera par Seiffershau, Alteramnitz, suivra le cours de la petite rivière qui se jette dans le Bober, pas loin de Bertelsdorf, ensuite le Bober jusqu'à Loëhn; de là à Neukirch sur la Katzbach par la ligne la plus directe, d'où elle suivra le cours de cette rivière jusqu'à l'Oder.

» Les villes de Parchwitz, Liegnitz, Goldberg et Loëhn, quelle que soit la rive sur laquelle elles sont situées, pourront, ainsi que leurs faubourgs, être occupés par les troupes françaises.

» La ligne de démarcation de l'armée combinée, partant aussi des frontières de la Bohême, passera par Dittersbach, Pfaffendorf, Landshut, suivra le Bober jusqu'à Rudelstadt, passera de là par Bolkenhayn, Striegau, suivra le Striegauervasser jusqu'à Canth, et joindra l'Oder en passant par Bettlern, Oltaschin et Althoff.

» L'armée combinée pourra occuper les villes de Landshut, Rudelstadt, Bolkenhayn, Striegau et Canth, ainsi que leurs faubourgs.

» Tout le territoire entre la ligne de démarcation des armées françaises et combinées sera neutre, et ne pourra être occupé par aucune troupe, même par des landsturms. Cette disposition s'applique par conséquent à la ville de Breslau.

» Depuis l'embouchure de la Katzbach, la ligne de démarcation suivra le cours de l'Oder jusqu'à la frontière de Saxe, longera la frontière de Saxe et de Prusse, et joindra l'Elbe en partant de l'Oder pas loin de Muhlrose et suivant la frontière de Prusse, de manière que toute la Saxe, le pays de Dessau et les petits états environnans des princes de la confédération du Rhin, appartiendront à l'armée française et à ses alliés, et toute la Prusse à l'armée combinée.

» Les enclaves prussiens dans la Saxe seront considérés comme neutres, et ne pourront être occupés par aucune troupe.

» L'Elbe, jusqu'à son embouchure, fixe et termine la ligne de démarcation entre les armées belligérantes, à l'exception des points indiqués ci-après :

» L'armée française gardera les îles et tout ce qu'elle occupera dans la trente-deuxième division militaire, le $\frac{8\ juin}{27\ mai}$ à minuit.

» Si Hambourg n'est qu'assiégée, cette ville sera traitée comme les autres villes assiégées. Tous les articles du présent armistice qui leur sont relatifs lui sont applicables.

» La ligne des avant-postes des armées belligérantes, à l'époque du $\frac{8\,\text{juin}}{27\,\text{mai}}$ à minuit, formera, pour la trente-deuxième division militaire, celle de démarcation de l'armistice, sauf les ratifications militaires que les commandans respectifs pourront juger nécessaires. Ces ratifications seront faites de concert par un officier d'état-major de chaque armée, d'après le principe d'une parfaite réciprocité.

» Art. V. Les places de Dantzick, Modlin, Zamosc, Stettin et Custrin, seront ravitaillées tous les cinq jours, suivant la force de leur garnison, par les soins des commandans des troupes du blocus.

» Un commissaire nommé par le commandant de chaque place sera près de celui des troupes assiégeantes, pour veiller à ce qu'on fournisse exactement les vivres stipulés.

» Art. VI. Pendant la durée de l'armistice, chaque place aura, au delà de son enceinte, un rayon d'une lieue de France. Ce terrain sera neutre. Magdebourg aura par conséquent sa frontière ou une lieue sur la rive droite de l'Elbe.

» Art. VII. Un officier français sera envoyé dans chaque place assiégée, pour prévenir le commandant de la conclusion de l'armistice et de son ravitaillement. Un officier russe ou prussien pourra l'accompagner pendant la route, soit en allant, soit en revenant.

» Art. VIII. Des commissaires nommés de part et d'autre dans chaque place régleront le prix des vivres qui seront fournis. Le compte arrêté à la fin de chaque mois par les commissaires chargés de veiller au maintien de l'armistice sera soldé au quartier-général par le payeur de l'armée.

» Art. IX. Des officiers d'état-major seront nommés de part et d'autre pour rectifier de concert la ligne générale de démarcation sur les points qui ne seraient point déterminés par un courant d'eau, et sur lesquels il pourrait y avoir quelques difficultés.

» Art. X. Tous les mouvemens de troupes seront réglés de manière à ce que chaque armée occupe sa nouvelle ligne le $\frac{12 \text{ juin}}{31 \text{ mai}}$. Tous les corps ou partis de l'armée combinée qui peuvent être au delà de l'Elbe ou en Saxe rentreront en Prusse.

» Art. XI. Des officiers de l'armée française et de l'armée combinée seront expédiés conjointement pour faire cesser les hostilités sur tous les points en faisant connaître l'armistice. Les commandans en chef respectifs les muniront des pouvoirs nécessaires.

» Art. XII. On nommera de part et d'autre deux commissaires officiers-généraux, pour veiller à l'exécution des stipulations du présent armistice. Ils se tiendront dans la ligne de neutralité à Neumarck, pour prononcer sur les différens qui pourraient survenir.

» Ces commissaires devront s'y rendre dans les vingt-quatre heures, afin d'expédier les officiers et les ordres qui doivent être envoyés en vertu du présent armistice.

» Fait et arrêté le présent acte en douze articles et en double expédition, les jours, mois et an que dessus. »

CHAPITRE VI.

L'empereur porte son quartier-général à Dresde.

Des officiers des nations belligérantes sont partis de Neumarck pour aller notifier l'armistice sur toute la ligne, c'est-à-dire, sur la moitié du diamètre de la terre germanique depuis Breslau jusqu'à Hambourg, où ils ont retrouvé le drapeau français, et à Lubeck, où les Danois sont aussi entrés de vive force le 2 juin : et depuis l'Elbe jusqu'à la Vistule, excepté les places de Thorn, de Spandau, et de Czeutochau, qui ont capitulé dans le mois d'avril, ils trouvent les généraux Dufresse à Stettin, Fornier d'Albe à Custrin, Daendels à Modlin, Hauke à Zamosc, et Rapp à Dantzick. Ces villes guerrières apprennent par ces officiers les victoires de la Saxe et l'armistice de la Silésie. C'est pour elles le dernier adieu de la gloire. A Hambourg et à Lubeck, le prince d'Eckmülh compte quarante-deux mille combattans sous ses ordres ; Rapp en a trente-deux mille à Dantzick, vingt mille sont dispersés dans les autres places. Cent mille hommes sont retranchés de la fortune française, quand cent mille nouveaux combattans entrent dans les cadres des confédérés, en attendant que deux cent mille alliés de la France soient prêts pour marcher contre elle avec ses ennemis. L'armistice couvre la guerre, et la négociation du congrès couvrira le plan de la campagne. Mais n'anticipons point sur les événemens.

Napoléon a laissé à Neumarck les généraux Flahaut et Dumoustier en qualité de commissaires pour l'exécution de l'armistice. Il a repris pour se rendre à Dresde la route de ses victoires. Il revoit, le 5, Liegnitz, d'où M. de Bubna est parti pour chercher encore des pouvoirs à Vienne, afin de terminer une première base de négociation que le duc de Bassano lui a proposée et qu'il a approuvée; le 6, Napoléon séjourne à Haynau. La cour de Saxe est dépossédée, par le fait de la défection autrichienne, du grand duché de Varsovie, occupé par l'ennemi. C'est donc à Napoléon de prendre soin de ces braves Polonais qui, à la suite du contingent du prince de Schwartzenberg ont dû traverser désarmés les provinces de son allié, et qui attendent, sous les ordres du héros de la Pologne, du prince Poniatowsky, les commandemens qu'il lui plaira de leur donner. Cette petite armée vient de reprendre ses armes dans la Lusace. Elle n'a plus de patrie que le drapeau de Napoléon, et, par le décret de Neumarck du 1er. juin, elle est passée à sa solde. L'empereur écrit en conséquence à son ministre secrétaire-d'état, intendant-général de ses armées.

« Monsieur le comte Daru, vous verrez, par le décret ci-joint, qu'à compter du 1er. juin, je prends à ma solde le corps du prince Poniatowsky. Les fonds seront fournis par le ministre des relations extérieures ; mais ces paiemens seront faits par le payeur de l'armée. Ce sera seulement un chapitre à ajouter au budget de l'armée. Mon intention est que ce corps reste à Zittau. Écrivez au duc de Bassano, pour qu'il charge le baron Bignon de prendre toutes les mesures nécessaires pour faire fournir à Dresde, ou dans les autres villes de la Saxe, les effets d'habillement et d'harnachement nécessaires pour équiper ce corps, prenez des mesures pour qu'il y ait à Zittau, le 10 juin, deux cent mille francs, et le 15 juin, deux cents autres mille francs, afin de payer la solde du mois de juin à tous les hommes présens au corps. Faites-en passer la revue à cet effet par un inspecteur aux revues français. Cet inspecteur aux revues sera chargé d'organiser ce corps de concert avec l'inspecteur aux revues polonais, conformément au décret que je prendrai.

» Sur ce, je prie Dieu, etc.

» NAPOLÉON.

» A Haynau, le 6 juin 1813. »

Au prince d'Eckmühl.

Buntzlau, le 7 juin 1813.

« Mon cousin, témoignez ma satisfaction au

général Vandamme sur l'occupation de Hambourg. Je vous envoie un officier d'ordonnance qui est officier du génie. Il verra en détail Hambourg, les îles, Haarbourg, Lunebourg, Lubeck, si vous y êtes, le fort de Cuxhaven, et viendra me rendre compte de tout ce que vous faites, et de quelle manière se dirigent les travaux. Le major-général a dû vous faire connaître mon système, c'est celui que j'ai adopté pour toutes les grandes villes. Une ville comme Hambourg ne pourrait être défendue que par une garnison de vingt-cinq mille hommes et un matériel immense ; et pour courir les chances de perdre une garnison de vingt-cinq mille hommes et un grand matériel, il faudrait une place qui pût se défendre au moins deux mois de tranchée ouverte. Or, pour donner à l'enceinte de Hambourg une résistance de deux mois de tranchée ouverte, il ne faudrait pas moins de dix ans et de trente à quarante millions. Toutefois, je veux conserver Hambourg, non-seulement contre les habitans, contre les troupes de ligne, mais même contre un équipage de siége. Je veux que, si cinquante mille hommes se présentent devant Hambourg, la ville soit non-seulement à l'abri d'un coup de main, mais puisse se défendre, obliger l'ennemi à ouvrir la tranchée et soutenir quinze ou vingt jours de tranchée ouverte. Ces résultats, je veux les obtenir cette année avec la seule dépense de deux à

trois millions, avec un matériel de cent à cent cinquante bouches à feu et une simple garnison de six mille hommes. Je veux que, dans cette hypothèse, la ville prise après un blocus de quinze ou vingt jours de tranchée ouverte, je ne perde rien, ni en canons ni en hommes, et que la garnison puisse se réfugier dans une citadelle et se défendre un ou deux mois de tranchée ouverte, selon la capacité et le degré de perfection auquel sera portée cette citadelle. La simple exposition de ce système l'explique; il faut travailler à l'exécuter sans perdre une heure. Vingt-quatre heures après l'arrivée de mon officier d'ordonnance, dix mille travailleurs devront être à l'ouvrage. Vous devrez:
1°. Faire abattre toutes les maisons qui sont sur le rempart, impitoyablement, sauf l'évaluation de l'indemnité qui sera payée par la ville; 2°. vous devez faire abattre toutes les maisons qui sont sur le glacis; 3°. toutes les maisons qui sont sur la citadelle; 4°. vous devez en même temps faire relever tous les parapets en creusant tous les fossés; 5°. faire faire des ponts-levis à toutes les portes; 6°. faire faire des demi-lunes devant toutes les portes; 7°. mettre de l'eau autant que les fossés en pourront contenir; 8°. faire ce qui est nécessaire pour pratiquer une inondation dans les parties qui en sont susceptibles; 9°. fermer à la gorge tous les bastions les plus importans et les plus grands avec un mur crénelé, les moins im-

portans avec une bonne palissade ; 10°. faire travailler à un chemin couvert et à un glacis ; faire palissader les chemins couverts ; 11°. faire placer sur chaque bastion au moins quatre pièces de canon, dont deux d'un calibre de douze ou supérieur; deux d'un calibre inférieur ; 12°. faire placer des mortiers en forme de citadelle pour pouvoir les tourner contre la ville, dans les deux bastions les plus grands, et spécialement dans le bastion et la partie de l'enceinte qui est entre les deux lacs, et qui peut facilement être isolée et considérée comme citadelle ; 13°. rétablir les retranchemens qui couvrent le grand faubourg, le bien palissader, y établir quelques blockaus ; 14°. faire occuper toutes les îles par un système de redoutes et de digues ; faire même des ponts sur pilotis, sur les petits bras ; faire deux bacs sur chaque gros bras, comme je l'ai pratiqué à Anvers, l'un pour la marée descendante, et l'autre pour la marée montante, de manière que cent chevaux et cinq cents hommes d'infanterie puissent passer à la fois ; relever, armer et palissader Haarbourg. Supposez tous ces ouvrages faits, et ils peuvent l'être en peu de mois, il est évident que quatre compagnies d'artillerie et cinq mille cinq cents hommes d'infanterie seront maîtres de Hambourg. Pour compléter le système, tracer une citadelle entre la rivière et la ville, de sorte que la citadelle, les îles et Haarbourg fassent un seul système; cette citadelle peut d'abord être faite en terre avec des fossés pleins d'eau, de bonnes palissades et des blindages en bois pour les magasins d'artillerie, pour les magasins à poudre et pour la garnison. Vous voyez que la ville, prise après un siége en règle, la garnison se réfugierait dans la citadelle, dans les îles et dans Haarbourg. Tout cela peut se faire dans l'année. Les années prochaines je ferai revêtir la citadelle en pierre et lui donnerai toute la force possible. Voilà le système défensif que j'ai adopté pour Hambourg. Je donne l'ordre au général Haxo de l'étudier, de le tracer et de l'exécuter, mais il est bien important que vous profitiez du premier moment pour jeter à bas toutes les maisons qui gêneraient l'emplacement de la citadelle, comme je l'ai dit plus haut. Je sais que le général Haxo avait projeté de placer la citadelle du côté d'Altona; cela n'est pas possible, cela effraierait les Danois : d'ailleurs, mon intention est que la citadelle soit une tête de pont sur la rive droite, Haarbourg une tête de pont sur la rive gauche, les îles un moyen de communication. Vous savez que je n'ai point vu Hambourg; que l'on doit étudier l'esprit de l'ordre que je donne et non la lettre, de manière qu'au 15 juillet il n'y ait aucune difficulté à laisser six mille hommes isolés à Hambourg, et que leur communication avec la rive gauche soit à l'abri de toute inquiétude.

» Sur ce, je prie Dieu qu'il vous ait en sa sainte et digne-garde.

» Napoléon. »

Le 8, Napoléon s'arrête à Gorlitz : un incendie éclate dans un faubourg; la perte est estimée; il ordonne qu'elle soit payée aux malheureux habitans. Le 9, il a revu Bautzen ; le 10, l'empereur arrive à Dresde à quatre heures du matin, sans s'être fait annoncer, et il va s'établir au palais Marcolini, qui, situé dans un faubourg, réunit à la jouissance d'un vaste jardin l'avantage d'une sorte de solitude dont Napoléon a besoin pour reprendre les habitudes de ses travaux avec ses deux ministres et son major-général. L'empereur a songé aussi à ne pas partager avec le roi la résidence souveraine, et a préféré l'habitation d'un de ses grands officiers qui voyage en Bohème. Le soir même, l'empereur reçoit le baron de Kaas, ministre de l'intérieur de Danemarck. Les alliés avaient employé à Altona, auprès de cet envoyé, les promesses et les menaces pour le décider à renoncer à sa mission ; ils avaient été jusqu'à proposer de renoncer à la cession de la Norwége; et, le 31 mai, le lendemain de la prise de Hambourg par le prince d'Eckmühl, l'apparition de la flotte anglaise dans la rade de Copenhague était venue réveiller dans cette ville un affreux souvenir. Un vaisseau, porteur d'une injurieuse sommation, était entré dans le port, et c'était au moment où la négociation d'un armistice commençait en Silésie que le commandant de ce vaisseau sommait le roi, sous quarante-huit heures, de souscrire le traité de la cession de la Norwége à la Suède, de remettre en dépôt la province de Drontheim, et de donner vingt-cinq mille hommes à la confédération contre la France. Le roi et son ministre avaient été également fidèles; la sommation avait été rejetée. M. de Kaas avait continué sa route, et le prince royal de Danemarck, qui était parvenu à débarquer en Norwége, déguisé en matelot, avait, par une noble proclamation, appelé les Norwégiens à la défense nationale. Déjà, à cette époque, le despotisme anglais ne dissimulait plus le rôle qu'il voulait jouer dans les affaires de l'Europe. Il dépouillait le Danemarck, et déclarait qu'il n'accepterait pas pour la France *même les bases de la paix de Lunéville*, comme étant trop favorables à cette puissance.

CHAPITRE VII.

Séjour de l'empereur à Dresde, du 10 au 30 juin. — Correspondance de l'empereur.

La lettre que Napoléon avait écrite le 7 de ce mois au prince d'Eckmülh a pu donner l'idée de l'importance qu'il attachait à la possession de Hambourg. D'autres lettres et instructions adressées soit au maréchal, soit au ministre de la guerre, soit au ministre secrétaire d'état comte Daru, en sa qualité d'intendant-général de l'armée, font connaître plus particulièrement les dispositions que Napoléon prescrivit afin de rendre l'occupation de cette grande ville, de cette clef du Bas-Elbe, encore plus utile aux opérations qu'il méditait sur le nord de l'Allemagne si la paix n'avait pas lieu. Il n'y a peut-être eu dans aucune des guerres de l'empereur aucune correspondance plus suivie de sa part, avec un de ses généraux en chef, que celle qui eut lieu entre lui et le prince d'Eckmülh, depuis la retraite du prince Eugène, dont ce maréchal partagea l'honneur, jusqu'à la reprise des hostilités après la rupture du congrès de Prague. Le maréchal avait ordre d'écrire tous les jours, et l'empereur lui écrivait plusieurs fois par semaine. Cette correspondance avec le prince d'Eckmülh était spéciale, comme l'était le travail avec le comte Daru : avec l'un, c'était sur la guerre ; avec l'autre, sur l'administration de la guerre ; et, sous ces deux rapports, jamais souverain ne donna moins à créer et plus à exécuter. Mais la correspondance de Napoléon avec le prince archichancelier avait un tout autre caractère ; elle était sur toutes les questions, sur tous les événemens, sur tous les détails, soit d'état, soit de famille, sur tout ce qui intéressait l'empire et l'empereur. Aussi était-elle toujours plus ou moins confidentielle. La variété de la correspondance de l'empereur piquera sans doute la curiosité du lecteur.

Le séjour de Dresde est un repos au moins extérieur, pendant lequel il peut être intéressant de saisir les instans que Napoléon semblait dérober aux plus graves occupations. Elles étaient de plus d'une nature : les préparatifs nouveaux pour une seconde campagne, et les négociations pour la paix, auxquelles se joignit bientôt une autre négociation incidentelle sur la prolongation de l'armistice. Le terrain militaire va se couvrir de nouveaux combattans ; ils arrivent de toutes les parties du nord au camp de Trachemberg. Ils marchent moins nombreux de Mayence à Dresde. Quant à la scène politique, elle va briller par de nouveaux acteurs. Le comte de Bubna est venu l'annoncer à Napoléon le jour même du retour à Dresde. Les débats vont avoir lieu avec le duc de Bassano; et dans peu de jours, M. de Metternich viendra plaider à Dresde la cause de la médiation autrichienne. Un congrès sera assemblé; ce sera à Prague. L'arrivée prochaine de l'empereur François à Gitzchin dans un de ses châteaux de Bohème, voisin de sa capitale, va donner aux affaires un grand mouvement : S. M. impériale y sera suivie de sa chancellerie, de ses ministres. C'est l'empereur d'Autriche, avec toute sa puissance, qui va donner à Prague l'hospitalité au congrès; c'est Napoléon, qui croit avoir autant à se défendre d'une paix injurieuse, que de la guerre à mort dont le menace la corruptrice Angleterre; c'est l'empereur de Russie et le roi de Prusse, armés l'un uniquement encore pour venger les flammes de Moscou, l'autre pour amnistier sa propre défection, et plus disposés à la guerre qu'à la paix. Ainsi, tandis que la politique des deux partis prépare ses arsenaux, désigne ses plénipotentiaires, établit ses griefs, ses moyens d'attaque et de défense, la guerre, dans les deux camps, reçoit et instruit ses recrues, l'artillerie renouvelle ses magasins de destruction épuisés, la cavalerie française s'achemine par petits détachemens, celle du Nord accourt en gros escadrons, l'Autriche complète deux cent mille hommes pour les mettre dans la balance de la paix ; Napoléon passe une partie de sa journée sur ses cartes de la Bohême, de la Saxe, de la Silésie, du haut et bas Elbe, sur celles même de la Prusse et de la Vistule, une autre à faire manœuvrer dans les plaines qui s'étendent devant le jardin Marcolini, et le reste du temps est donné à quelques réceptions et à sa correspondance.

C'est cette dernière partie des loisirs de Napoléon, pendant les deux mois de son séjour à Dresde, qui doit distraire le lecteur des grands événemens entre lesquels il est placé comme Napoléon, et lui donner aussi son armistice. D'ailleurs, comme nous l'avons dit, cet ouvrage annonce par son titre que, sans manquer à la fidélité ni à la marche historiques, nous nous sommes imposé d'écrire, pour ainsi dire par journées, l'histoire de Napoléon en 1813. Le lecteur est prié de ne pas perdre de vue cette modeste carrière, où nous a fait descendre le désir de faire mieux connaître un souverain qui occupera à jamais une si grande place dans les fastes de la monarchie française.

Telle fut donc en partie la correspondance de Napoléon du 10 au 30 juin avec le comte Daru, le prince d'Eckmülh, le ministre de la guerre et l'archichancelier. L'autre partie sera placée plus tard, d'après l'ordre des dates et celui des événemens, qui en déterminent la publication.

Au prince d'Eckmühl.

« Mon cousin, les neuf bataillons qui manquaient à la troisième division étaient à Utrecht. Je leur ai depuis long-temps donné ordre de se rendre à Wesel, ainsi ces bataillons doivent être aujourd'hui près de leurs corps. J'ai ordonné que la première division qui est du côté de Crossen se rendît à Wittemberg. Il est indispensable que vous fassiez partir la cinquième en la dirigeant également sur Wittemberg. Je vous ai écrit et fait connaître mes intentions relativement aux fortifications de Hambourg, et à tout ce qui concerne son armement. Je donne ordre que le général Baltus se rende à Hambourg pour commander l'artillerie, et que deux cents milliers de poudre soient dirigés de Wesel sur Hambourg, ainsi que quatre compagnies d'artillerie; faites en sorte qu'il y ait cent cinquante bouches à feu en batterie sur les remparts, et dans les ouvrages avancés, dans les premiers jours de juillet. Faites travailler aux ponts et aux bacs sur l'Elbe, vis-à-vis de Hambourg. Le général Haxo a eu ordre de se rendre momentanément à Hambourg, et le général du génie a ordre de fournir un officier de génie pris à Magdebourg. Il faut utiliser tous les Danois, cavalerie, infanterie, artillerie. Leur infanterie vaudra bien sans doute l'infanterie des villes anséatiques, et les landwehrsberlinoises. Les bataillons qui appartiennent à la division de Hambourg sont en marche pour la rejoindre. Vous aurez donc quatre divisions. Il sera nécessaire d'en avoir trois ou au moins deux, *pour opérer dans la direction de Berlin*, aussitôt que l'armistice sera dénoncé, si toutefois la paix n'a pas lieu. Sur ce, je prie Dieu qu'il vous ait en sa sainte et digne garde.

» NAPOLÉON.

» Dresde, le 10 juin 1813. »

L'empereur au ministre de la guerre.

Dresde, 15 juin 1813.

« Monsieur le duc de Feltre, je considère Hambourg comme une place forte. Le général d'artillerie Baltus doit y être déjà ; et en outre, j'y ai envoyé mon aide-de-camp, le général Drouot. Il faut qu'avant le 10 juillet, il y ait cent cinquante bouches à feu sur les remparts, et que la place soit approvisionnée en poudre, boulets, et de manière à pouvoir soutenir un siége, sans quoi on courrait risque de la reperdre, ou bien le prince d'Eckmühl ne pourrait point disposer de ses forces. Je vous réitère l'ordre que je vous ai déjà donné d'envoyer à Hambourg deux cents milliers de poudre. Je n'ai pas encore les états des bouches à feu, projectiles et artifices qui y sont nécessaires. Ordonnez au général Jouffroy d'envoyer tout ce qui est nécessaire pour l'approvisionnement d'artillerie de cette place, de manière à ce que tout y soit rendu avant le 15 juillet. Il y a, je crois, quinze jours de route de Wesel à Hambourg. Il faut donc que tout soit expédié avant le 1er. juillet. Je vous ai fait connaître qu'il n'était pas moins nécessaire d'avoir à cette place un bon général d'artillerie, ainsi que des capitaines d'artillerie adjoints, un bon directeur du génie. Il faudra en outre un bon gouverneur ou commandant de place adjudant nécessaires. Mon intention est que, le cas arrivant où la place serait assiégée, les troupes de la cinquantième division ou division de Hambourg, les douaniers, trois ou quatre compagnies d'artillerie, et enfin une partie de la troisième division ou de la troisième *bis*, jusqu'à la concurrence de dix mille hommes, s'enferment dans la place. Le prince d'Ekmühl ne doit point s'y renfermer; mais avec l'autre partie de son corps, il se porterait sur la rive gauche de l'Elbe, pour veiller à la défense de la trente-deuxième division, et y maintenir la tranquillité. — Hambourg ne pouvant être investi que si l'ennemi jetait deux ponts sur l'Elbe, le prince resterait toujours en communication avec cette place. En résumé, donnez tous les ordres nécessaires pour que ce qui concerne l'artillerie et le génie soit terminé de manière à ce qu'au 15 juillet, la place soit en état de soutenir un siège. Envoyez des places de France de bons gardes d'artillerie et de génie. Il ne faut point employer des gens du pays; il faut que le général commandant la place, un commandant de l'artillerie, et un commandant du génie, avec les adjudans et adjoints nécessaires, soient commissionnés pour ladite défense, et qu'un commissaire des guerres, des adjoints et des gardes-magasins des vivres y soient envoyés, afin que la place ait les approvisionnemens de vivres nécessaires pour soutenir un siége avant le 15 juillet. Vous verrez le ministre de la marine pour qu'un contre-amiral reste dans la place avec une partie de la flottille, afin de communiquer entre les deux rives, et de défendre les îles, etc. Une compagnie de gendarmerie restera aussi dans la place pour maintenir la tranquillité. Vous me proposerez l'établissement d'un prévôt qui serait chargé de faire arrêter et juger prévôtalement les habitans qui exciteraient à la révolte. — En jetant un coup d'œil sur la carte, il ne vous échappera pas que de Hambourg à Berlin, il y a quatre-vingts lieues; tandis que de Wittemberg à Berlin, il n'y en a que trente-cinq. Si donc je laissais les première, deuxième, troisième, troisième *bis*, et cinquantième divisions, en tout soixante bataillons à Hambourg, je me priverais d'une grande partie de mes forces. Il est donc probable que, dans les premiers jours de juillet, j'ordonnerai que le général Vandamme marche par Magdebourg, et de là en avant de Wittemberg, avec la première

et la deuxième division, tandis que le prince d'Ekmühl, avec les troisième, troisième *bis*, et cinquantième divisions, resterait dans la trente-deuxième division militaire; il aurait ainsi la troisième division. . . . . 15 bataillons.
la troisième *bis*. . . . . 15 *idem*.
et la cinquantième. . . . . 16 *idem*.

(J'ai joint à cette division le trente-troisième léger); cela ferait en tout quarante-six bataillons. Il est possible que la cinquantième division ne puisse pas avoir ses seize bataillons; cela réduirait ses forces à quarante bataillons. Avec l'artillerie, les douaniers et les mille chevaux qui sont au corps, cela présenterait toujours un total de près de vingt-cinq mille hommes, et, en y joignant quinze mille Danois, de plus de quarante mille hommes; j'espère que le prince d'Eckmühl pourrait alors prendre l'offensive et entrer dans le Mecklembourg pour flanquer la gauche de l'armée. S'il en était autrement, et qu'il dût se mettre sur la défensive; ce qui est peu présumable (mais enfin il faut tout prévoir), il laisserait sur ces vingt-cinq mille hommes, une garnison de huit à dix mille hommes à Hambourg, et il aurait encore derrière l'Elbe une quinzaine de mille hommes, indépendamment des Danois qui, dans cette circonstance, défendraient leurs frontières; pendant ce temps, j'aurai trente bataillons des première et deuxième divisions qui, sous les ordres du général Vandamme, se joindraient aux corps de ma gauche. Je suppose que la sixième division sera partie avant le 30 juin pour Wittemberg; il restera la sixième *bis*. Sur les douze bataillons de cette division, je voudrais en laisser huit à Wesel et Utrecht, et pouvoir en employer quatre pour la garnison de Magdebourg. Sous le point de vue politique, et sous le point de vue militaire, Hambourg est de la plus haute importance; ce n'est qu'autant que je puis considérer cette ville comme une place forte, et que je serai assuré qu'au quinze juillet elle pourra se défendre contre trente ou quarante mille hommes, que je pourrai disposer du corps du général Vandamme, et même, s'il le fallait de la troisième division qui est bien organisée pour appuyer sur Magdebourg et Berlin. Dès lors, vous voyez pourquoi j'ai donné une batterie d'artillerie à pied et une batterie d'artillerie à cheval à la cinquantième division, parce que, le premier corps se trouvant ainsi disloqué, le général Vandamme amènerait avec ses deux divisions quatre batteries à pied, une batterie d'artillerie à cheval, et une batterie de réserve, et que le prince d'Eckmühl n'aurait que l'artillerie de la troisième division ou seize bouches à feu, la batterie de la cinquantième division, une batterie de réserve et une batterie à cheval; total, trente-huit bouches à feu.

» NAPOLÉON. »

Au comte Daru.

« Monsieur le comte Daru, vous trouverez ci-joint deux décrets que je viens de signer. Envoyez-les sur-le-champ aux ministres de la guerre, de l'administration de la guerre et du trésor. Vous les ferez connaître dans la journée au major-général, au prince d'Eckmühl et au général Bourcier ; vous aurez soin qu'ils parviennent en quarante-huit heures au prince d'Eckmühl. Vous y verrez que j'ai frappé sur Hambourg et sur Lubeck une contribution de cinquante millions, dont trente devront être payés en argent, dix en bons qui devront solder toutes les réquisitions qui seront faites dans la trente-deuxième division militaire, et dix millions en objets qui seront pris en nature dans la ville. L'état n°. 1 vous fera connaître en conséquence ce que vous devez sur-le-champ requérir dans la ville de Hambourg ; vous ferez, à cet effet, mettre la main sur tout ce qui existe dans les magasins. Tous les vivres et tous les objets d'hôpitaux seront dirigés sur Magdebourg. L'état n°. 2 vous fera connaître les réquisitions à faire dans les départemens de la trente-deuxième division militaire ; faites-en la répartition, et adressez-la au prince d'Eckmühl et aux préfets des départemens. Les vivres seront dirigés sur Wittemberg, les chevaux sur les dépôts du général Bourcier : les dix millions requis en fournitures sur Hambourg n'entreront pas comme argent au trésor; ils seront l'objet d'une comptabilité en matières. Je les considère comme en dehors du budget; mais les trente millions en argent comptant, et les dix millions en bons, entreront au trésor, et par conséquent doivent être portés au budget de juillet sur le crédit des armées, puisque le trésor faisant recette de ces bons, c'est pour lui comme si c'était de l'argent comptant. Vous ordonnerez que sur ces trente millions, cinq millions soient sur-le-champ versés dans la caisse du payeur de l'armée, quatre millions seront envoyés à Magdebourg dans la caisse n°. 2, et un million restera à Hambourg pour le service des troupes, etc. Envoyez des auditeurs, des commissaires des guerres et des gardes-magasins; réglez tout ce qui est nécessaire pour que cette comptabilité en matières soit suivie exactement, et les objets exactement évalués; dressez-moi l'état approximatif de l'évaluation des objets portés sur l'état n°. 1 et sur l'état n°. 2; donnez ordre que la caisse n°. 2, qui est à Wesel, soit transportée à Magdebourg. Au moyen de ces dispositions, cinquante mille quintaux de blé qui arriveront à Magdebourg, remplaceront les cinquante mille quintaux que vous en tirerez pour Dresde.

» J'ai ordonné une remonte de dix mille chevaux; deux mille fournis par la ville de Hambourg, cinq mille requis dans les départemens de la trente-deuxième division militaire, et trois mille qui seront achetés sur de nouveaux marchés passés par le général Bourcier. Le général Bourcier paraît avoir encore des fonds pour trois mille chevaux; mais il avait encore quatre mille cinq cents hommes à monter, comme vous le verrez par sa lettre que je vous envoie : il en restera donc environ quinze cents à pied. Venant d'ordonner une remonte de deux mille chevaux de cuirassiers, de deux mille chevaux de dragons et de trois mille chevaux de cavalerie légère, il faut qu'il soit sur-le-champ envoyé de France au dépôt de Hanovre seize cent soixante-dix cuirassiers, douze cent quarante-deux dragons, et deux mille quatre cent trente-six hommes de cavalerie légère, bien habillés et bien armés pour y être montés.

» Sur les trois mille chevaux de trait, quinze cents seront pour le train d'artillerie, et quinze cents pour les équipages militaires : ceux-ci serviront à atteler les dixième et douzième bataillons. Prévenez-en le général commandant les équipages; portez la plus grande activité dans ces dispositions. Sur ce, je prie Dieu, etc.

» NAPOLÉON.

» A Dresde, le 16 juin 1813. »

Au prince d'Eckmühl.

« Mon cousin, je reçois votre lettre du 11 juin. Je viens de prendre un décret pour toutes les dépenses de la trente-deuxième division. Il faut que ces départemens sentent la différence qu'il y a à être sous le régime constitutionnel, ou hors la constitution. En conséquence, vous leur ferez payer des centimes additionnels pour subvenir à toutes ces dépenses, à l'exception de la solde. Toutes les voitures, chevaux et harnais que vous prendrez pour les bataillons d'équipages militaires seront payés soit sur les fonds extraordinaires de guerre de la trente-deuxième division, soit sur les dix millions de contributions en nature que doit fournir Hambourg., soit sur les bons de Hambourg. Quant aux dépenses des fortifications, elles entreront également dans les dépenses de la trente-deuxième division. J'ai pris un décret qui nomme le comte de Chaban, intendant-général des finances de la trente-deuxième division. Sur ce je prie Dieu qu'il vous ait en sa sainte et digne garde.

» NAPOLÉON.

» Dresde, le 17 juin 1813. »

Extrait des minutes de la secrétairerie d'état.

Au quartier-général impérial de Dresde, le 18 juin 1813.

« NAPOLÉON empereur des Français, etc.

» Nous avons décrété et décrétons ce qui suit :

TITRE PREMIER.

» Article premier. Il sera formé une liste des absens dans la trente-deuxième division militaire.

» Art. II. Cette liste comprendra : 1°. Tous les individus qui, exerçant des fonctions publiques, se seraient absentés du pays au moment de la rentrée de l'armée française. 2°. Les sénateurs de Hambourg et de Lubeck qui auraient repris les fonctions de sénateurs après l'évacuation de l'armée française. 3°. Tous les propriétaires qui se seraient absentés depuis le premier mars, et ne seraient pas rentrés quinze jours après la publication du présent décret. 4°. Tous les individus qui auraient accepté un grade d'officier dans les levées pour l'ennemi; tous les individus qui auraient pris du service dans la légion anséatique, ou auraient fait partie des autorités créées par l'ennemi. 5°. Tous les individus connus pour avoir fait partie des rassemblemens armés, et pour avoir excité le peuple à la révolte. 6°. Tous les individus connus pour être au service d'Angleterre, soit civil, soit militaire, et tous ceux connus pour être au service de la Russie et de la Prusse, soit civil, soit militaire. 7°. Enfin tous les individus qui se seraient absentés de leur domicile depuis le 1er. mars de cette année, et qui ne seraient pas rentrés dans les quinze jours qui suivront la publication du présent décret.

» Art. III. La liste de tous les individus absens

sera dressée sans délai sous les ordres du prince d'Eckmühl, par département, par arrondissement, par canton et par municipalité. Il sera à cet effet nommé par les préfets une commission dans chaque arrondissement et dans chaque ville. Les listes seront faites de nouveau tous les quinze jours. Il en sera adressé une expédition au ministre de la police générale et au directeur général de la régie des domaines et de l'enregistrement.

TITRE DEUXIÈME.

Des effets de l'absence.

» Art. IV. Le sequestre sera sur-le-champ apposé sur les biens, meubles et immeubles de tous les individus inscrits sur la liste des absens de la trente-deuxième division militaire. Notre régie des domaines et de l'enregistrement en prendra aussitôt possession. L'état de la valeur de tous les biens saisis sera adressé au directeur général.

» Art. V. Tant qu'un individu sera sur la liste des absens, il ne pourra exercer aucune action civile ; les créances qui leur appartiendraient, les successions qui leur reviendraient, seront séquestrées et recueillies au profit de notre domaine. Les fruits desdits biens seront versés dans la caisse de l'enregistrement.

» Art. VI. Les individus une fois inscrits sur la liste des absens, et leurs biens en la possession de la régie des domaines, la radiation de leurs noms de dessus ladite liste et la mainlevée du séquestre de leurs biens, ne pourra plus être faite qu'en vertu d'un décret de nous.

» Art. VII. Nos ministres des finances, du trésor, de la police et de la guerre, sont chargés de l'exécution du présent décret, qui sera inséré au bulletin des lois et communiqué au major-général, au directeur de l'administration de l'armée, et au prince d'Eckmühl.

» NAPOLÉON.

» Par l'empereur, le ministre secrétaire d'état,

» Le comte DARU. »

L'empereur au prince d'Eckmühl.

« Mon cousin, vous recevrez la copie du décret que je viens de prendre pour l'armement de Hambourg ; vous y verrez que vous avez en ce moment une pièce de trente-six, neuf de vingt-quatre, sept de dix-huit, une de seize, douze de douze, six de huit, trente-trois de six, et trois obusiers de huit pouces, ce qui fait trente-deux bouches à feu du calibre de douze ou d'un calibre supérieur. Vous ferez mettre sur-le-champ ces pièces en batterie sur les remparts ; les pièces de six devront être placées sur les flancs des ouvrages. Vous ferez également mettre en batterie une vingtaine de caronnades de vingt-quatre, et ferez travailler de suite à la confection des affûts qui pourront être nécessaires aux autres. Les caronnades sont d'un très-bon service dans la défense des places, et même, dans bien des circonstances, elles sont préférables aux autres bouches à feu. J'envoie le sieur Pailhau, l'un de mes officiers d'ordonnance, à Groningue, pour faire expédier promptement tout le matériel d'artillerie que cette place doit fournir pour l'armement de Hambourg, et de manière que tout soit arrivé dans cette dernière place du 10 au 15 juillet. Cet officier correspondra avec vous, et vous rendra compte de tout ce qu'il expédiera. Les premiers convois qui vous arriveront apporteront une partie des poudres et projectiles nécessaires à l'approvisionnement des bouches à feu que vous avez en ce moment; les autres convois seront composés de manière que chaque fois qu'il vous en arrivera un, vous vous trouverez avoir de plus à votre disposition une douzaine de bouches à feu, bien approvisionnées et bien outillées. Ces expéditions demandent à être faites avec beaucoup d'intelligence. Vous ferez les réquisitions nécessaires pour que des relais de deux cents chevaux au moins soient établis sur la route de Groningue, de six lieues en six lieues, afin d'accélérer l'arrivée du matériel que cette place doit envoyer; vous correspondrez avec le commandant de l'artillerie de Magdebourg, et presserez le départ des principaux objets d'artillerie que cette place doit fournir à celle de Hambourg d'après l'état ci-joint. Les bouches à feu, en général, ne sont approvisionnées qu'à cinq cents coups chaque ; mais lorsque cet approvisionnement sera arrivé, je prendrai des mesures pour qu'il soit augmenté. Sur ce, je prie Dieu, mon cousin, qu'il vous ait en sa sainte et digne garde.

» Napoléon.

» Dresde, le 20 juin 1813. »

Au comte Daru.

« Monsieur le comte Daru, vous donnerez des ordres pour défendre les marchés de transports à Mayence, et pour les transports à Wesel, la concurrence de l'artillerie et des administrations les rend trop dispendieux. Il y a un autre moyen à employer, celui des réquisitions. Il faut d'abord établir trois lignes de transports de Mayence à Dresde. La première ligne passera par Fulde, Erfurth, Iena et Gera. La seconde ligne passera Wurtzbourg, Bamberg et Chemmitz. La troisième ligne passera par Francfort, Cassel et Léipsick ; ces trois lignes seront employées les jours pairs pour le service de l'administration, et les jours impairs pour le service de l'artillerie. On aura ainsi cent cinquante voitures par jour, ce qui, à raison de dix quintaux par voiture, fait quarante-cinq mille quintaux par mois, quantité suffisante pour les besoins de l'armée ; vingt-deux mille quintaux et demi pour l'administration, et vingt-deux mille quintaux et demi pour l'artillerie; les deux services se remplaceront l'un l'autre pour profiter des relais. Dans les occasions extraordinaires, on préviendra quatre jours d'avance les régences. Il y aura un officier d'artillerie et un commissaire des guerres, pour régler et surveiller tout ce qui est relatif au chargement. Les voitures ramèneraient en revenant les blessés et les malades, et on les transporterait sur Mayence. Sur ce, je prie Dieu, etc.

» NAPOLÉON.

» Dresde, le 29 juin 1813. »

Au prince archichancelier.

« Mon cousin, j'ai reçu votre lettre du 23 juin; tous les bavardages des ministres sur la paix font le plus grand mal à mes affaires. Car tout se sait, et j'ai vu plus de vingt lettres des ministres étrangers qui écrivent chez eux, qu'on veut la paix à tout prix à Paris; que mes ministres me le mandent tous les jours, etc. C'est ainsi qu'on peut rendre la paix impossible, et la faute en est surtout au ministre de la police. Il faudrait qu'au lieu de ce ton pacifique, on prît un peu le ton guerrier. On a à Paris des idées bien fausses *si l'on croit que la paix dépend de moi.* Les prétentions des ennemis sont excessives, et je sais très-bien qu'une paix qui ne serait pas conforme à l'opinion qu'on a en France de la force de l'empire, serait très-mal vue par tout le monde. Sur ce, je prie Dieu qu'il vous ait en sa sainte et digne garde.

» NAPOLÉON.

» Dresde, le 30 juin 1813. »

Au prince d'Eckmühl.

« Mon cousin, j'apprends qu'il y a des difficultés à Hambourg pour la liste des absens. Je vous laisse carte blanche là-dessus. Je vous laisse maître, si vous le jugez convenir à mes intérêts, de publier une amnistie (pour ceux, bien entendu, qui seraient rentrés dans l'espace de quinze jours). Vous excepteriez de cette amnistie qui vous jugeriez convenable. La meilleure manière de punir des marchands, c'est en effet de les faire payer. Ce qui serait surtout bien nécessaire, c'est de vous défaire d'un tas de gens de la dernière canaille qui ont été dans l'insurrection, et qui sont plus dangereux que les gens comme il faut. Je vous laisse carte blanche sur tout cela. Sur ce, je prie Dieu qu'il vous ait en sa sainte et digne garde.

» NAPOLÉON.

» Dresde, ce 1er. juillet 1813. »

Au prince archichancelier.

« Mon cousin, j'ai pour cinq à six millions de vif-argent à Venise. Je désire que vous voyiez

M. Defermon et la Bouillerie pour faire rentrer cet argent. Defermon veut tenir les prix trop élevés, ce qui fait que rien ne se vend, et cela au moment où l'on a besoin de réaliser les ressources de cette nature. Il faudrait prendre un parti pour accélérer la vente. Sur ce, je prie Dieu qu'il vous ait en sa sainte et digne garde.

» Napoléon.

» Dresde, le 1er. juillet 1813. »

CHAPITRE VIII.

Convention de Dresde, par laquelle la France reconnaît la médiation de l'Autriche.

L'ARMISTICE avait été signé le 4 juin. Le 11, le comte de Bubna était revenu de Vienne à Dresde; il s'était contenté de notifier au cabinet de France l'acceptation de la médiation autrichienne par les alliés. Pour la troisième fois depuis le 16 de mai, il se trouvait encore sans pouvoirs pour négocier la convention par laquelle le cabinet de France voulait aussi stipuler son acceptation. Le mois de juin s'écoulait ainsi sans que le congrès pût s'ouvrir. Impatient de ces retards, qui faisaient tourner au détriment de la pacification générale les dispositions tant de fois réitérées de l'empereur Napoléon pour y amener les puissances belligérantes et l'empereur d'Autriche, dont il avait accepté l'intervention avec tant d'empressement, le duc de Bassano adressa le 15 juin au comte de Metternich, alors résidant à Gittschin auprès de son souverain, deux notes très-pressantes, l'une sur la question de l'alliance, l'autre sur la médiation et la négociation de la paix. Par la première, ce ministre demanda, « 1°. que la cour de Vienne fît connaître si le traité de Paris était encore existant, et s'il continuait à lier les deux puissances ; 2°. dans le cas de l'affirmative, que cette cour donnât des pouvoirs pour négocier la nouvelle convention qui devait suppléer les articles secrets du traité de Paris, lesquels seraient considérés par elle comme n'étant pas applicables à la conjoncture actuelle ; 3°. qu'elle chargeât une personne, munie de ses instructions et de ses pouvoirs, de négocier, conclure et signer une convention relative à la médiation qu'elle avait offerte. » Par la seconde note, le duc de Bassano se déclarait autorisé à insister de nouveau sur l'ouverture immédiate, dans un lieu intermédiaire du séjour des diverses cours belligérantes, d'un congrès, pour la paix générale, et dans le cas où l'Angleterre aurait refusé ou refuserait d'y adhérer, pour la paix continentale ; et à faire la déclaration réitérée, qu'aussitôt que les ennemis de sa majesté et leurs alliés auront nommé leurs plénipotentiaires, et que le lieu de leur réunion en congrès aura été désigné, elle y enverra les siens, et invitera tous ses alliés à y envoyer les leurs.

Le 22 juin, le comte de Metternich envoya, en réponse, deux notes, dont l'une, relative à l'alliance, déclarait au nom de S. M. impériale, « 1°. qu'ayant la persuasion qu'il n'y aurait pas opposition entre le traité du 14 mars 1812 et la médiation de l'Autriche, elle autorise le soussigné à convenir, avec le gouvernement français, d'une réserve expresse à l'égard de celles de ces stipulations qui s'en trouveraient affectées ; 2°. qu'elle ne refuse aucunement à passer une convention relativement à l'offre et à l'acceptation de la médiation autrichienne ; 3°. que le soussigné enfin est chargé et muni de pleins-pouvoirs nécessaires pour régler les termes de ces deux actes et pour les signer. » Par la seconde note, relative à la négociation de la paix dans un congrès, le médiateur proposait son château de Gittschin pour le lieu des conférences, et invitait l'empereur Napoléon à y envoyer un plénipotentiaire. »

Le 27, une note du duc de Bassano déclarait ses pleins-pouvoirs pour négocier et conclure la convention proposée. Par une autre du même jour, ce ministre, également autorisé à négocier pour les réserves que l'empereur d'Autriche jugerait convenable de faire au traité de 1812, priait M. de Metternich de lui remettre le projet de ces réserves. Ces réponses de M. de Bassano devaient avoir un effet très-prompt. M. de Metternich était arrivé à Dresde : il n'y avait plus moyen, d'après les nouvelles instances du cabinet de France, d'éluder encore la question du congrès, ni de renouveler les apparitions sans pouvoirs du comte de Bubna. Le 28, M. de Metternich remit lui-même ses réponses à M. de Bassano, relativement aux réserves sur le traité de 1812; il proposait le projet de convention suivant : « La qualité de médiateur emportant la plus entière liberté, et n'admettant aucune obligation qui pourrait se trouver en opposition avec les intérêts de l'une ou l'autre des parties intervenantes, LL. MM. impériales et royales, animées d'un égal désir de concourir par tous les moyens en leur pouvoir au rétablissement le plus prompt de la paix, savoir : S. M. l'empereur d'Autriche, par l'offre qu'elle a faite de sa médiation aux puissances belligérantes, et S. M. l'empereur des Français par l'acceptation de la médiation de l'Autriche, leurs dites majestés impériales ne voulant, d'un autre côté, aucunement préjuger, par le fait de la médiation, contre l'existence de l'alliance établie entre elles par le traité du 14 mars 1812, sont convenues, d'un commun accord, de déclarer *que les stipulations dudit traité, qui affecteraient l'impartialité du médiateur, seront suspendues pendant tout le cours des négociations*, se réservant expressément de faire revivre lesdites stipulations, sauf les modifications que, d'un commun accord, elles jugeraient devoir y apporter ensuite de la pacification, qui, dans le moment actuel, est le premier objet du soin de LL. MM. impériales. » Une autre note accompagnait l'offre de la médiation de S. M. l'empereur d'Autriche, et le dernier office mentionnait l'acceptation de cette médiation par les cours de Russie et de Berlin.

Par une note du même jour, le duc de Bassano représentait au comte de Metternich que cette proposition mettait en réserve la lettre entière du traité de 1812, au lieu de quelques articles, ainsi que M. de Metternich l'avait déclaré dans sa note du 22, où il était dit « qu'il était autorisé à convenir avec le gouvernement français d'une réserve expresse *à l'égard de celles de ces stipulations qui s'en trouveraient affectées.* » « Il n'est au pouvoir de personne, disait la note de M. de Bassano, de faire que ce qui existe n'existe pas. Or, on ne pourrait dire que le traité d'alliance existe, si toutes les stipulations étaient placées dans les réserves.... Sa Majesté ne peut considérer le vœu de la cour de Vienne que comme l'équivalent d'une renonciation à l'alliance..... Sa Majesté, *qui ne veut pas rendre son alliance onéreuse à ses amis,* ne fait aucune difficulté de renoncer à celle qui la liait avec l'Autriche, si tel est le vœu de l'empereur François. » La noblesse de cette réponse contrastait d'une manière bien énergique avec le caractère de subtilité de toute cette négociation. La franchise du cabinet de France se fit encore connaître par une seconde note relative au congrès. Il avait été justement étonné de l'obligation que l'Autriche imposait à la France de concert avec les alliés de ne paraître au congrès que par l'intermédiaire de cette puissance. Un canevas de convention fut remis par M. de Bassano à M. de Metternich, qui l'emporta avec lui.

« 1°. Sa majesté l'empereur d'Autriche offre sa médiation pour la pacification générale.

» 2°. Sadite Majesté, en offrant sa médiation, n'entend pas se présenter *comme arbitre*, mais comme un médiateur animé du plus parfait désintéressement et de la plus entière impartialité, et ayant pour but de concilier les différens et de faciliter, autant qu'il dépendra de lui, la pacification générale.

» 3°. La médiation s'étendra à l'Angleterre, aux États-Unis, au roi d'Espagne, à la régence de Cadix et à toutes puissances des deux masses belligérantes.

» Sa majesté l'empereur d'Autriche leur proposera les villes de Vienne ou de Prague pour le lieu du congrès.

» 4°. Sa majesté l'empereur des Français accepte pour lui et ses alliés la médiation de sa majesté l'empereur d'Autriche, telle qu'elle est proposée par les articles ci-dessus.

» Elle accepte également pour le lieu du congrès celle des villes de Vienne et de Prague, qui sera le plus à la convenance des autres parties belligérantes.

» 5°. Les plénipotentiaires français, russes et prussiens se réuniront dans ladite ville dans les cinq premiers jours de juillet, sous la médiation de l'Autriche, afin de commencer les négociations et, soit par des préliminaires, soit par une convention, soit par un traité de paix particulier, de faire cesser l'effusion du sang, qui afflige le continent.

» 6°. Si au 20 juillet l'une des deux parties belligérantes dénonce l'armistice, conformément à la convention du 4 juin (*celle de Plesswitz*), les négociations du congrès n'éprouveront pour cela aucune interruption. »

Sans doute les dispositions que renfermait le projet de convention étaient véritablement pacifiques et honorables pour le gouvernement qui les proposait. C'était la paix du monde que Napoléon, peu confiant dans une simple paix continentale, voulait traiter à ce congrès : en même temps il respectait la dignité ou l'intérêt des deux parties, quand il proposait de remettre la dénonciation de l'armistice, à la volonté de l'une ou de l'autre. Mais, comme il en donna bientôt la preuve, il demandait que l'on continuât de négocier les armes à la main, parce que la paix était le vœu comme le besoin de sa politique. « M. le comte de Metternich, disait la note qui accompagnait ce projet, reconnaîtra dans le sens des dispositions projetées le désir de Sa Majesté de replacer sur ses bases l'Europe ébranlée par trente années de guerre, et de substituer à des paix partielles une paix générale négociée, non dans le cabinet, mais devant toute l'Europe et en face de tous les peuples. C'est ainsi qu'il en fut usé à Munster, à Nimègue, à Riswick, à Utrecht, etc. »

Telle était, le 29 juin, la position avec laquelle Napoléon se présentait à son beau-père. Il était difficile de se refuser à en apprécier la grandeur et la générosité. De la même main qu'il avait déchiré le traité de 1812, qui garantissait les deux empires, il acceptait la médiation de l'Autriche, dans le but d'une paix solennelle, qui, loyalement et librement discutée dans une grande capitale, fût devenue, pour tous les peuples de l'Europe, un monument également expiatoire de leurs succès et de leurs désastres. Les États-Unis d'Amérique, mis en présence de l'Angleterre, son frère Joseph, mis en présence de la régence de Cadix, donnaient à cette grande représentation des puissances civilisées, réunies pour le salut de la grande famille chrétienne, le caractère d'un grand jury, d'une haute cour sociale, investis par tous les peuples du droit de les rendre amis et heureux.

La veille de cette discussion diplomatique, M. de Metternich, porteur d'une lettre de son souverain pour l'empereur des Français, avait été admis à une audience qui s'était convertie en une longue conférence. Elle avait commencé dans le jardin du palais Marcolini; elle avait été terminée dans le cabinet des Cartes. Napoléon, trop plein de ses griefs contre la maison d'Autriche, depuis la négociation du prince de Schwartzenberg à Minsk, récapitula toutes ses offenses; et, après une longue énumération de tout ce qu'il avait à lui reprocher, arrivant aux engagemens de Trachemberg et de Reichembach, il ne fut plus le maître de conserver cette prudence, cette convenance que la supériorité impose aux souverains, et regardant tout à coup le ministre de son beau-père : « *Metternich*, lui dit-il, *dites-moi combien l'Angleterre vous avait promis pour me faire la guerre?...* » Le silence du ministre prouva à Napoléon de quel outrage gratuit il venait de le blesser. Il était difficile de penser qu'une semblable insulte, faite au premier ministre de la puissance dont il avait le plus besoin de capter la partialité, pût être jamais oubliée : elle ne le fut pas [1] ; elle ne pouvait pas l'être.

Il paraît que les prétentions de l'Autriche, avouées par son ministre, avaient commencé l'exaspération qui changea en paroles si amères les derniers mots de cette malheureuse conférence. L'Autriche demandait la moitié de l'Italie, indépendamment de l'Illyrie, le retour du pape

---

[1] Voir l'ouvrage de M. Fain, témoin de cette scène : elle est merveilleusement décrite dans le deuxième volume de son ouvrage, page 56.

à Rome, la Pologne saxonne, l'abandon de la Hollande, de l'Espagne; la renonciation à la confédération du Rhin, et au protectorat de la Suisse. *C'est le partage de l'empire français que vous voulez*, avait dit Napoléon; cela était vrai, et cette conviction ancienne dans son esprit, prenant tout à coup, par les aveux de M. de Metternich, la forme d'une sentence déjà portée par ses ennemis, devait livrer à la plus violente irritation un souverain qui avait à la main des armes victorieuses, et à qui un arrêt secret enlevait tout à coup la moitié de l'Europe, qu'il avait conquise sur les champs de bataille.

Il fallait que le parti de l'Autriche, relatif au démembrement de l'empire français fût pris depuis bien plus long-temps que Napoléon ne pouvait le soupçonner, puisque déjà, avant la bataille de Lutzen, à Paris le prince de Schwartzenberg avait osé dire au duc de Bassano, qui faisait valoir les liens de famille entre les deux souverains : *La politique a fait le mariage, la politique peut le détruire*. Cette injure était plus haute, mais elle était moins grave. Le duc de Bassano la pardonna pour son souverain; le comte de Metternich ne pouvait être aussi généreux pour lui-même.

Le 30 juin, M. de Metternich quitta Dresde après avoir signé, avec le duc de Bassano, la convention suivante :

« S. M. l'empereur des Français, etc., et S. M. l'empereur d'autriche, etc., animés d'un égal désir de parvenir au rétablissement de la paix, et ayant à cet effet sadite majesté l'empereur d'Autriche offert sa médiation pour la paix générale, et, à son défaut, pour la paix continentale, et S. M. l'empereur des Français ayant manifesté l'intention d'accepter ladite médiation, ont jugé à propos de constater ladite offre et ladite acceptation par une convention; en conséquence, leursdites majestés ont nommé pour leurs plénipotentiaires, savoir : S. M. l'empereur des Français, M. Hugues Bernard, comte Maret, duc de Bassano, etc., et S. M. l'empereur d'Autriche, M. le comte Clément Wenceslas de Metternich, Winnebourg, Ocksenhausen, etc., lesquels, après avoir échangé leurs pleins-pouvoirs respectifs, sont convenus des articles suivans :

» 1°. S. M. l'empereur d'Autriche offre sa médiation pour la paix générale ou continentale.

» 2°. S. M. l'empereur des Français accepte ladite médiation.

» 3°. Les plénipotentiaires français, russes et prussiens se réuniront avant le cinq juillet dans la ville de Prague.

» 4°. Vu l'insuffisance du temps qui reste à courir jusqu'au 20 juillet, terme fixé pour l'expiration de l'armistice par la convention signée à Plesswitz le 4 juin; S. M. l'empereur des Français s'engage à ne pas dénoncer ledit armistice avant le 10 août, et S. M. l'empereur d'Autriche se réserve de faire agréer le même engagement à la Russie et à la Prusse.

» 5°. La présente convention ne sera pas rendue publique.

» Elle sera ratifiée, et les ratifications en seront échangées à Dresde dans le terme de quatre jours.

» Fait et signé à Dresde, le 30 juin 1813.

» Le duc de Bassano,
» le comte de Metternich. »

L'acte de médiation était signé. Il était bien différent de celui que Napoléon avait proposé la veille. L'Autriche en avait retranché tout ce qu'il contenait de généreux et de salutaire pour la paix universelle. Il n'y restait que ce dont elle avait besoin pour assurer le succès du complot de Reichembach. Par l'armistice, Napoléon avait servi les intérêts militaires de la Russie et de la Prusse. Par l'acte de médiation, qui prolonge l'armistice au 10 août, il donne le temps à la Suède d'arriver, au médiateur de préparer les défections germaniques, de compléter ses armemens, de réunir et de faire marcher sur la Bohème toutes ses forces, et il le rend ainsi, peut-être malgré les deux parties, l'arbitre du congrès et celui de la guerre.

CHAPITRE IX.

Affaires politiques et militaires de l'Espagne. — Succès des armées de Catalogne et d'Aragon. — Délivrance de Tarragone. — Retraite de Madrid. — Bataille de Vittoria. — Départ du duc de Dalmatie pour les Pyrénées. — Lettres de Napoléon au maréchal Soult et au prince archichancelier.

L'année 1813 fut aussi l'année fatale de l'Espagne : ce n'est pas parce qu'elle vit partir Joseph et rentrer Ferdinand, mais c'est parce que les *servilès* trouvèrent leur triomphe dans les succès de Wellington, qui les protégeait contre les cortès dont il défendait le drapeau. Ainsi la conquête de la péninsule recélait en elle-même, déjà à cette époque, le principe de la destruction de ces hommes généreux, qui, le 19 mars 1812, avaient couronné la gloire de leur héroïque résistance à l'occupation française par la proclamation d'une constitution. Cet acte politique serait devenu le salut de l'Espagne si, dès le premier jour, à Cadix, le clergé, soutenu par le nonce du pape, n'avait, par son opposition, animé contre les *liberalès*, dont le sang coulait chaque jour pour la patrie, cette immense et barbare population qu'il est impossible de reconnaître pour la nation espagnole.

Quant à l'occupation française, au lieu d'être uniquement militaire, ce qui eût fait sa force, elle était politique : funeste effet de la condition de la royauté de Joseph, qui pesa plus sur les destinées de l'armée française, qu'elle n'avait pesé sur celles du peuple espagnol! Car ce prince, aussi malheureusement épris de la puissance royale que de la gloire militaire, avait sacrifié à la vanité de prolonger à Madrid un séjour, dont le sacrifice n'était pas nouveau pour lui, la nécessité de se concentrer sur l'Ebre avec toutes les forces françaises, d'après l'ordre qu'il en avait reçu de son frère, à son retour de Moscou. Ce retard fut de deux mois, et compléta le cercle des fatalités que le duc de Raguse, jaloux de gagner une grande bataille à lui seul, avait ouvert pour la France, par sa défaite aux Aropiles, le 22 juillet 1812, deux jours après le traité de Veléky-Louky, entre l'empereur Alexandre et la régence de Cadix. Cette journée avait été également funeste à l'Espagne et à la France : car si les Français avaient été victorieux, la régence de Cadix faisait sa soumission au roi Joseph, dont l'armée commandée par le maréchal Soult n'était qu'à vingt-quatre heures de celle du maréchal Marmont : le traité avec la Russie était déchiré, ainsi que la convention militaire avec la Grande-Bretagne ; et Wellington, vaincu par les deux armées réunies, aurait disparu de la scène de l'Europe ; l'Espagne eût été constitutionnelle à jamais ; elle eût servi de modèle à l'indépendance de ses royaumes d'Amérique, et, confédérée avec eux par un véritable pacte de famille, elle fût remontée en Europe au rang des premières puissances. Mais l'exemple de Marmont sera perdu pour Joseph lui-même, qui voudra aussi, malgré les conseils d'un vieux guerrier, son major-général, risquer dans une bataille rangée, non son trône que la défaite de Marmont a fortement ébranlé, mais celui de Napoléon par l'invasion d'une autre armée étrangère dans le midi de la France.

Napoléon avait laissé six armées dans la péninsule ; mais elles avaient été affaiblies de plus de cinquante mille hommes, qui, dès le mois de janvier, s'étaient mis en marche vers le Rhin, se portant sur l'Elbe. L'armée du midi était sous les ordres du général Gazan, depuis le départ du duc de Dalmatie que l'empereur avait malheureusement rappelé dans le mois de février. Celle de Portugal était commandée par le général Reille ; celle du centre par le roi ; celle du nord par le général Clausel ; celle de Catalogne par le général Decaen : cette armée faisait partie de celle de Valence et d'Aragon aux ordres du maréchal Suchet, duc d'Albufera. Les trois premières étaient sous les ordres directs du roi, et ne présentaient plus qu'un effectif de soixante mille hommes dispersés dans cette vaste étendue de pays qui s'étend de Tolède jusqu'à la Biscaye. On leur fit prendre des cantonnemens, où ils restèrent pendant deux mois jusqu'à la fin de mai. Wellington eut le temps de profiter du système d'impéritie qui affectait les opérations de l'armée royale ; il se plaça très-militairement à Ciudad-Rodrigo, et dans l'étrange sécurité où s'endormit la ligne immense de l'armée royale, il forma le plan de se porter sur sa droite, et de couper ses communications avec les Pyrénées. L'armée anglo-hispano-portugaise était du double plus forte que l'armée française, qui comptait plusieurs régimens espagnols. Lord Wellington pouvait mettre en ligne contre l'armée du roi Joseph cent trente mille hommes, dont soixante mille Anglais.

Les armées d'Aragon et de Catalogne, qui ne recevaient pas leur impulsion de la royauté chancelante de Madrid, ne tardèrent pas à reprendre les hostilités contre la Vendée espagnole, soutenue ou plutôt dirigée par la guerre britannique. Affaiblies comme les autres armées par le départ de plusieurs corps et d'un grand nombre d'officiers, elles s'efforcent de suppléer par leur action et par leur valeur aux pertes qu'elles ont faites. Sur tous les points de la Navarre, de l'Aragon, de la Catalogne et du royaume de Valence, elles soutiennent vigoureusement la lutte contre un ennemi d'autant plus acharné, que les succès si long-temps attendus du prudent Wellington ont plus que jamais exalté l'impatiente audace des Catalans et des Aragonais. Ces ennemis brûlans de toute l'ardeur de la vengeance méridionale, ces armées alors si nationales qui renaissaient sans cesse de leurs défaites pour reconquérir le sol de la patrie, avaient reçu encore une nouvelle effervescence de l'effroyable catastrophe qui avait frappé, sous le ciel glacé de la Russie, le conquérant de l'Espagne. La perfidie anglaise en exagérait encore les résultats. La destruction de la grande armée de Napoléon par les élémens, fatiguait la haine des Espagnols par le sentiment d'une rivalité qu'ils désespéraient de pouvoir satisfaire.

Cependant les généraux Lamarque dans la haute Catalogne, Maurice Mathieu en avant et loin de Barcelonne, Bertoletti autour de Tarragone, dont il était gouverneur, Severoli dans l'Aragon, Pâris sur les frontières de la Navarre, Pannetier vers la Vieille-Castille, Montmarie dans les environs de Sagonte, enfin Henriot dans la plaine de Lérida, se signalaient par un grand nombre d'expéditions glorieuses.

Depuis près d'un an, l'armée d'Élio et celle des Anglais étaient inactives dans leurs positions respectives autour d'Alicante; elles avaient fait seulement quelques pas en avant pour se rapprocher de nos camps au commencement d'avril.

Les Espagnols se trouvaient à Villéna et Yécla, et les Anglais à Biar et Castalla. Il était probable que l'armée anglo-espagnole ainsi placée ne tarderait pas à agir offensivement. Renforcée par des troupes récemment arrivées de la Sicile et de l'intérieur de la péninsule, elle était en état de reconquérir le royaume de Valence.

Malgré l'avantage des positions occupées par cette armée, le maréchal Suchet prit la résolution de prévenir ses mouvemens offensifs; il réunit à cet effet, par des marches rapides, dans la journée du 22 avril, ses divisions actives autour de Puente-la-Higuéra. La division Harispe rencontra, le même jour, près d'Yécla, la plus grande partie du corps d'Élio, le battit complétement et lui fit neuf cents prisonniers. Le lendemain 12, la même division attaqua les Espagnols à Villéna, et après un combat assez opiniâtre, les mit en déroute. La garnison qu'ils avaient imprudemment jetée dans le fort de Villéna mit bas les armes et fut prisonnière. Les positions escarpées de Biar, défendues par la brigade du colonel anglais Adams, furent emportées. Après ces deux échecs, où l'ennemi perdit trois mille prisonniers, un général, cent soixante-quinze officiers, deux drapeaux et quelques canons de montagnes, lord Murray porta son armée sur les hautes montagnes qui dominent Castalla, et un peu en arrière du champ de bataille illustré l'année précédente par la brigade du général Delort. La position des ennemis était inexpugnable, leur position de première ligne était dominée par une seconde ligne, où, en cas d'échec, ils étaient sûrs de trouver un point d'appui.

Le maréchal Suchet, entraîné par ses généraux, ordonna l'attaque. Les compagnies d'élite des divisions Habert et Robert l'exécutèrent avec une audacieuse intrépidité; mais elles furent foudroyées par les Anglais. Le maréchal ne renouvela point l'attaque, il effectua sa retraite sur Biar et Villéna. Les Anglais n'osèrent pas l'inquiéter. Cette tentative fut utile, malgré son peu de succès. Le maréchal Suchet avait atteint son but; il avait reconnu les forces générales de l'armée anglo-espagnole. Les armées française et anglo-espagnole reprirent les positions qu'elles occupaient précédemment, et, dans les combats d'avant-poste, l'avantage demeura toujours à l'armée d'Aragon. Le général anglais, avec des forces bien supérieures à celles du maréchal Suchet, ne fit pas la moindre opération pour gagner du terrain. Des ordres supérieurs, tenant à un plan offensif et général pour toute la péninsule, lui assignèrent subitement une autre destination; il retira ses troupes, et les fit embarquer à Alicante pour aller assiéger Tarragone, devant laquelle il se trouva le 2 de juin.

Mais pour obliger le maréchal Suchet à ne rien détacher de ses forces au secours de cette ville, le duc del Parque venait de joindre Élio avec un renfort de quinze cents hommes, et avait remplacé les Anglais dans le camp retranché de Castalla. Cette jonction empêchait le maréchal de détacher une partie de ses forces pour défendre Tarragone; car le général espagnol eût nécessairement attaqué, et avec succès, les faibles lignes du Xucar, et il se serait emparé de l'importante ville de Valence, dépôt central de toutes les munitions et de tous les approvisionemens. Les opérations des deux armées anglaise et espagnole paraissaient bien combinées, mais elles embrassaient une étendue de plus de quatre-vingts lieues, sur laquelle le maréchal était loin de pouvoir opposer une utile résistance. Les deux armées, dont les opérations étaient coïncidentes, pouvaient attaquer à volonté l'armée française aux deux extrémités et au centre de sa ligne, se porter sur ses derrières, sur ses flancs, et intercepter ses communications. Si les Anglais étaient battus sur un point, il leur était facile, à l'aide de leur flotte, de se porter sur un autre. L'opération qu'ils avaient combinée était réalisée peut-être par un seul combat avantageux. La position du maréchal Suchet était déjà devenue d'autant plus critique que le fort Saint-Philippe qui domine la seule route praticable pour les voitures entre Valence et Tarragone, investi aussitôt après le débarquement des Anglais devant cette dernière ville, était tombé le 7 juin en leur pouvoir; l'explosion du magasin à poudre en avait décidé la reddition. Cependant, informé de l'embarquement des Anglais, et devinant leur dessein, le maréchal était parti à marches forcées au secours de Tarragone, emmenant avec lui la division du général Musnier, la brigade Pannetier et la réserve de cavalerie d'Aigremont. Il avait marché rapidement par Perello, Valdellos et Monroïg, malgré des chemins impraticables. Les dragons anglais sont culbutés par les chevau-légers westphaliens près de Valdellos. Un bataillon du cinquième léger fait, à lui seul, replier cinq bataillons anglais jusqu'à l'Ospitalet. Le général Maurice Mathieu arrive par Villa-Franca, et menace de couper aux Anglais leur point d'embarquement, en se portant sur Salon et l'Ospitalet. Alors des feux allumés sur toutes les montagnes environnantes avertissent la brave garnison de Tarragone qui, depuis dix jours et dix nuits, défend avec une rare intrépidité une place démantelée et réduite à une enceinte sans fossés, que les armées de Catalogne et d'Aragon sont réunies pour la sauver. En effet, les Anglais forcés de se rembarquer précipitamment abandonnent trente pièces de gros calibre, brûlent les affûts, coupent les jarrets à beaucoup de chevaux, font sauter le fort de Ballaguer, et laissent encore d'immenses provisions sur le rivage. A Alicante, dix-huit bâtimens de transport échouent à l'embouchure de l'Ebre, et une frégate de quarante-quatre canons devant le port de Murviédro.

Pendant cette brillante expédition, le général Harispe à la tête des deuxième et troisième divisions, et de la cavalerie du généra Delort, arrêtait sur le Xucar les armées réunies d'Élio et du duc del Parque. Dès le 11 juin, le général Harispe avait replié ses postes pour occuper les positions garnies de retranchemens sur la rive gauche du Xucar, où il avait ordre de s'établir pendant l'absence du maréchal. Élio suivait avec une nombreuse cavalerie ce mouvement rétrograde qui s'opérait avec ordre; il fut chargé par le général Mesclop, qui fit prisonnier le colonel irlandais O'nonam, chef de l'état-major du général Élio. Le 13, l'armée ennemie, forte de vingt-cinq mille hommes, s'avançait sur deux colonnes par les routes d'Albérique et d'Alcira. Les hauteurs qui dominent le Xucar étaient occupées par Élio. Cinquante voltigeurs postés dans une maison crénelée, qui défendaient le passage du fleuve, avaient résisté pendant six heures à trois mille hommes et à plusieurs pièces de canon. Cette belle défense avait donné au général Harispe le temps de repasser sur la rive droite, de délivrer ces braves et de présenter le combat à l'ennemi avec des forces très-inférieures. Une forte canonnade s'engagea des deux côtés. Le général Delort culbuta quelques escadrons dans la plaine; mais les Espagnols restèrent en bataille sur les hauteurs escarpées à droite et à gauche de la route. Tandis que le général Harispe les provoque inutilement au combat, le général Habert sort d'Alcira à la tête des quatorzième et seizième régimens et d'un escadron de hussards, attaque le duc del Parque dans Carcavente, lui tue cinq cents hommes, fait six cent quarante prisonniers, dont trente officiers, prend un drapeau et deux mille fusils. Cependant une partie du corps d'Élio menaçait Valence par la route de Requenna ; mais le général Delort avec deux escadrons de cuirassiers, le vingt-quatrième de dragons, les cent seizième et cent dix-septième régimens, se porte à Buñol, Chira, Cheste, et contient les Espagnols. Ainsi les projets de l'ennemi avaient échoué sur une étendue de quatre-vingts lieues, malgré l'immense supériorité de ses forces. Le 24 juin, les troupes envoyées au secours de Tarragone, rentraient déjà dans Valence. La rapidité de cette marche, les manœuvres du général Maurice Mathieu, la vigueur des deuxième et troisième divisions, enfin l'énergique résistance du général Bertoletti, gouverneur de Tarragone avaient confondu sur tous les points les projets des armées combinées.

Cependant le maréchal se détermina à profiter de l'absence du corps anglais pour attaquer le 26 le duc del Parque dans son camp, sur la rive droite du Xucar. L'ennemi refusa le combat et abandonna les hauteurs où il était retranché. Il fut poursuivi par les divisions Harispe et Habert, qui entrèrent à Saint-Philippe ; mais, au col d'Olléria, son arrière-garde opposa de la résistance. Brusquement abordé à la baïonnette, il fut repoussé jusqu'à son camp fortifié de Castalla, où il attendit que les Anglais vinssent se joindre à lui pour reprendre l'offensive. Les deuxième et troisième divisions s'établirent l'une à Saint-Philippe, l'autre à la même hauteur sur la route royale, et quittèrent les positions malsaines de la rive gauche du Xucar. Il ne reste plus au maréchal, pour compléter ses brillantes opérations et dégager son flanc droit, qu'à rejeter le général Élio au delà de Requena ; en conséquence, le général Musnier marcha sur cette ville. Le château se rendit le 27 juin, sans tirer un coup de canon.

Cependant l'armée anglaise de sir John Murray, dès qu'elle avait été réunie à celle du général Lascy, qui commandait l'insurrection en Catalogne, et qu'elle se vit soutenue par de nombreuses bandes de miquelets, avait des forces plus que suffisantes pour hasarder une bataille générale ; d'ailleurs, depuis l'occupation du fort de Saint-Philippe, elle pouvait aisément empêcher la jonction du maréchal Suchet avec le général Maurice Mathieu. De plus, les troupes d'Aragon et de Catalogne, réunies devant Tarragone, ne montaient pas à plus de douze mille hommes. Enfin, rien n'avait pu obliger le général anglais à brusquer son embarquement au point d'enclouer sa grosse artillerie et de brûler ses munitions sur le rivage ; aussi lord Murray perdit son commandement, et fut livré a un conseil de guerre.

Le plan du généralisssime Wellington, qui avait détaché sir Murray de sa grande armée, n'était pas borné à la prise de Tarragone. Le 23 juin, une escadre de quinze vaisseaux de ligne, dont huit à trois ponts, et des bâtimens de transport, parurent devant Palamos, tandis que les insurgés aux ordres du baron d'Éroles descendaient les montagnes pour favoriser leur débarquement et reconquérir avec eux tout le Lampourdan. Déjà le fort de Banoles était assiégé. Le général Lamarque, avec les vingt-troisième et soixante-troisième de ligne, et un escadron du vingt-neuvième de chasseurs, marcha contre le baron d'Éroles, dont la division, forte de cinq mille hommes, occupait les fortes positions de Banoles. Après un combat très-acharné, l'ennemi fut chassé de la ville et de ses positions avec une perte de six cents hommes. Le brigadier général Coxa, commandant de la cavalerie espagnole, fut tué.

Pendant que le maréchal Suchet et ses habiles généraux soutenaient avec tant de gloire l'honneur militaire de la France, et ajoutaient, au moment de quitter l'Espagne, le souvenir glorieux d'une dernière défense aux souvenirs de la première conquête, le roi Joseph avait enfin obéi à l'ordre impérial de Paris. Il avait, vers la fin de mars, quitté pour la troisième fois, et pour ne la revoir jamais, la capitale de l'Espagne, et il avait lentement transporté sa cour et son quartier général à Valladolid. L'armée du centre qu'il commande en personne est concentrée entre Valladolid et Salamanque. La division Leval, le dernier corps de l'armée du midi, n'a quitté Madrid que le 27 mai. Wellington suit le mouvement de son ennemi, et poursuit l'exécution du plan qu'il a formé. Il a été trois fois rejeté en Portugal, et il se voit, par la retraite des Français, libre enfin de reprendre en Espagne une attitude offensive, et de soutenir, par la présence de sa nombreuse armée, les efforts jusqu'alors impuissans de l'insurrection des cortès. Il fait jeter des ponts sur le Duero, entre Lamego et la frontière d'Espagne, et il marche à la fois sur Zamora et sur Salamanque. A présent qu'il n'a plus la retraite à craindre pour lui-même, même après ses succès comme après sa victoire des Aropiles, il va mettre un peu plus d'activité à poursuivre qu'il n'a mis de lenteur à attaquer. Surpris à

Salamanque, le général Villatte n'a que le temps de détruire les ponts et de se replier sur Valladolid ainsi que le général Pécheux, qui occupait Avila avec la division Leval et la cavalerie légère du général Soult. Ces troupes arrivent le 2 juin à Valladolid, où l'on n'a rien prévu pendant un repos de deux mois, pas même la poursuite de l'ennemi. Enfin Valladolid est dépassée, et la retraite se dirige sur Burgos. Cette ville est occupée par les armées du centre et du midi. On voudrait bien encore s'y arrêter et planter le pavillon royal sur les illustres remparts que, six mois auparavant, le général Dubreton a si héroïquement défendus et conservés avec dix-huit cents hommes contre ce même Wellington, qui poursuit le roi Joseph et son armée. Mais, deux jours après, le général Reille étant forcé avec ses dix mille hommes par des forces supérieures, dans la position de las Hermosas et d'Estapas, qui défendent les avenues de Burgos, l'évacuation de la capitale de la vieille Castille est décidée. Cependant on pourrait, on devrait arrêter encore devant le château de Burgos le circonspect Wellington; mais il ne faut pas laisser à l'ennemi ce qu'on ne veut pas conserver, et par une précipitation qui semble déjà ôter à la marche du roi l'air d'une retraite bien combinée, on met le feu à tout ce que le château renferme de boulets, de bombes d'obus, de cartouches, de munitions, d'artillerie; l'armée qui défile dans la plaine avec sécurité, sous les hauteurs de la ville, est mitraillée par l'éruption de son propre arsenal, et plus de cent Français sont foudroyés. Tels furent les adieux de l'armée à Burgos : elle perdit plus de braves à l'évacuer, que Dubreton n'en avait perdu à la défendre. Ce fut sous ces tristes auspices que l'armée continua sa retraite. Elle était embarrassée dans sa marche par les nombreux équipages qui transportaient en France tout le bagage royal de Madrid, par la foule des habitans des deux sexes qui, pour se soustraire aux vengeances nationales enrégimentées sous le drapeau anglais, suivaient la fortune du dernier souverain; enfin, par l'immense matériel des armées réunies, et par cette masse de voitures de luxe et de voyage, inconnues des belliqueux états-majors de la république. Un corps de troupes était attaché à la garde de cet immense convoi, chargé des pénates de la conquête de l'Espagne et de la royauté de Joseph, et de ceux de tant de familles dévouées à la cause des Français.

On a dépassé sans obstacle Birbiesca. Trois cents hommes sont placés à la garde du défilé de Pancorbo et en occupent le fort. L'armée a mis l'Èbre entre elle et l'ennemi; elle est à Miranda, où elle se croit à l'abri de toute poursuite; mais Wellington a suivi son plan : il a fait passer l'Èbre à San-Martino et à Fuente-de-Arenas, et, maître de la rive droite, il envoie ses partis sur la route de Bilbao à Vittoria, nom fatal, dont l'illustration va retentir d'une manière bien différente à Dresde où est Napoléon, à Prague où sont ses ennemis.

C'est le général Graham qui commande la gauche de l'armée ennemie; il marche sur le général Reille, qui veut en vain défendre les positions de Espejo et de Puente-de-Larra. Le 18, il est débordé à Osma : les confédérés sont déjà maîtres des débouchés de la Biscaye. Ses rapports jettent enfin l'alarme au quartier-général royal : un conseil de guerre est convoqué. Le maréchal Jourdan ouvre le seul avis qu'il faut suivre; il est appuyé par les généraux : c'est de descendre l'Èbre et de se retirer sur Sarragosse, où on ralliera l'armée du général Clausel qui commande vingt-cinq mille hommes à Logrogno, et d'où l'on communiquera avec les places de Saint-Sébastien, Santona, Bilbao et Pampelune. Le général Foy, après avoir enlevé de vive force la ville de Castro dans le golfe de Biscaye, assure, avec dix mille hommes, les communications de cette province avec la France. Une position inexpugnable, celle des hauteurs de Salinas et de Mont-Dragon, est à trois lieues en arrière : là se ferait la combinaison d'opérations avec le général Foy et le général Clausel, et on doit aussi espérer d'y arrêter l'armée de Wellington. De plus les mouvemens de retraite des armées de Valence et de Catalogne s'opèrent simultanément, et la barrière des Pyrénées doit être fermée à l'invasion ennemie. D'ailleurs l'armée du roi ne compte que quarante-cinq mille baïonnettes avec une immense artillerie, il est vrai; tandis que l'armée de Wellington, quoi qu'elle soit diminuée du corps de sir John Murray qu'il avait fait embarquer pour l'expédition de Tarragone, est de quatre-vingt-cinq mille hommes. Tels sont les motifs qui sont fortement présentés dans le conseil, pour ne pas attendre l'ennemi sur les bords de la Zadorra, en avant de Vittoria.

Les bagages ont joué un rôle bien fatal dans la guerre d'Espagne, et leur conservation a deux fois perdu l'armée, la première, par la honteuse capitulation de Baylen, la seconde, par la défaite de Vittoria. Mais cette défaite perdait la France, et donnait au congrès de Prague le signal de la ruine de l'empire. Plusieurs mille hommes, toute la division du général Maucune, si regrettable la veille d'une bataille décisive, sont détachés de l'armée pour convoyer des voitures privilégiées; d'autres troupes sont chargées de défendre les bagages qui ne seront pas partis le 20; car le roi a refusé de suivre l'avis de celui qui avait, il y a vingt ans, gagné la bataille de Fleurus sur l'armée autrichienne, alors la première de l'Europe. Joseph, qui n'a jamais eu pour étoile que la fortune de Napoléon, s'obstine à vouloir ajouter le désastre d'une bataille rangée à la retraite que fait sa royauté devant lord Wellington. L'ordre de la bataille est donné, pour le lendemain 21, par ordonnance royale! Wellington en est aussi surpris que les généraux français. Mais il fallait qu'un trône tel que celui de Napoléon fût détruit par des moyens extraordinaires, et que les Pyrénées ne fussent plus des remparts suffisans à protéger l'intégrité de la vieille France, défendue qu'elles pouvaient être quinze jours plus tard par cent trente mille Français commandés par les maréchaux Jourdan et Suchet, par les généraux Clausel, Reille, Decaen, Foy, Harispe, Delort, Drouet d'Erlon, Gazan, etc. Si Napoléon succomba en Russie par l'espoir de la paix qui le retint à Moscou, Joseph va succomber en Espagne par l'espoir plus insensé d'un premier triomphe dans une guerre, dont une belle retraite est devenue la seule gloire, en même temps qu'elle est un avantage incalculable pour les destinées de la mère-patrie.

Le 21, de grand matin, commença cette fatale échauffourée, qui ne mérite le nom de bataille que par ses résultats. La bravoure française y soutint jusqu'au dernier moment toute sa renommée; elle ne céda qu'au nombre, au désavantage du terrain, dominée que fut constamment l'armée, sur sa gauche, par les forces toujours renaissantes de ses nombreux ennemis. Cette armée méritait un autre chef et une autre fortune. Le général Hill avait commencé l'attaque; il emporta les hauteurs après la plus vigoureuse résistance, et un acharnement qui annonçait que c'était un dernier combat : les hauteurs furent prises et reprises plusieurs fois. Une partie de l'armée du centre y fut envoyée. Celle-ci, se trouvant affaiblie de plusieurs divisions, soutint le choc avec intrépidité, et maintint long-temps un feu égal sur sa ligne; mais à midi parurent tout à coup de nouvelles têtes de colonnes sur la droite de l'armée, sur la route de Vittoria à Bilbao, à Aranjuès, à Gamarra-Mayor. Le général Reille se porta vivement à leur rencontre à la tête de sept mille hommes qui lui restaient de l'armée de Portugal, et se trouva vis-à-vis de vingt-cinq mille hommes commandés par Graham. Il était une heure. Le roi ordonna de se rallier sur le plateau de Zuaza, où il y avait quarante-cinq canons en batterie, mais il n'était plus temps. Le général Reille, malgré l'infériorité numérique de ses troupes, sait tenir encore en échec l'armée de Graham. Des prodiges de valeur signalent ce combat inégal. Le général de divison Sarrut y est blessé à mort. Les Français ont l'honneur de rester maîtres du champ de bataille. A la fin, ils sont débordés par les masses ennemies, et la retraite est ordonnée par Salvatierra sur Pampelune. Ce qui fut combat fut glorieux pour nos armes. Les pertes furent à peu près égales entre les deux armées; mais l'heure de la retraite fut celle des plus grands malheurs : rien n'avait été prévu pour l'opérer. Les passages pour tant de bagages, pour des parcs d'artillerie aussi considérables, n'avaient point été reconnus; ils furent bientôt obstrués par l'encombrement des milliers de voitures qui portaient les trésors de l'armée, les familles espagnoles attachées à la cour de Joseph, toutes les richesses du roi et la fortune de ses officiers. Des cris de désolation sortent de ces voitures, d'où s'élancent des femmes, des enfans, des cris de fureur de la part de ceux qui les attaquent. Le pillage devient commun aux amis et aux ennemis sous le ciel brûlant de Vittoria, comme sous le ciel glacé de Wilna. Les soldats de toutes armes se pressent en foule sur la route de Pampelune, et parviennent à Salvatierra; mais ces immenses bagages, qui leur sont étrangers, les laissent arriver sans leur précieux matériel, sans leur formidable artillerie ; elle est restée toute entière au pouvoir de l'ennemi, au nombre de cent cinquante et une pièces, et de quatre cent quinze caissons. Elle n'a pu franchir les passages encombrés par tant de voitures; il a fallu dételer les pièces. Les Anglais, qui firent depuis un trophée à Londres de la voiture de Napoléon, prise sur le champ de bataille de Waterloo, y montrèrent alors la dépouille de Joseph et le bâton du maréchal Jourdan. Le 22, l'armée se réorganisa à l'embranchement des routes de Vittoria et de Pampelune à Tolosa, et le lendemain le général Foy, à la tête de seize mille hommes, arrête à Tolosa l'armée victorieuse. Le 27, il ne reste plus de Français dans l'Espagne occidentale que ceux qui défendent Santona, Saint-Sébastien et Pampelune; mais l'armée s'est placée militairement sur les Pyrénées, et l'ennemi est obligé de s'arrêter. Le général Foy garde la Bidassoa; il établit sur la rive droite une défense habile, qui retarde l'invasion de son pays : il a devant lui l'aile gauche de l'ennemi. Le général Clausel est opposé à l'aile droite : il rentre en France par Jaca. Le gros de l'armée se retire par la vallée de Roncevaux, où la vieille histoire des paladins français lui rappelle, sous le règne d'un autre Charlemagne, de tristes souvenirs. Les siéges de Santona, de Saint-Sébastien et de Pampelune vont occuper l'armée anglaise. En continuant la retraite sous les murs de Pampelune on entendit des généraux regretter de ne pas s'arrêter dans la Navarre, pays de défense, disaient-ils, que l'on pouvait conserver, et où du moins il était facile de retarder long-temps cette nouvelle invasion qui menaçait la France.

L'empereur apprit à Dresde, le 1er. juillet, la perte de la bataille de Vittoria, et il jugea que cette nouvelle, dont les quartiers-généraux de Reichembach et de Gittschin seraient promptement informés par leurs alliés d'Angleterre, changeait entièrement la position politique sur laquelle ses armes victorieuses lui permettaient de s'appuyer au congrès. Dès ce moment, il se sentit dévoué aux ressentimens britanniques, dont la voix avait été si persuasive aux conférences de Trachemberg; il apprécia, avec toute la sévérité de sa justice, la conduite de son frère. Mais, dans l'espoir de conjurer encore le fléau du Midi, qui, de concert avec le fléau du Nord, allait graviter sur la France, si sa marche n'était promptement arrêtée, il fit appeler le duc de Dalmatie qu'il se repentait d'avoir retiré d'Espagne il y avait trois mois, et le chargea d'aller réparer les désastres de la retraite de Madrid et de la défaite de Vittoria. L'ordre que Napoléon dicta pour ce maréchal mérite une attention particulière :

« Mon cousin, vous partirez aujourd'hui avant dix heures du soir; vous voyagerez incognito, en prenant le nom d'un de vos aides-de-camp; vous arriverez le 4 à Paris, où vous descendrez chez le ministre de la guerre. Vous irez avec lui chez l'archichancelier; il vous mettra au fait de la dernière situation des choses : vous ne resterez pas plus de douze heures à Paris. De là, vous continuerez votre route pour aller prendre le commandement de mes armées en Espagne : vous m'écrirez de Paris. Pour éviter toutes les difficultés, je vous ai nommé MON LIEUTENANT-GÉNÉRAL, COM-

MANDANT MES ARMÉES EN ESPAGNE ET SUR LES PYRÉ-
NÉES. Mon intention n'en est pas moins que vous
receviez les ordres de la régence, et que vous
écriviez et rendiez compte au ministre de la guerre
de tout ce qui concerne votre commandement ;
vos rapports me parviendront par le ministre.
*Les gardes et toutes les troupes espagnoles seront
sous vos ordres. Vous prendrez toutes les mesures pour rétablir mes affaires en Espagne, et pour
conserver Pampelune, Saint-Sébastien et Pancorbo*, et toutes celles que les circonstances de-
manderont. Mon intention est que tous les généraux ou officiers que vous jugerez convenable de
renvoyer en France restent à Bayonne, et qu'aucun d'eux ne puisse aller à Paris sans un ordre du
ministre de la guerre. Sur ce, je prie Dieu qu'il
vous ait en sa sainte et digne garde.

» Napoléon.

» Dresde le 1er. juillet 1813. »

Cet ordre exprimait énergiquement toute la
pensée de Napoléon sur l'importance qu'il attachait
à reprendre en Espagne, au moins l'influence militaire qu'il y avait laissée ; il était impossible à ce
prince d'investir un de ses maréchaux d'un commandement plus élevé et plus étendu, puisqu'il le
déclarait son lieutenant-général, commandant
toutes ses armées en Espagne et sur les Pyrénées.
Ainsi, toutes les armées de la péninsule, celle que

commandait le roi, et celle que commandait le maréchal Suchet, étaient placées sous l'obéissance du duc de Dalmatie, qui pouvait à sa volonté renvoyer les généraux et les officiers. Ainsi le maréchal se trouvait revêtu de la puissance de l'empereur sur les armées françaises, et de celle du roi sur les gardes et sur les troupes espagnoles.

Le nom du roi était à dessein omis dans cette lettre. Ce qui concernait ce prince était une confidence d'une autre nature, dont l'archichancelier était le dépositaire. C'était aussi à ce grand dignitaire que Napoléon renvoyait le maréchal pour être instruit de ce qu'il lui importait de savoir. Aussi l'empereur fait-il connaître, sans aucune réticence, à l'archichancelier son opinion et sa volonté au sujet du roi son frère.

Au prince archichancelier.

« Mon cousin, je reçois des lettres du ministre de la guerre, dans lesquelles se trouve celle du général Foy du 22; je réponds au ministre de la guerre qui vous fera connaître mes intentions : j'envoie le duc de Dalmatie avec le titre de mon lieutenant-général en Espagne. Il sera cependant sous les ordres de la régence et rendra compte au ministre de la guerre. Quant au roi d'Espagne, mon intention est qu'il demeure à Pampelune, Saint-Sébastien ou Bayonne, et qu'il y attende mes ordres. Dans tous les cas, mon intention est *qu'il ne vienne pas à Paris et qu'aucun grand dignitaire, aucun ministre, sénateur ou conseiller d'état ne le voie*, jusqu'à ce que j'aie fait connaître mes intentions. S'il avait dépassé la Loire, vous vous concerteriez avec les ministres de la guerre et de la police pour faire ce qui serait plus convenable, sans affliger l'impératrice de ces détails. *Le roi ne doit pas passer la Loire sans mon ordre.* Mais enfin s'il l'avait passée, *il devrait se rendre dans le plus grand incognito à Morfontaine*, d'où il serait convenable que ni lui ni aucun officier de sa maison ne vînt à Paris inquiéter l'administration de la régence. Vous verrez avec le ministre de la police qui l'on pourrait charger de faire connaître mes intentions au roi. On pourrait faire choix de Rœderer, ou de tous autres dont le roi aurait l'habitude. Mais, quoi qu'il en soit, vous devez employer même *la force* s'il est nécessaire, pour l'exécution de mes ordres. En général, je désire que toute communication à faire au roi d'Espagne lui soit faite, *non par le canal du ministre de la guerre, mais par celui du ministre de la police.* Sur ce, je prie Dieu qu'il vous ait en sa sainte et digne garde.

» Napoléon.

» Dresde le 1ᵉʳ. juillet 1813. »

» Premier *P. S.* Vous trouverez ci-jointe 1°. la

lettre au ministre de la guerre; 2°. copie du décret qui nomme le duc de Dalmatie commandant en Espagne. Cette pièce vous servira en cas que l'expédition du comte Daru vienne à se perdre; 3°. la lettre que j'écris au ministre de la police. Au reçu de la présente vous ferez appeler chez vous les ministres de la guerre et de la police, et vous leur remettrez leurs lettres, en leur recommandant sur le tout le plus profond silence. Si le roi avait repris l'avantage et qu'on réoccupât Vittoria, vous y mettriez d'autant plus de ménagement. Je suppose que le sénateur Rœderer ou tout autre ayant la confiance du roi pourrait lui être envoyé, pour lui faire sentir que, *d'après l'opinion que j'ai de ses talens militaires*, je suis obligé, dans ces circonstances, de donner le commandement de l'armée à un général *ayant ma confiance*. Je vous envoie aussi une lettre pour le roi d'Espagne. Vous ne la remettrez au duc de Dalmatie qu'autant que cela paraîtrait nécessaire au ministre de la guerre. Je désire que le duc de Dalmatie ne la remette qu'autant qu'on ne pourrait faire autrement. Il me semble qu'une ampliation du décret et une lettre du ministre seront suffisantes.

» Deuxième *P. S.* Veillez à ce que le ministre de la police ne se mêle de rien que de surveiller. Le ministre de la guerre ne doit écrire au roi d'Espagne que ce que les circonstances exigent qu'il sache. Veillez enfin à ce que tout se fasse avec le plus de modération possible. »

A l'archichancelier.

« Mon cousin, je vous ai écrit il y a deux heures relativement à l'Espagne, je vous ai envoyé ouvertes toutes les lettres que j'écris pour que vous puissiez diriger cette affaire selon les circonstances. La question se renferme dans ces deux hypothèses : ou le roi a été battu, ou les affaires ont pu se rétablir ; si le roi a été battu, qu'il ne puisse plus rester à Pampelune, et qu'il y ait crainte de le voir revenir, c'est le cas de lui envoyer quelqu'un à qui vous ne devez pas dissimuler que, vu le *mauvais esprit qu'il a montré en Espagne, je craindrais que sa présence ne semât le trouble relativement a la régence.* Si le roi était parvenu à rétablir les affaires, *mon intentoin serait toujours la même.* Je désirerais toujours qu'il quittât le commandement *dont il est absolument incapable*, qu'il le remît au duc de Dalmatie, et qu'il restât à Vittoria ou à Pampelune. Sur ce, je prie Dieu qu'il vous ait en sa sainte et digne garde.

» NAPOLÉON.

» Dresde le 1er. juillet 1813. »

Le 12 juillet, le maréchal duc de Dalmatie était arrivé à Bayonne. Il était porteur de la lettre de l'empereur pour le roi. Cette lettre, que le maréchal n'avait ordre de remettre qu'à toute extrémité, ne fut pas remise. Le roi s'était soumis aux volontés de l'empereur, après quelques hésitations : la lettre fut rendue à Napoléon. Le premier soin du maréchal est d'organiser son armée. Il la divise en trois corps. Il donne l'aile gauche au général Clausel, le centre au général Drouet d'Erlon, et la droite au général Reille. Chacun de ces corps est de trois divisions. Le général Villatte commande une division de réserve. L'armée a trois divisions de cavalerie. Elle est forte de soixante mille hommes. Le général Gazan est chef d'état-major-général. Tous ces noms sont historiques dans les fastes de la gloire militaire de la France.

L'armée anglaise est à Irun. Elle occupe la Haute-Navarre, elle couvre le siége de Saint-Sébastien, dont le général Graham est chargé avec l'armée de Galice, et celui de Pampelune, qui est confié au comte de l'Abisbal, commandant l'armée d'Andalousie.

CHAPITRE X.

Prolongation de l'armistice. — Correspondance diverse. — Départ de Napoléon pour Mayence. — Retour à Dresde. — Du 1er. juillet au 5 août.

L'ARTICLE quatrième de la convention de la médiation signée le 30 juin à Dresde par le duc de Bassano et le comte de Metternich était ainsi conçu :

« Vu l'insuffisance du temps qui reste à courir jusqu'au 20 juillet, terme fixé pour l'expiration de l'armistice par la convention signée à Plesswitz le 4 juin, S. M. l'empereur des Français s'engage à ne pas dénoncer ledit armistice avant le 10 août, et S. M. l'empereur d'Autriche se réserve de faire agréer le même engagement à la Russie et à la Prusse. »

Cette convention ne devant pas être rendue publique, Napoléon, qui ne perdait pas de vue l'intérêt d'une guerre, que la nouvelle de la perte de la bataille de Vittoria lui présentait comme inévitable, surtout après la connaissance qu'il venait d'obtenir des engagemens contractés par l'Autriche à Reichembach et à Trachemberg, écrivit le lendemain même au prince d'Eckmühl :

« Mon cousin, il serait possible que l'armistice fût prolongé jusqu'au 15 août. Si je me décide à cette mesure, ce sera spécialement pour Hambourg, puisque cela nous ferait près d'un mois de gain : ce qui nous donnerait moyen d'achever l'armement et les ouvrages de Hambourg et de mettre cette place et Haarbourg en meilleur état. Des bataillons de la troisième division *bis* auraient aussi le temps d'arriver et la cinquantième division se compléterait à seize mille hommes. Tenez cette nouvelle secrète : mais agissez toujours comme si les hostilités devaient recommencer au 20 juillet. Sur ce, etc.

» Napoléon.

» Dresde, 1er. juillet 1813. »

La correspondance de l'empereur avec le prince d'Eckmühl pendant le mois de juillet renferme quelques autres lettres d'un grand intérêt pour les militaires. Elles motivent les ordres généraux et les ordres de détails qu'il donne au maréchal, par le retour perpétuel de cette brillante combinaison qu'il avait conçue dès son retour à Dresde, d'opérer, par l'envoi d'une nombreuse armée sur Berlin et par la jonction de cette armée à celle du prince d'Eckmühl, une diversion puissante contre les alliés. Dans toutes ces lettres il parle au maréchal de la marche combinée sur la capitale de la Prusse. Le prince de Suède sera tourné par cette armée. Une campagne dans le nord de l'Allemagne doit nécesairement illustrer ses armes, pendant qu'il occupera lui-même en Silésie et sur l'Elbe supérieur les forces des souverains. Ses regards se portent même avec confiance jusqu'à la Vistule, où les armées de Hambourg et de Berlin triomphantes, iront rallier l'armée qui est enfermée à Dantzick et les garnisons des autres places et mettront ainsi entre deux feux les armées confédérées. Le traité négocié à Dresde avec le Danemarck porte expressément que les troupes danoises pourront être employées jusqu'à la Vistule. Napoléon ne voit dans la prolongation de l'armistice que l'avantage de donner le temps aux forces de la trente-deuxième division militaire de s'organiser et de pouvoir opérer ce grand miracle de la campagne prochaine. En cela Napoléon pense et agit comme l'Autriche, à qui cette prolongation donne aussi le temps de compléter les armemens pour lesquels l'Angleterre, dans les conférences du complot de Trachemberg, lui a assuré d'immenses subsides. Mais c'est pour mieux établir la position de la trente-deuxième dvision militaire et accroître tout à coup les moyens du prince d'Eckmülh, que le duc de Bassano a ouvert à Dresde avec M. de Kaas, envoyé extraordinaire de Danemarck, une négociation que M. Alquier va terminer à Copenhague par un traité : aussi, le 7 juillet, l'empereur écrit au maréchal :

« Mon cousin, je réponds à votre lettre du 4. Je pense qu'il ne faut faire aucuns travaux à Lubeck ; on peut seulement augmenter ceux de Travemonde. Je vous ai fait connaître que, quelques jours avant la reprise des hostilités, vous devrez concentrer les troupes françaises sur Hambourg, et réunir les troupes danoises sur votre gauche ; mais il est probable que, d'ici à ce temps, il aura été conclu un traité avec le roi de Danemarck, de sorte que nous saurons à quoi nous en tenir. La réunion de la quarantième division à Werben vous mettra à même de garder toute la rive gauche de l'Elbe. Le deuxième et le cinquième bataillon du troisième de ligne seront le 7 à Wésel ; ils seront donc arrivés avant le 1er. août à Hambourg. Un bataillon du trente-troisième léger, fort de neuf cents hommes, doit partir de Flessingue ; un deuxième bataillon se complète au moyen de conscrits réfractaires à Wésel, et un troisième bataillon se rend en droite ligne à Hambourg. J'espère donc qu'avant le 1er. août, la cinquantième division sera forte de dix à douze mille hommes. Vous aurez besoin d'habillemens, mais j'ai recommandé que tous ces soldats partissent de France bien armés. J'ai ordonné cependant, en outre, que trois mille fusils et six mille baïonnettes fussent envoyés à Hambourg. Les détachemens du vingt-huitième de chasseurs sont en marche pour se rendre à Hambourg ; les cinq escadrons, forts de douze cents hommes, seront réunis au 1er. août à Hambourg ; prenez des mesures pour les y monter. Les trois régimens provisoires de cuirassiers, composés de douze quatrièmes escadrons, faisant deux mille quatre cents hommes, arriveront à Hambourg avant le 10 août : c'est à vous à prendre des mesures pour les monter. Le décret que j'ai rendu, et la lettre que je vous ai écrite ce matin là-dessus, vous mettront au fait de tout ce qui concerne ces régimens. Si, au moment de la rupture de l'armistice, une partie de ces quatre mille hommes de cavalerie n'était pas montée, vous pourrez en tirer parti pour le service de la place ; ils ont des carabines ou des mousquetons, et vous les feriez exercer au service du canon. J'espère donc que la cinquantième division, la cavalerie, la gendarmerie, les douaniers et les marins, formeront à Hambourg et à Haarbourg une garnison de dix-huit à vingt mille hommes, pendant que vous aurez disponibles la troisième division et la quarantième, ainsi que les Danois. Vous entrerez alors, selon les circonstances, dans le Mecklembourg, ou bien vous prendrez position en avant de Hambourg, ou bien enfin, si cela était nécessaire, vous repasseriez l'Elbe pour couvrir la rive gauche. Occupez-vous des ateliers d'habillement, et établissez solidement les ateliers et la comptabilité des troisième, vingt-neuvième et cent cinquième de ligne, trente-troisième léger et vingt-huitième de chasseurs ; ces cinq corps doivent avoir leurs dépôts à Hambourg, et ils doivent suivre le sort de cette place. L'artillerie est en marche sur Hambourg, de Magdebourg, de Wésel et de Groningue. Ayez soin que vos poudres soient placées dans trois points différens, afin que si vous perdiez un magasin, il vous en restât deux. Veillez à ce que les trois réduits soient établis, et les mortiers mis en batterie contre la ville. J'attends les six millions que vous m'annoncez pour compléter les dix premiers. Sur ce, je prie Dieu qu'il vous ait en sa sainte et digne garde.

» Napoléon.

» Dresde, ce 7 juillet 1813. »

Le 17, une autre lettre de l'empereur appuie encore plus fortement sur la combinaison de la marche sur Berlin, et présente cette double opération comme d'un succès immanquable avec la coopération danoise dont le maréchal peut aussi disposer, afin de contenir les Suédois et les alliés, et de les empêcher de se concentrer sur la capitale de la Prusse.

« Mon cousin, mon officier d'ordonnance, qui était allé à Groningue, arrive ; il m'assure que tout ce que j'ai prescrit d'expédier pour Hambourg est parti, même les batteries de réserve, et que le premier convoi doit être arrivé aujourd'hui 17.

Le duc de Valmi me mande également que tous les deux cent mille kilog., qui devaient être expédiés de Wésel, doivent être arrivés à Hambourg; ainsi, voilà donc Hambourg, pour l'artillerie, dans la situation la plus respectable. Je suppose que les travaux se continueront pendant tout le mois de juillet avec la plus grande activité, et qu'au 15 août, époque où l'on pourrait recommencer les hostilités, Hambourg sera dans une situation de défense également respectable. Je désire toujours qu'avec tout le treizième corps, c'est-à-dire la troisième division et la quarantième, ayant en réserve tout ce qu'il y aura de disponible de la cinquantième, toute votre artillerie de campagne et enfin les Danois, vous puissiez occuper un camp sur la rive droite, en avant de Hambourg; de sorte qu'ayant une vingtaine de mille hommes dans la main, vous soyez inattaquable par forces supérieures, et que vous puissiez pourtant les menacer et les contenir *jusqu'à ce qu'un corps de quatre-vingt mille hommes, que je ferai marcher sur Berlin, ait tourné tout cela, et vous ait mis à même de marcher en avant.* En même temps, votre présence en avant de Hambourg ayant ainsi une position offensive, aura l'avantage d'obliger l'ennemi à avoir des forces de votre côté, et de l'empêcher de se concentrer *contre l'armée que j'enverrai sur Berlin.* Sur ce, je prie Dieu qu'il vous ait en sa sainte et digne garde.

» NAPOLÉON.

» Drésde, ce 17 juillet 1813. »

Enfin, par sa lettre du 19, Napoléon informe le maréchal de la signature du traité de Copenhague, lui en détaille les dispositions, et lui donne aussi le tableau des forces que le succès de cette heureuse négociation réunit sous son commandement.

« Mon cousin, je viens de conclure un traité offensif et défensif avec le Danemarck. Je vais vous en faire connaître les principales dispositions pour votre gouverne, mais vous devez les tenir secrètes jusqu'à nouvel ordre. Le Danemarck s'engage à déclarer la guerre à la Russie, à la Prusse et à la Suède, au moment de la reprise des hostilités, tout comme la France s'engage à la même époque à déclarer la guerre à la Suède. Le Danemarck doit mettre sous vos ordres une division de dix mille hommes d'infanterie, deux mille cinq cents chevaux, quarante pièces de canon, ce qui fera au total plus de douze mille hommes. Ces troupes, aussitôt qu'elles auront le pied sur mon territoire, doivent, quant à la solde, être payées par moi comme les troupes françaises. Le Danemarck aura vingt canonnières pour la défense de l'Elbe, lesquelles seront réunies à vingt canonnières françaises. Le Danemarck doit me fournir dix mille chevaux, moyennant le paiement que j'en ferai argent comptant. Le contingent danois pourra être employé *jusqu'à la Vistule*. Le Danemarck doit approvisionner et armer Glückstadt, de manière à ce que cette place puisse soutenir six mois de blocus et un siége proportionné à sa force; de mon côté, je dois joindre aux troupes danoises un corps d'armée de vingt mille hommes. Si les circonstances appelaient mes troupes dans le Holstein, elles seraient nourries par le pays, mais je paierais leur solde. Je fournirai vingt chaloupes ou canonnières pour la défense de l'Elbe; je ferai armer et approvisionner Hambourg, de manière que cette place puisse soutenir six mois de blocus et un siége proportionné à sa force. Je dois payer les dix mille chevaux en argent comptant : les ratifications s'échangeront demain à Dresde. A cette occasion, il sera signé une petite convention relativement à la fourniture de chevaux, pour en régler l'âge, la taille et le prix. J'ai fait demander que cinq mille me fussent livrés avant le 15 août, et cinq mille avant le 1er. septembre : il sera important d'avoir le plus tôt possible ces chevaux. Il ne faut pas pour cela rapporter la réquisition ni aucun marché, vu que j'ai dans mes dépôts de cavalerie encore dix à douze mille hommes à monter. Demain, partiront probablement les ratifications; vous en serez instruit, et verrez alors le général danois. Il sera même bon que vous pressiez la revue du corps d'armée ; et, dès ce moment, vous le ferez payer, en payant les présens sous les armes sur le pied français. Votre corps d'armée se composera donc, 1º. de la troisième division, qui, avant le 10 août, sera composée de. . . . . 14 bataillons.

» 2º. De la quarantième divis. 14 *idem.*

» Total. . . . 28 bataillons actifs.

» 3º. De la cinquantième division qui pourra toujours vous offrir douze bataillons en réserve; total, quarante bataillons actifs.

» Je suppose qu'avant cette époque vous pourrez toujours avoir trois mille hommes de cavalerie, ce qui vous fera un corps de vingt-cinq mille Français et de douze mille Danois, ou de trente-cinq à quarante-cinq mille hommes. Toutes ces troupes, prenant une bonne position en avant de Hambourg, imposeront au prince royal, et pourront prendre l'offensive, comme je vous l'ai mandé, *aussitôt que ma gauche sera entrée à Berlin.* — *Artillerie.* Votre artillerie sera composée de 2 batteries à cheval. . . . . . 12 pièces.

5 *idem* à pied. . . . . . . 40 *idem.*

2 *idem* de réserve. . . . . . 16 *idem.*

Total. . . . 68 pièces.

» Les Danois ont quarante pièces : sur ces quarante pièces, il y en a vingt de six, dont seize pièces et quatre obusiers, et vingt pièces de trois. Lorsque vous en serez là, vous leur proposerez de garder leurs pièces de trois, et d'employer les attelages, charretiers et canonniers, à atteler et servir huit pièces de six et quatre obusiers, savoir douze pièces. Ces douze pièces ont besoin chacune de deux caissons, ce qui fera, avec les rechanges et forges, quarante voitures. Les vingt pièces de trois exigeraient quarante-trois voitures : le nombre sera donc égal ; seulement il faudrait quelques chevaux de plus, dans le cas où l'usage des Danois serait d'atteler les pièces de trois avec deux chevaux. Ce sera donc huit pièces de six et quatre obusiers que vous aurez à fournir aux Danois; quant aux caissons, on les convertira en caissons de six. Les Danois se trouveront avec trente-deux bouches à feu qu'on organisera comme les nôtres : ces trente-deux pièces, jointes aux soixante-huit de votre corps, feront un parc de cent pièces de canon. — *Cavalerie.* Du 10 au 15 août, tout ce qui est nécessaire pour compléter le vingt-huitième de chasseurs sera arrivé; cela vous fera mille chevaux. Vous pouvez compléter les Lithuaniens à cinq ou six cents chevaux, ce qui, joint aux deux mille quatre cents chevaux de la brigade de cuirassiers de Hambourg, mettra sous vos ordres plus de quatre mille chevaux, qui feront, avec les deux mille chevaux des

Danois, six mille chevaux. Vous avez déjà trois généraux de brigade : restera un général de division de cavalerie à vous envoyer pour commander toute cette cavalerie. Je suppose que tout ce qui est nécessaire pour compléter l'approvisionnement de Hambourg sera arrivé, et que Hambourg, Harbourg et les îles seront bien armés dans les premiers jours d'août ; s'il en est besoin, il faudra tout négliger pour concentrer toutes vos forces sur la rive droite, en vous appuyant sur Hambourg. Quand même l'ennemi passerait l'Elbe entre Hambourg et Magdebourg, cela ne devrait avoir aucune influence sur vous, dont l'armée aurait toujours derrière elle Hambourg et le Holstein, et par cette position sur la rive droite conserverait l'offensive, quand même l'ennemi aurait passé sur la rive gauche. Si au moment de la reprise des hostilités vous pouvez même réunir une plus grande quantité de cavalerie, on vous la laissera ; *elle marcherait avec vous pour rejoindre l'armée par Berlin* ; vous pourriez emmener ainsi avec vous les douze cents chevaux que vous a envoyés le général Bourcier. Je ne puis que vous répéter que ceci ne doit en rien déranger les mesures que vous avez prises. Il faut seulement que vous demandiez des selles au général Bourcier. Je pense que ce général peut avoir à sa disposition trois mille selles, et vous pouvez en faire faire à Hambourg. Je n'instruis pas le général Bourcier du traité dont je viens de vous parler; demain, on lui en enverra communication. Ce général compte avoir des dispositions faites pour douze mille chevaux; si on y ajoute les dix mille chevaux des Danois, cela fera vingt-deux mille chevaux. Je crois que le général Bourcier a onze mille hommes à pied à monter : ce serait donc quatre à cinq mille hommes à pied à faire partir de France, les cinq mille autres seraient pris dans les dépôts de cavalerie, à fur et à mesure que la cavalerie active aurait des hommes démontés. Considérez cette remonte des Danois comme augmentant nos moyens, sans contremander aucune des mesures que vous avez prises. Sur ce, je prie Dieu qu'il vous ait en sa sainte et digne garde.

» NAPOLÉON.

» Dresde, ce 19 juillet 1813. »

Le 24 juillet, Napoléon renouvelle au prince d'Eckmühl ses instructions. Il faut que le 1er. août il soit à la tête de l'armée de quarante mille hommes qui doit se porter sur Berlin. Les nouveaux détails dans lesquels l'empereur se plaît à entrer prouvent davantage au maréchal quelle est pour Napoléon l'importance du service qu'il attend de son dévouement, et de la confiance qu'il met dans la haute capacité de son lieutenant.

« Mon cousin, les hostilités ne pourront re-

commencer que le 16 août. Je suppose donc que dès le premier août toutes vos portes seront organisées, vos remparts garnis d'artillerie, et la place en parfait état de défense : je suppose que le gouverneur, les commandans d'artillerie et du génie, le commandant en second de la place, le contre-amiral, les chaloupes canonnières, que tout le monde enfin sera à son poste, et qu'on aura désarmé les habitans, établi une sévère police, organisé le service des pompes, et que je serai sans inquiétude sur le sort de cette place importante. La cinquantième division sera au 10 août forte de douze mille hommes; vous pourrez donc la diviser en deux, laisser quatre à cinq mille hommes pour la garde de Hambourg, et vous faire du reste une bonne division de six à sept mille hommes, ce qui joint aux hommes du dépôt de cavalerie et de l'artillerie, aux matelots, à la gendarmerie, aux douanes, assurera toujours une garnison de huit mille Français à Hambourg. Vous sentez qu'il serait ridicule de tenir toute la cinquantième division à ne rien faire dans Hambourg, tant que la position que vous prendrez couvrira cette place; ainsi vous pourrez réunir dans cette position la treizième division forte de . . . . 8,000 hommes.
   la quarantième. 9,000
   la partie active de la cinquan-
      tième. 6,000

Infanterie française. 23,000
Infanterie danoise. . 10,000

Total de l'infanterie. 33,000
Cavalerie française. 3,000
Cavalerie danoise. 2,000

Total de la cavalerie. 5,000 ci 5,000

Total général. . . 38,000 hommes.

» Vos quatre divisions auront leur artillerie, quatre compagnies d'équipages militaires, leurs ambulances, etc., ce qui fera une armée de plus de quarante mille hommes. Je désire qu'au 5 août ces quarante mille hommes soient campés en avant de Hambourg dans une belle position ayant des postes d'infanterie et de cavalerie sur le cordon; que par cette position offensive vous puissiez contenir l'armée suédoise et tout ce que l'ennemi a dans le Mecklenbourg, et l'empêcher *de se porter sur Berlin à la rencontre d'une armée de soixante mille hommes que j'y enverrai;* qu'enfin vous soyez prêt à suivre le mouvement de l'ennemi ou à l'attaquer s'il était en forces inférieures. Vous pouvez avoir quelques détachemens d'infanterie et de cavalerie le long de l'Elbe, mais de manière que vous puissiez les reployer promptement au moment de la reprise des hostilités, afin que vos troupes soient toutes réunies, et que vous n'ayez à avoir aucune crainte, ni aucune échauffourée. Le ministre de la guerre doit vous avoir annoncé les différens détachemens de la cinquantième division qui arrivent, ainsi vous devez bien savoir à quoi vous en tenir. Pressez l'arrivée de tous vos détachemens et de toutes vos remontes de cavalerie. Faites-moi connaître la position où vous voulez camper vos quatre divisions. Je suppose que vous aurez assuré vos vivres en farine et biscuit pour un mois. Je suppose aussi que vous aurez pris connaissance du corps danois. N'attendez pas au dernier moment pour concentrer toutes les troupes françaises, ce qui ne vous empêchera pas d'occuper Lubeck par un commandant français, par de la gendarmerie et quelques postes de cavalerie légère et de voltigeurs français. Faites-moi connaître positivement ce que vous croyez que vous aurez d'hommes de cavalerie au 15 août, soit à pied, soit à cheval. Vous savez toutes les dispositions qui ont été faites à cet égard. Sur ce, je prie Dieu qu'il vous ait en sa sainte et digne garde.

» NAPOLÉON.

» Dresde ce 24 juillet 1813. »

Deux lettres d'une nature bien différente furent écrites par Napoléon à l'archichancelier à la même époque. L'une est relative à l'exil d'un fournisseur de la maison de l'empereur, et lui donne lieu de traiter d'une manière très-neuve la question de la liberté des opinions. L'autre est relative au voyage que l'impératrice régente doit faire à Mayence, où l'empereur se rendra également, et présente des détails de discipline domestique, de service intérieur, et en même temps de dignité souveraine, qui reçoivent de la plume de Napoléon une originalité toute particulière.

Au prince archichancelier.

« Mon cousin, je vous envoie un rapport du duc de Vicence. Je lui ai répondu, comme de raison, que je ne me mêlais pas de semblables détails, et que je ne pouvais descendre jusque-là. Mais je vois avec peine que le duc de Rovigo *réagit*. Le duc de Rovigo ne connaît ni Paris, ni la révolution. Si on le laissait faire, il aurait bientôt mis le feu en France. En vous entretenant de ce fournisseur, ce n'est pas de lui que je vous parle, mais de toutes les mesures de cette nature. A-t-on quelque chose à reprocher à cet homme depuis seize ans? On l'éloigne de Paris comme ayant été violent révolutionnaire. Si on pèse ainsi sur la classe des gens domiciliés et tranquilles, il est à craindre que cela ne produise le plus mauvais effet, et n'excite une inquiétude générale. Si le duc de Rovigo voulait éloigner de la France tous ceux qui ont pris part à la révolution, il n'y resterait plus personne. Et comment peut-on faire un crime à des hommes de cette classe de leur exaltation dans la révolution, lorsque le sénat, le conseil d'état et l'armée sont pleins de gens qui y ont marqué par la violence de leurs opinions? Je dois supposer qu'on n'avait rien à reprocher à cet homme depuis seize ans, puisque les gens de ma maison, qui ne sont nullement partisans des opinions révolutionnaires, le gardaient comme fournisseur. Vous ferez connaître au duc de Rovigo que mon intention est qu'il n'éloigne personne de Paris, sans vous en avoir parlé auparavant. Dites-lui aussi que, s'il se laisse entraîner par le préfet de police, ou des hommes de cette robe, qui ne connaissent ni la situation de la France, ni celle de Paris, il aura bientôt mis tout en feu, et ébranlé mon gouvernement, *qui est fondé sur la garantie de toutes les opinions*. Vous demanderez au duc de Rovigo de vous remettre sur-le-champ l'état de toutes les presonnes qu'il a exilées de Paris, en les divisant en deux classes : l'une contenant tous ceux qui se sont mal conduits, et qui, ne possédant rien, désirent toujours des troubles; l'autre, contenant les hommes domiciliés et tranquilles auxquels on n'a rien à reprocher que leurs anciennes opinions. *On doit laisser, sans les inquiéter, tous ceux qui appartiennent à cette dernière classe.* Au train dont va le duc de Rovigo, je suppose qu'il *réagirait* bientôt sur tous les généraux qui ont été chauds révolutionnaires. Comme il m'est revenu de plusieurs côtés que beaucoup de gens de cette classe ont été exilés, demandez au duc de Rovigo de vous en remettre l'état exact.

» Sur ce, je prie Dieu qu'il vous ait en sa sainte et digne garde.

» Napoléon. »

» Dresde, le 8 juillet 1813. »

Rapport du duc de Vicence.
Service
du grand-maréchal.

« Sire,

» Le sieur Biennais, fournisseur de volaille et gibier de la maison de votre majesté, depuis nombre d'années, vient d'être exilé à quarante lieues de Paris, dans une mesure qui a frappé un certain nombre d'hommes connus par leur exagération passée ; il paraît qu'il est devenu suspect plutôt par le souvenir de ses anciennes opinions que par sa conduite présente, qui ne donne lieu à aucun reproche.

» Le ministre de la police a témoigné au chef de la maison à Paris le désir que la pratique lui soit ôtée, afin de l'isoler de la clientèle que son commerce lui donne dans les maisons de la capitale. Comme fournisseur, on est content de lui dans la maison. Il fournit bien, et d'après un tarif qu'on établit au commencement de chaque trimestre. M. le duc de Cadore, qui me confirme l'exactitude de tous ces détails, n'a pas cru devoir rien déterminer pour le moment. Je prie donc votre majesté de me faire connaître si son intention est que le fournisseur soit changé.

» Le grand écuyer,
» CAULAINCOURT,
» Duc de Vicence.

» Dresde, le 7 juillet 1813. »

Au prince archichancelier.

» Mon cousin, cette lettre part le 16, elle vous arrivera le 20. Je désire que, le 22, l'impératrice parte de manière à être le 24 à Mayence. J'irai l'y trouver. Elle amènera avec elle la duchesse, deux dames du palais, deux femmes rouges, deux femmes noires, un préfet du palais, deux chambellans, deux écuyers, dont un partira vingt-quatre heures d'avance pour être à Metz, afin de partager la route, quatre pages qu'on distribuera sur la route afin de moins fatiguer ces jeunes gens, son secrétaire des commandemens, s'il se porte bien, son médecin; et de plus elle mènera avec elle un service de bouche composé de sorte que sa table puisse être bien servie, vu que je n'amènerai personne avec moi, et qu'il est possible que plusieurs rois et princes d'Allemagne viennent la voir. *Il sera pourtant inutile qu'on apporte le service de vermeil.*

» Le comte Caffarelli accompagnera l'impératrice

pour assurer les escortes. L'impératrice couchera le premier jour à Châlons chez le préfet, le deuxième jour chez le préfet à Metz, et le troisième à Mayence. Son voyage sera annoncé dans ces trois villes afin qu'on lui rende les honneurs qui lui sont dus. Son premier service de voyage se composera de quatre voitures, son second service de quatre voitures, et son troisième de quatre voitures. Total, douze voitures. Autant que possible le commandant militaire fournira les escortes. La gendarmerie de la route sera sous les armes en grande tenue. Tout le cérémonial prescrit par le règlement sera observé.

» Le général commandant de la division l'accompagnera sur le territoire de la division. Le jour du départ de l'impératrice, vous ferez mettre dans le Moniteur un article ainsi conçu :

» S. M. l'impératrice reine et régente s'est
» rendue à Mayence pour y passer huit jours dans
» l'espoir d'y voir S. M. l'empereur. Sa majesté
» couchera aujourd'hui 22 à Châlons, demain
» 23 à Metz, et le 24 à Mayence. Sa majesté sera
» de retour dans les premiers jours d'août.

» Vous m'écrirez par le télégraphe quand l'impératrice partira de Saint-Cloud, et le jour où elle arrivera à Mayence. Je règlerai mon départ en conséquence. Si quelques ministres avaient des choses pressées à me dire, et qui exigeassent qu'ils en vinssent conférer avec moi, ils pourraient profiter du séjour que je ferai à Mayence, et venir m'y trouver du 24 juillet au 1er. août. Sur ce, je prie Dieu qu'il vous ait en sa sainte et digne garde.

» Napoléon.

» Dresde, le 16 juillet 1813. »

Il existait entre l'armée et la garde impériale une jalousie que jusqu'alors on n'avait pas trop cherché à calmer. C'était une sorte de guerre contre le privilége. Mais la garde impériale, choisie dans toute l'armée, avait constamment réclamé et obtenu le privilége des périls. Cependant, pour mettre fin aux prétentions que la prééminence de ce corps d'invincibles pouvait donner à ceux qui avaient l'honneur d'en faire partie, Napoléon voulut donner une satisfaction à cette armée toute nouvelle, qui avait si héroïquement partagé le triomphe de la campagne avec la garde impériale et les autres vétérans de l'armée. En conséquence, il donna l'ordre suivant :

« Napoléon. empereur des Français, roi d'Italie, protecteur de la confédération du Rhin, médiateur, etc.

» Nous avons décrété et décrétons ce qui suit :

» Article premier. Les sergens-majors, maréchaux-des-logis chefs, sergens, maréchaux-des-logis, brigadiers et caporaux de notre garde, commanderont, à grade égal, les sous-officiers brigadiers et caporaux de la ligne, nonobstant leur ancienneté respective ; mais, dans aucun cas un sous-officier de la garde ne pourra commander à un officier de la ligne.

» Art. II. Les colonels-majors, chefs de bataillon, capitaines, lieutenans, lieutenans en second de notre garde, qui se trouveront en concurrence avec des officiers de la ligne leur commanderont ou bien seront commandés par eux suivant leur grade et leur ancienneté dans la ligne.

» Art. III. A cet effet, il sera inscrit sur les brevets, lettres d'avis et contrôles de chaque officier de notre vieille garde, la date de sa promotion au grade supérieur dans la ligne auquel il a dû être nommé pour entrer dans la garde aux termes de notre décret du 19 mars 1813.

» Art. IV. Notre ministre de la guerre est chargé de l'exécution du présent décret.

» NAPOLÉON.

» Dresde, le 8 juillet 1813. »

Napoléon voulut également assurer, par de nouvelles dispositions, certaines parties importantes de l'administration de ses armées, telles que le service des transports, le ravitaillement des places, et les hôpitaux.

Ordre.

« ARTICLE PREMIER. Il sera établi de Mayence à Dresde, trois lignes de transports sur trois routes différentes.

» La première ligne de Mayence à Dresde passera par Erfurth, Jéna et Géra.

» La deuxième ligne par Würzbourg, Bamberg, Cobourg, Altembourg et Chemnitz.

» La troisième ligne par Francfort, Cassel et Leipsick.

» Art. II. Sur chacune de ces lignes de transports, il y aura cinquante voitures à chaque étape. Cinquante de ces voitures partiront les jours pairs, pour le service de l'administration; et cinquante partiront les jours impairs, pour le service d'artillerie.

» Art. III. Si les cinquante voitures d'un service n'étaient pas employées un jour par celui auquel elles sont affectées, l'autre service les emploierait afin qu'elles ne restassent pas oisives.

» Art. IV. Les paiemens seront faits régulièrement; un chef d'administration sera chargé de la comptabilité des transports de l'administration, et d'artillerie.

» Art. V. Les prix seront réglés de manière à ce que le transport d'un quintal de Mayence à Dresde ne s'élève pas au-dessus de douze à quinze francs.

» Art. VI. Les trois routes seront subdivisées chacune en plusieurs sections : ainsi la première sera subdivisée Mayence à Fulde, de Fulde à Erfurth, et d'Erfurth à Dresde.

» Art. VII. Chaque ligne ayant cent voitures,

l'administration aurait donc tous les deux jours des moyens de transports pour trois mille quintaux. Ce qui fait mille cinq cents quintaux par jour.

» Art. VIII. Il y aura à Mayence un commissaire ordonnateur et un commandant d'artillerie, pour la direction de ces lignes de transports. Il y aura également à Erfurth et à Dresde un commissaire ordonnateur, un commandant d'artillerie.

» Art. IX. A leur retour les voitures seront employées à transporter les malades ou blessés et les hommes invalides.

» Art. X. Lorsque l'administration et l'artillerie auront des transports extraordinaires à faire, la demande sera adressée au commissaire chargé de la direction, qui, quatre jours avant, adressera aux régences les réquisitions nécessaires pour que les relais soient doublés.

» Art. XI. Notre major-général, et notre directeur général de l'administration de l'armée, sont chargés, chacun en ce qui le concerne, de l'exécution du présent ordre.

» NAPOLÉON. »

Au comte Daru.

« Monsieur le comte Daru, une des premières opérations de la campagne, qui probablement commencera du 15 au 20 août, sera le ravitaillement des places de Stettin et Custrin ; je désire que vous me dressiez l'état de tout ce qui manquera au 1er. septembre à ces deux places, pour pouvoir les réapprovisionner, proportionnément à la garnison qu'elles ont, jusqu'au 1er. juin prochain. L'ordonnateur Daure fera ces états en deux parties. 1°. Ce qu'on embarquera à Glogau, et 2°. ce qu'on trouvera dans les environs de ces places. Pour les farines et blés, on embarquera à Glogau au moins la moitié du nécessaire, et l'on fera en sorte de se procurer le reste aux environs. Pour le riz, il faudra avoir à Glogau toutes les quantités nécessaires. Pour les légumes, on pourra les trouver autour des places ; les vins, les eaux-de-vie, les médicamens, il faudrait les avoir à Glogau, pour les embarquer sur l'Oder ; le bois, les fourrages, les avoines, la viande sur pied, on les trouverait à vingt lieues autour des places. Les viandes salées, il faudrait les avoir préparées à Glogau. Faites-moi donc un travail raisonné là-dessus, et fondé sur les derniers états de situation que vous avez reçus. Les effets d'habillement nécessaires, chemises, souliers, etc., seront embarqués à Glogau. Dressez-moi un état d'après lequel on puisse voir clairement tout ce qu'il y a à réunir à Glogau et à y tenir prêt à être embarqué, pour descendre l'Oder jusqu'à Custrin et Stettin. Sur ce, je prie Dieu, etc.

» Napoléon. »

» Ce 17 juillet 1813. »

« Monsieur le comte Daru, les hôpitaux à Erfurth sont très-mal; il faut que vous y envoyiez des fournitures pour pouvoir y bien établir quatre mille malades. Il faut aussi que la garnison soit nourrie des magasins : car ce pays est écrasé et bien misérable. J'attends demain trois des principaux habitans avec lesquel je compte arranger les affaires d'Erfurth. J'ai ordonné que trois mille convalescens qui sont à Erfurth fussent dirigés, en cinq ou six bataillons de marche, sur Magdebourg où ils seront armés et habillés. Les magasins d'habillement ne contiennent encore rien à Erfurth. Quand donc commencera-t-on à former des magasins d'habillement dans ce pays ! Sur ce, je prie Dieu, etc.

» Napoléon.

» Mayence, le 27 juillet 1813. »

CHAPITRE XI.

Convention pour la prolongation de l'armistice. — Départ de l'empereur pour Mayence. — Retour à Dresde. — Lettre au grand-juge. — Correspondance avec l'archichancelier et le prince d'Eckmühl.

Dans l'acte relatif à l'acceptation de la médiation autrichienne, il était dit que l'empereur d'Autriche *se réservait de faire agréer à la Russie et à la Prusse* l'engagement convenu avec la France, de la prolongation de l'armistice jusqu'au 10 août, au lieu du 20 juillet. Cependant, malgré les assurances données à cet égard par le comte de Metternich, rien n'avait été préparé de la part de sa cour avec les souverains alliés. La convention de médiation qui stipulait cette clause était du 30 juin, et ce ne fut que le 12 juillet que le chef du cabinet de Vienne informa le ministre des relations extérieures de France de l'assentiment des deux cours de Pétersbourg et de Berlin. Elles avaient dû consulter le prince royal de Suède et les ministres anglais. Dans l'intervalle de ces démarches, les généraux Dumoustier et Flahaut, commissaires français à Neumarkt, pour l'armistice, d'après les ordres de Dresde avaient proposé aux généraux Schouwaloff et Kleist, commissaires pour la Russie et pour la Prusse, de signer une convention ou stipulation de cette prolongation ; ceux-ci déclarèrent n'avoir point reçu de pouvoirs pour une telle négociation, et référèrent de la proposition des commissaires français au général en chef Barclay de Tolly. Ce général répondit le 16 juillet, de Reichembach :

« Messieurs,

» J'ai eu l'honneur de recevoir votre lettre, en date du 15 de ce mois, ainsi que le projet de convention qui s'y trouve joint. Je vois que deux difficultés en arrêtent la conclusion : la première est celle qui regarde le jour où les hostilités pourront recommencer. Comme j'ai reçu à cet égard, de S. M. l'empereur, avant son départ de l'armée, des ordres très-positifs, je ne puis que m'y conformer exactement ; nous ne saurions consentir à dépasser le terme du 10 août (n. st.), pour la reprise des hostilités, si les préliminaires de la paix n'étaient pas signés à cette époque. Les deux manières de rédiger ce qui concerne ce point sont, ou de stipuler ce qui est marqué dans l'article premier de notre projet, et de ne point faire mention de démarcation ; ou d'ajouter que l'on s'oblige de dénoncer l'armistice le 4 août (n. st.), pour pouvoir recommencer les hostilités le 11 août (n. st.), c'est-à-dire que, *passé le moment de minuit entre le* 10 *et le* 11, *l'armistice aura cessé*, et que l'on sera en droit d'agir hostilement. Je ne suis point le maître de rien changer à ceci, fût-ce même mon désir, *comme ce ne l'est pas ;* en conséquence, il est inutile de revenir sur ce point, etc. »

Le général Barclay avait raison ; il s'en tenait à ses instructions, qui n'étaient point pacifiques. Aussi, les réponses que le comte de Metternich reçut de MM. de Nesselrode et de Hardenberg, relativement à la prolongation de l'armistice, lui déclaraient *que, ce n'était qu'afin de donner à S. M. l'empereur d'Autriche une nouvelle preuve de leur confiance et de leur condescendance que LL. MM. russe et prussienne consentaient à admettre cette proposition.* Ainsi, chaque démarche que faisait Napoléon pour faciliter les moyens de se rapprocher, en donnant le temps de se parler, était reçue de mauvaise grâce par les alliés ; et l'avantage qu'il avait recherché, en stipulant le 30 juin pour cette prolongation, était entièrement détruit par le fait des alliés, puisqu'ils prolongèrent leurs retards jusqu'au 26 juillet, où enfin parut la convention de Neumarkt. Il n'y avait donc que quinze jours pour traiter de la paix du 26 juillet au 10 août, tandis que si cette prolongation n'avait pas eu lieu, il y en avait vingt, du 30 juin, époque de la signature de la convention de médiation, au 20 juillet, époque de la dénonciation de l'armistice.

La convention de Neumarkt fut connue de l'armée par l'ordre du jour.

Ordre du jour.

« Les puissances belligérantes, ayant jugé nécessaire de prolonger l'armistice conclu à Plesswitz le $\frac{23\ mai}{4\ juin}$, ont nommé à cette fin pour leurs plénipotentiaires :

» M. le baron Dumoustier, etc.
» M. le baron de Flahaut, etc.
» M. le comte de Schouwaloff, etc.
» M. le comte de Krusemarck, etc.

» Après avoir échangé leurs pleins-pouvoirs à Neumarkt, en Silésie, $\frac{15}{26}$ juillet 1813, sont convenus des articles suivans :

» Article premier. L'armistice signé à Plesswitz est prolongé jusqu'au $\frac{29\ juillet}{10\ août}$.

» Art. II. Aucune des parties contractantes ne pourra dénoncer l'armistice avant ladite époque.

» Art. III. Si, ce terme expiré, l'armistice est dénoncé par l'une d'elles, elle en fera, six jours d'avance, la notification au quartier-général de l'autre partie.

» Art. IV. Les hostilités ne pourront en conséquence recommencer que six jours après la dénonciation de l'armistice aux quartiers-généraux respectifs.

» Art. V. Ladite convention sera envoyée, par

des officiers français, à Stettin et Custrin ; et quant aux places de Dantzig, Modlin et Zamosck, les dépêches cachetées du major-général de l'armée française, et le traité de convention pour l'armistice, seront portés par un officier russe aux gouverneurs de Dantzig, Modlin et Zamosck, qui en rapportera les réponses cachetées dans huit jours.

» Art. VI. Quant aux difficultés sur la quotité des subsistances à fournir aux garnisons des places pendant la durée de la prolongation de l'armistice, on convient de s'en référer de part et d'autre aux plénipotentiaires des puissances belligérantes, à Prague, sous la médiation de l'Autriche, et en prenant pour base ce qui s'est pratiqué en pareille circonstance.

» Art. VII. Toutes clauses et conditions de la convention de Plesswitz seront exécutées pendant la prolongation de l'armistice telle qu'elle est réglée ci-dessus.

» Fait et arrêté le présent acte en sept articles et en double expédition, les jour, mois et an que dessus ;

» *Signé*, le comte DE SCHOUWALOFF, KRUSEMARCK, B. DUMOUSTIER, B. de FLAHAUT.

» Pour ampliation :

» Le prince vice-connétable, major-général,

» *Signé*, ALEXANDRE. »

Ainsi Napoléon était déjà puni d'avoir accepté, malgré une répugnance qui lui semblait invincible à lui-même, la médiation de l'Autriche, puisque, sous la protection, ou plutôt sous la garantie de cette médiation, il venait d'éprouver de la part des alliés une opposition qui avait duré vingt jours. Mais ce n'était pas le seul désagrément qu'il eût déjà supporté. Dès le début de l'armistice, il avait pu être choqué du choix que l'empereur Alexandre avait fait pour son plénipotentiaire à Prague de M. d'Anstett, négociateur obscur, qui n'était connu par d'autres titres diplomatiques que par des agences secrètes, par la convention de Varsovie avec le prince de Schwartzenberg et par le traité récent de Reichembach avec l'Angleterre. Il y avait encore une raison de rejeter M. d'Anstett ; elle était prescrite par les lois. Il était Français, et le décret du 26 août 1811, article 20, déclarait, que *les Français au service d'une puissance étrangère ne pourraient servir comme ministres plénipotentiaires dans aucun traité, où nos intérêts pourraient être débattus.* Sans doute il n'y avait point de motif aussi grave de refus pour M. de Humboldt, négociateur prussien ; mais aucun de ces deux plénipotentiaires, d'après les convenances diplomatiques, ne pouvait prendre rang avec deux personnages aussi considérables à la cour de France, que l'étaient le duc de Vicence, l'un des grands officiers de la couronne, récemment ambassadeur en Russie, et le comte de Narbonne, aide-de-camp de l'empereur, actuellement ambassadeur à Vienne. Sous ce point de vue, qui devait particulièrement fixer l'attention de la cérémonieuse Allemagne, cette patrie de l'étiquette, les souverains de Russie et de Prusse voulurent probablement donner à l'empereur des Français une preuve publique d'une sorte de déconsidération. Napoléon fut au moment de rejeter ces deux plénipotentiaires ; on peut croire qu'il sentit vivement ce manque de procédé à son égard, quand, trois fois vainqueur, c'était lui qui avait demandé l'armistice et la convocation d'un congrès. Mais il voulut encore faire ce sacrifice à la paix, qu'il espérait voir se négocier à Prague, et se contenta seulement de n'envoyer d'abord qu'un de ses plénipotentiaires, le comte de Narbonne, que sa qualité d'ambassadeur appelait naturellement à être plus voisin de l'empereur d'Autriche, et il retint près de lui le duc de Vicence, jusqu'à ce que les difficultés apportées par les alliés pour la convention de prolongation de l'armistice fussent enfin aplanies. Le duc de Vicence partit pour Prague le 26 juillet, jour de la signature de cette convention.

Cependant Napoléon ne peut voir que de nouveaux gages d'hostilités dans tout ce qui se passe relativement à la prolongation de l'armistice. Il est instruit de plus qu'aux conférences de

Trachenberg, quartier-général de l'empereur de Russie, l'Autriche, non contente des engagemens qu'elle a pris à Reichembach, vient encore d'en contracter de nouveaux avec la confédération. Le système de déception de cette puissance, qui venait de lui être suffisamment dévoilé par le retard de trois semaines apporté à la conclusion de la dernière convention, sans laquelle il était impossible d'ouvrir la négociation de la paix, se développait de plus en plus à ses yeux, et il ne lui restait plus d'autre parti à suivre, que celui dont l'exemple lui était donné par l'Autriche elle-même et par ses nouveaux alliés, c'est-à-dire, de se préparer à la guerre, sous le voile d'un congrès. Le congrès lui-même avait déjà été frappé d'inertie à Prague, où la présence du comte de Narbonne, revêtu de pouvoirs suffisans pour négocier, n'avait eu aucun résultat. Napoléon, jugeant donc sa présence moins utile à Dresde depuis le départ de M. de Metternich, et pendant la stagnation imprimée par une perfide politique aux intérêts de la pacification de l'Europe, partit le 10 de cette ville pour aller se montrer à ses troupes. Dans une course de cinq jours il visita Torgau, Wittemberg, Dessau, Magdebourg, Leipsick. A Torgau, il passe en revue une nouvelle division d'infanterie saxonne, commandée par le général Lestocq. Il est loin de croire que ces troupes, que leur souverain envoie sous ses aigles, sont les alliés cachés des ennemis du roi de Saxe, qui sont les siens. A Magdebourg il fait défiler devant lui l'armée du général Vandamme, dont la valeur ambitieuse récemment excitée encore par la prise de Hambourg peut devenir fatale à ses armes. Enfin à Leipsick, en voyant la cavalerie du duc de Padoue, il peut craindre que le courage qui brille dans les regards de ces jeunes soldats ne puisse compenser ce qui manque à leur nombre et à leur expérience. Il revient à Dresde et en repart bientôt pour aller visiter en Lusace le maréchal Oudinot, et examiner les positions militaires où ses troupes sont cantonnées. De Luckau il court à Luben, de Luben à Hepswerda; il est de retour à Dresde dans la nuit du 21 au 25 juillet.

Instruit du départ de l'impératrice pour Mayence, l'empereur part de Dresde le 23. Le 29 il écrivit de Mayence au duc de Vicence.

« Monsieur le duc de Vicence, le duc de Bassano me mande que vous êtes arrivé le 27 à Prague. Je vous expédie un officier d'ordonnance pour vous donner de mes nouvelles. Je compte être le 5 à Dresde, et probablement le 2 à Bareuth. Le duc de Dalmatie est entré en Espagne le 24 à la tête de son armée, qui est de près de cent mille hommes, et pourvue d'une nombreuse artillerie. Il marchait sur Pampelune pour débloquer cette place. les Anglais se retiraient et étaient surpris de ce prompt mouvement, auquel ils étaient loin de s'attendre. J'attends la nouvelle qu'il a forcé les Anglais à lever le siége de Pampelune, ou qu'il y a eu une bataille. *Ceci est pour votre gouverne.* »

Ce qui voulait dire que le duc de Vicence devait parler dans ce sens à Prague; car l'empereur, qui connaissait bien la position où la défaite de Vittoria avait placé les Anglais et sa propre armée, s'était contenté de prescrire au maréchal de défendre les portes des Pyrénées, en lui recommandant de conserver Pampelune et Saint-Sébastien. C'était aussi pour atteindre le même but qu'il avait ordonné au maréchal Suchet d'évacuer Valence et les places fortes, et de se replier sur cette barrière que la nature avait élevée pour défendre l'intégrité des deux pays.

La lettre de l'empereur continuait ainsi :

« Du 15 au 30 août, douze mille hommes de cavalerie arrivent à Mayence. Ce sont de vieux soldats ; les ayant tirés de l'armée d'Espagne, où je les ai remplacés par un égal nombre de nouveaux cavaliers. Ces hommes de vieille cavalerie ne peuvent être en ligne que vers le milieu de septembre. Je les regarde comme un renfort réel. Comme le temps approche de la dénonciation de l'armistice, puisque vous ne recevrez vraisemblablement cette lettre qu'au 2 août, votre langage sur cet objet doit être simple. *Si l'on veut continuer l'armistice, je suis prêt ; si l'on veut se battre, je suis prêt.* Vous connaissez assez ma position actuelle pour savoir que je me suis mis en mesure *même contre les Autrichiens.* Ainsi, si la Russie et la Prusse veulent recommencer les hostilités, TOUT EN NÉGOCIANT, les chances ne pourraient que m'être favorables, d'autant plus que les armées que j'ai destinées à observer l'Autriche resteraient en observation sur mes derrières, et me mettraient en garde contre les caprices et le changement de système de l'Autriche.

» Sur ce, je prie Dieu, etc.

» NAPOLÉON.

» Mayence, le 29 juillet 1813. »

Ainsi, Napoléon jugeait, d'après l'attitude des alliés et d'après le rôle que l'Autriche venait d'adopter, qu'il ne pouvait plus songer à négocier que les armes à la main : peut-être cette manière de traiter était-elle celle qu'il préférait. Mais il en avait reçu la nécessité de ceux même à qui il avait proposé la paix après ses victoires, et de celui surtout qui s'en était constitué le médiateur.

Le 3 août, l'empereur fut de retour à Dresde. Le lendemain, une affaire d'une grande importance lui fut présentée. La lettre qu'il s'empressa d'écrire au grand-juge rappellera au lecteur le procès de la ville d'Anvers contre les agens de son octroi, le jugement inique que la déclaration du jury fit rendre aux assises de Bruxelles, et la justice que Napoléon fit rendre aux condamnés. Cette lettre est aussi remarquable par sa nature, et eu égard aux circonstances dont ce prince était accablé, que celle qu'il avait écrite le 8 juillet au prince archichancelier, pour protéger un fournisseur de sa maison contre l'arbitraire du ministre de la police. Ici, le cas est plus grave : il s'agit de casser un jugement et un jugement par jury ; la cause aussi est plus élevée : c'est une grande ville de commerce qu'il veut défendre contre les propres agens de son administration.

Lettre de Napoléon au grand-juge.

« Monsieur le duc de Massa, notre grand-juge ministre de la justice, nous avons appris avec la plus grande peine la scène scandaleuse qui vient de se passer à Bruxelles, aux assises de la cour impériale. Notre bonne ville d'Anvers, après avoir perdu plusieurs millions par la déprédation publique et avouée des agens de l'octroi, a perdu son procès et a été condamnée aux dépens. Le jury, dans cette circonstance, n'a pas répondu à la confiance de la loi ; et plusieurs jurés, trahissant leur serment, se sont livrés publiquement à la plus honteuse corruption. Dans cette circonstance, quoiqu'il soit dans nos principes et dans notre volonté que nos tribunaux administrent la justice avec la plus grande indépendance, cependant, comme ils l'administrent en notre nom et à la décharge de notre conscience, nous ne pouvons pas ignorer et tolérer un pareil scandale, ni permettre que la corruption triomphe et marche tête levée dans nos bonnes villes de Bruxelles et d'Anvers.

» Notre intention est qu'à la réception de la présente lettre vous ayez à ordonner à notre procureur impérial près la cour de Bruxelles de réunir les juges qui ont présidé la session des assises, et de dresser procès verbal en forme d'enquête de ce qui est à leur connaissance, et de ce qu'ils pensent relativement à la scandaleuse déclaration du jury dans l'affaire dont il s'agit. Notre intention est que vous fassiez connaître à notre procureur impérial près la cour de Bruxelles, que les jugemens de la cour, rendus en conséquence de ladite déclaration du jury, doivent être regardés comme suspendus; qu'en conséquence les prévenus doivent être remis sous la main de la justice, et le séquestre réapposé sur leurs biens. Enfin, notre intention est qu'en vertu du § IV de l'art 55, du tit. V des constitutions de l'empire, vous nous présentiez, dans un conseil privé, que nous autorisons à cet effet la régente, notre chère et bien-aimée épouse, à présider, un projet de sénatus-consulte pour annuler le jugement de la cour d'assises de Bruxelles, et envoyer cette affaire à notre cour de cassation, qui désignera une cour impériale par-devant laquelle la procédure sera recommencée et jugée, les chambres réunies et sans jury. Nous désirons que, si la corruption est active à éluder l'effet des lois, les corrupteurs sachent que les lois, dans leur sagesse, ont su pourvoir à tout. Notre intention est aussi que vous donniez des instructions à notre procureur impérial, qui sera, à cet effet, autorisé par un article du sénatus-consulte, pour qu'il poursuive ceux des jurés que la clameur publique accuse d'avoir cédé à la corruption dans cette affaire. Nous espérons que notre bonne ville d'Anvers sera consolée par cette juste décision souveraine, et qu'elle y verra la sollicitude que nous portons à nos peuples, même au milieu des camps et des circonstances de la guerre.

» Sur ce, nous prions Dieu qu'il vous ait en sa sainte et digne garde.

» NAPOLÉON.

» Donné en notre quartier impérial de Dresde, ce 4 août de l'an 1813. »

L'achèvement des importans travaux de Cherbourg touchait à son terme. Napoléon, dans le dessein de donner à l'attention publique une heureuse diversion, en la rattachant aux bienfaits de son règne, voulut consacrer, par la présence de l'impératrice régente, cette belle opération protectrice du commerce et de la marine militaire. En conséquence il écrivit au prince archi-chancelier :

« Mon cousin, je verrais avec plaisir que l'impératrice allât à Cherbourg, d'abord pour jouir du beau spectacle de l'introduction de la mer dans le bassin, ensuite pour donner de la solennité à cette opération. Le ministre de la marine pourrait précéder l'impératrice à Cherbourg pour préparer sa réception et les moyens de l'amuser pendant son séjour.

» L'impératrice partirait le 17 ou le 18, et l'opération pourrait avoir lieu pour le jour de sa fête. Les principales autorités du département s'y trouveraient et un spectacle aussi intéressant ne manquera pas d'attirer un grand concours de curieux. Faites mettre dans les journaux tous les détails du voyage de l'impératrice à Mayence et de son retour. Cela ne peut être que d'un bon effet. Sur ce, je prie Dieu qu'il vous ait en sa sainte et digne garde.

» NAPOLÉON.

» Dresde le 7 août 1813. »

Les grands intérêts de sa gloire ou de sa politique se retrouvaient également satisfaits dans l'intérêt qu'il accordait aux familles des militaires qu'il avait perdus; il s'en regardait comme le tuteur naturel : c'était pour leurs enfans qu'il avait fondé les beaux établissemens de Saint-Denis et de La Flèche. Il se croyait obligé à des soins plus particuliers, quand ces enfans appartenaient aux généraux qui avaient été ses premiers amis, et qui avaient constamment partagé sa gloire et ses périls. Au lit de mort du général Duroc, il avait pris l'engagement de servir de père à sa fille. A Dresde, il s'occupe des enfans qu'ont laissés le duc d'Istrie, tué sous ses yeux à Weissenfels, et le duc d'Abrantès, Junot, le sergent du siége de Toulon, gouverneur-général de l'Illyrie, qui vient de lui être enlevé par une maladie violente. Il écrit au prince archichancelier :

« Mon cousin, le ministre de la police m'a écrit relativement aux affaires de la succession des ducs d'Istrie et d'Abrantès. Je désire que vous vous entendiez avec lui à ce sujet. Je voudrais, pendant la minorité, aider à la liquidation de l'une et de l'autre. Sur ce, etc.

» Napoléon.

» Dresde, le 7 août 1813. »

Le moment de la fête de Napoléon approchait. Cette occasion lui paraît favorable pour donner à ses armées un témoignage particulier de sa bienveillance ; mais, comme le terme fatal de l'armistice est fixé au 10, et que le jour de sa fête est le 15, il ne veut pas que ses soldats puissent perdre l'avantage qui en paix comme en guerre a toujours résulté pour eux de cette solennité. En conséquence, par ses ordres, le ministre de la guerre écrit circulairement à tous les corps d'armée et particulièrement au prince d'Eckmühl :

« Je vous préviens, prince, que, vu les circonstances, la fête de l'empereur sera célébrée le 10 août; à cet effet sa majesté ordonne qu'une gratification de vingt sous sera donnée à chaque sous-officier et soldat. Vous prendrez des mesures pour que cette gratification soit payée le 9. Cette somme servira à faire un repas extraordinaire. On donnera double ration de pain, de riz, d'eau-de-vie et de viande à la troupe. L'empereur désire que vous donniez des ordres pour que chaque général de division invite à une seule table tous les officiers de sa division. Vous tiendrez vous-même la table de la division où vous serez. Sa majesté accorde à cet effet, indépendamment des doubles rations de vivres, six francs par tête. La somme sera donnée en bloc, et vous la ferez mettre à la disposition des différens généraux de division. Sa majesté désire aussi que l'on chante un *te Deum* dans tous les camps; que le soir il y ait une grande illumination; que l'artillerie tire des feux d'artifice, enfin vous ferez tout ce qui est convenable pour célébrer ce jour si cher aux Français, égayer le soldat, et faire effet sur les peuples alliés. Les troupes alliées recevront la gratification comme les autres. Il sera convenable que la table des officiers soit en plein air, et se tienne à la même heure que celle des soldats. Les toasts seront appuyés par des salves de cent coups de canon. Dans les pays alliés, on invitera les autorités du pays, et les principaux habitans, et même dans les pays ennemis on pourra inviter également les autorités, et ceux des principaux habitans dont on serait content. Dans les lieux où cela sera possible, les généraux donneront un bal. Le soir il y aura des manœuvres ; on tirera au lieu de cartouches des artifices qui seront d'un meilleur effet. Les opérations militaires, et la dénonciation de l'armistice, qui peut avoir lieu le 10, sont les raisons pour lesquelles la célébration de cet aniversaire a été avancée du 15 au 10.

» Le prince vice-connétable major-général,

» ALEXANDRE.

» Dresde, le 4 août 1813. »

Les deux dépêches suivantes, et notamment la dernière, seront appréciées par les hommes de guerre. Dans celle-ci ils remarqueront tout ce que la prévoyance et la science militaire pouvaient conseiller à ce grand capitaine. Cette dictée est précieuse, non-seulement en ce qu'elle présente d'une manière claire et convaincante le résumé de tous les ordres antérieurs et le complément d'instructions nécessaires au plan invariablement adopté par Napoléon, mais encore en ce qu'elle ne permet point de douter que le succès le plus brillant, qu'un succès décisif ne couronne cette grande combinaison, à laquelle il a donné toute sa méditation et tous ses soins, si le duc de Reggio à la tête de ses quatre-vingt mille hommes parvient à occuper Berlin. Ce maréchal doit marcher le 16 : le troisième ou le quatrième jour, le 20 ou le 21, il doit être à Berlin. Les levées en masse de l'ennemi seront promptement dissipées. Le prince royal de Suède, placé entre les deux maréchaux, devra diviser ses forces et être battu en détail. La campagne du nord de l'Allemagne ainsi commencée ralliera bientôt les soixante mille auxiliaires qui attendent de la réunion des deux maréchaux le débloquement des places de l'Oder et des places de la Vistule. Ces villes sont prévenues qu'elles doivent tenir jusqu'au dernier moment. Cette opération, qui paraît si simple, et qui n'a besoin pour la grande armée du duc de Reggio, que de promptitude et d'ensemble, est donc infaillible. Elle est le nœud principal de la campagne de Napoléon, devant lequel tomberont bientôt les espérances et les engagemens politiques des confédérés, aussitôt que ses aigles se seront montrés sur la Vistule. Du côté de la Bohème, Napoléon est tranquille. Il oppose quatre corps d'armée aux cent cinquante mille hommes que l'Autriche y a rassemblés. Vandamme commande le premier corps, le maréchal Saint-Cyr le quatrième, le prince Poniatowsky le huitième, il est à Zittau, et le troisième corps de cavalerie est sous les ordres du duc de Padoue, à Leipsick. Quatre autre corps menaceront Vienne, en Italie celui du vice-roi, en Allemagne, l'armée bavaroise, le neuvième corps commandé par le maréchal Augereau, et la cavalerie du général Milhaud. L'empereur est rassuré contre l'invasion anglo-hispano-portugaise. Le maréchal Soult est son généralissime aux Pyrénées, et le vainqueur de Murray et de Bentinck, le maréchal Suchet, concentre en Catalogne son invincible armée. Trente mille conscrits du midi vont grossir les forces des deux maréchaux : c'est pour leurs foyers qu'ils vont combattre sous des chefs de la plus haute illustration : la défense nationale est confiée à leur valeur domestique. L'armée est bien jeune, disent la plupart des généraux français à Dresde et dans les cantonnemens de l'Allemagne. Cela est vrai ; mais ce qui est vrai aussi, c'est que toutes les fois qu'ils ont été commandés par Napoléon en personne, ces jeunes conscrits, ces enfans de la campagne, ont été victorieux. Napoléon doit croire qu'ils le seront également sous ses lieutenans. C'est dans cette généreuse confiance, qu'il accepte à la fois la guerre et la négociation. La bataille de Berlin et celle qu'il gagnera en personne vont décider le procès de la sixième coalition, à moins qu'une dernière démarche politique, qu'il médite, ne fasse tout à coup tomber les armes de ses mains et de celles des rois alliés. *Si on veut prolonger l'armistice, je suis prêt; si on veut commencer les hostilités, je suis prêt.* Et en effet, il l'était, et il devait croire en ses généraux, tous vieux compagnons de sa gloire militaire, autant qu'il croyait en lui-même et en ses soldats.

Au prince d'Eckmühl.

« Mon cousin, l'armistice sera dénoncé le 10; les hostilités recommenceront donc le 16; je crois vous en avoir déjà prévenu. Il est important que vous n'ayez rien en marche, après le 16, de Mayence à Hambourg, et de Hambourg à Mayence, et de bien veiller à votre ligne d'étapes de Wésel à Hambourg, afin qu'il n'y ait rien de pris par les partisans. Je vous ai déjà mandé de réunir toutes vos troupes disponibles, ainsi que les Danois, de manière à avoir un corps de trente mille hommes en avant de Hambourg, pour prendre l'offensive sur l'ennemi; *mon intention est de faire marcher soixante mille hommes par Luckau sur Berlin, ce qui, avec votre corps, fera près de cent mille hommes.* On dit que le prince royal commande le corps de Bulow. Son premier soin sera sûrement de défendre Berlin. *Le duc de Reggio y sera le troisième jour après l'expiration de l'armistice.* Faites diversion de bonne heure, avec votre armée, en menaçant de vous porter sur le

Mecklembourg et sur Berlin. Répondez-moi à cela par mon officier d'ordonnance, et envoyez-moi par lui, 1°. la situation de l'artillerie de campagne ; 2°. la situation de l'artillerie de siége et de son armement ; 3°. la situation de toutes les fortifications ; 4°. la situation de chacune de vos divisions ; 5°. la situation des remontes, harnachemens, etc. ; 6°. la situation du corps danois ; 7°. la situation de la marine, etc. ; enfin faites-moi connaître ce que tout cela aura d'accroissement ainsi que la position au ⬛ août. Il ne faut pas s'arrêter à de petites considérations. Il faut éviter un échec, et en ayant l'air d'envoyer ces colonnes mobiles sur les rives de l'Elbe, à l'expiration de l'armistice, que tout cela soit replié sur Hambourg afin de centraliser vos forces. Si Cuxhaven est en état de défense, il faut l'armer et y mettre une garnison. Faites-moi savoir par mon officier d'ordonnance quels sont les postes que vous occupez. Sur ce, etc.

» Napoléon.

» Dresde le 7 août 1813. »

« Mon cousin, je reçois votre lettre du 5 août. Je me suis fait rendre compte de ce qui est relatif à vos compagnies d'artillerie à cheval ; vous devez effectivement n'en avoir que deux. Il n'y a aucune espèce de doute que l'ennemi dénoncera l'armistice le 10, et que les hostilités commenceront le 16 ou 17. Vous pouvez donc compter là-dessus. Je vous ai dit de réunir toutes vos troupes sur la rive droite ; cela me paraît de la plus grande nécessité, afin de prendre l'offensive, et de tenir un corps égal en échec devant vous. Tous les renseignemens m'apprennent que le prince royal de Suède commandera dans cette partie et même à Berlin. Je vous ai déjà fait connaître *que le duc de Reggio avec le général Vandamme, le général Reynier et le duc de Padoue, ce qui fera une armée de près de quatre-vingt mille hommes, débouchera par Luckau et Bareuth, le jour de la rupture de l'armistice, pour être en trois ou quatre jours à Berlin.* Vous sentez qu'il est nécessaire que toutes les forces qui se trouvent sous les ordres du prince royal, savoir, l'armée suédoise, le troisième corps de l'armée prussienne commandé par Bulow, enfin, le corps auxiliaire à la solde de l'Angleterre, et la division russe, ne puissent pas se porter tout entières à la rencontre du corps qui débouchera par Luckau. Il faut les obliger à tenir un corps de trente mille hommes vis-à-vis de vous ; et ils se trouveront dans cette obligation s'il vous voient le 10 prêt à prendre l'offensive. Le 12, ayez vous-même votre quartier-général une lieue en avant de Hambourg ; que les portes de Hambourg soient fermées à tout votre état-major, et que toutes vos troupes, infanterie, cavalerie et artillerie, soient prêtes à déboucher. Vous déboucherez effectivement si vous vous trouvez supérieur, ou vous aurez pris une bonne position qui couvrira Hambourg, si l'ennemi se trouvait supérieur. Vous aurez soin de poursuivre vivement l'ennemi, afin de menacer les Suédois de leur couper la Poméranie et de les obliger d'y entrer. Sur cet ordre que je vous ai déjà donné plusieurs fois, vous faites l'objection que l'ennemi pourra donc passer l'Elbe et ravager le pays. Il n'y a pas de remède à cela. Je ne vous crois pas assez égal en cavalerie pour pouvoir vous y opposer avec avantage ; mais il faut que toutes les fois que les partisans passeront entre Hambourg et Magdebourg, ou entre Magdebourg et Dresde, ils ne trouvent rien à prendre à l'armée ; qu'ils ne trouvent à piller que le pays. Je pense qu'il faut replier l'artillerie qui est dans vos différens parcs, puisqu'elle pourrait y être compromise. Vous proposez d'avoir deux à trois mille hommes d'infanterie, un millier de chevaux et cinq à six pièces d'artillerie légère manœuvrant entre Haarbourg, Lunebourg et Verden. Cela me paraît fort sage et sans inconvénient. Ce corps n'ayant aucun embarras pourra promptement se replier sur Haarbourg et venir vous rejoindre s'il a affaire à des troupes par trop considérables. Mais si vous aviez poussé l'ennemi, il passerait l'Elbe à Domitz et viendrait encore vous rejoindre. Non-seulement cette colonne sera utile, mais elle est même indispensable. Il est possible que l'ennemi attende pour passer l'Elbe avec des forces raisonnables qu'il ait pu vous rejeter dans Hambourg. Dans ce cas, ce corps sur la rive gauche menacerait l'ennemi. Si, au contraire, l'ennemi fait passer l'Elbe à des forces égales aux vôtres, vous aurez affaibli votre corps principal, mais l'ennemi se sera affaibli dans la même proportion. Je vous ai dit de veiller à ce que de tous les convois qui viennent à Hambourg, il n'y en ait aucun de pris. Vous saisissez mal ce que je veux vous dire, et vous me répondez qu'il est difficile de garder tout l'Elbe. Je vous répète que mon intention n'est pas de garder tout l'Elbe. L'ennemi a trop de mauvaises troupes dont il fait peu de cas pour une affaire générale, et qu'il sait lancer en partisans pour piller ou pour faire insurger ; mais le moyen de ne rien perdre, c'est de ne rien avoir. Les convois qui se dirigent sur Hambourg viennent de Wésel ou de Magdebourg. Écrivez au général Lemarrois qu'à dater de la reprise des hostilités on n'expédie plus aucun convoi pour Hambourg, et pressez l'arrivée de ceux qui sont en route. Donnez ordre également qu'on arrête à Brême tous les bataillons de marche, tous les hommes à pied de cavalerie, tous les convois d'artillerie, tous les convois quels qu'ils soient qui seraient en route pour se rendre à Hambourg après l'armistice. Que le commandant de la ville de Brême les garde pour la défense de la ville, et qu'il ne vous envoie des convois que lorsqu'il pourra réunir trois ou quatre mille hommes pour leur escorte, et que la situation des choses rassurera d'ailleurs sur l'arrivée de ces convois. Ainsi je ne prétends pas que vous défendiez tout l'Elbe, mais qu'à l'expiration de l'armistice vous n'ayez en route aucun convoi ou détachement d'hommes à pied de cavalerie, d'équipages militaires ou d'infanterie sur les communications de Brême à Hambourg, et de Magdebourg à Hambourg, qu'il n'y ait que les estafettes et la poste qui passent; qu'enfin on ne communique, comme cela doit toujours se faire pour les transports et les convois en temps de guerre, que sous des escortes d'une force suffisante pour résister aux partisans. Faites parcourir par des officiers de gendarmerie les différentes routes par où viennent les convois, pour qu'au moment de la rupture, il n'y ait rien en marche, et que rien ne soit compromis. Je suppose que maintenant vous comprenez bien mes intentions, et que vous allez agir en conséquence; prenez les mêmes soins pour les convois d'argent. Il faut qu'à dater du 10 au 12 août il ne parte aucun convoi d'argent sans un ordre spécial de vous, et que de Wésel à Hambourg, de Magdebourg à Hambourg, et de Hambourg à Magdebourg, il ne se trouve aucun convoi d'argent. Lorsque les quinze premiers jours de la campagne seront passés, on verra la situation des choses et les mouvemens qu'il sera convenable d'autoriser. Écrivez à Wesel, à Brême, à Magdebourg, à Osnabruck, à Hanovre, à mon ministre, à Cassel, pour que tout cela soit ainsi organisé. L'officier d'ordonnance que je vous ai expédié m'apportera la situation de tout votre corps. Je désire surtout la situation de votre cavalerie. Votre cavalerie consiste, 1°. dans une brigade composée du vingt-huitième de chasseurs et d'un régiment lithuanien. Qu'est-ce que ces régimens auront au 16 août à cheval, et en état de se battre? Qu'est-ce qu'ils ont à pied à Hambourg? Combien ont-ils de selles et de chevaux? Que leur manque-t-il pour être entièrement montés? Les colonels, major et cadres du vingt-huitième sont-ils arrivé, ou quand arriveront-ils? quand les différens détachemens qui doivent compléter ces régimens arriveront-ils? Cela doit former douze cents hommes. 2°. Vous avez un régiment de marche de troupes légères, dragons et cuirassiers, qui vous a été envoyé par le général Bourcier : ce régiment doit être de douze cent cinquante hommes. Quelle est sa composition, sa situation en officiers, soldats, chevaux et selles? Il me semble que vous m'avez mandé que ces douze cents hommes étaient montés. Le ministre de la guerre vous a envoyé les quatrièmes escadrons de cuirassiers à pied, formant trois régimens qui composent la brigade des cuirassiers de Hambourg. Combien y aurait-il d'hommes d'arrivés au 16 août? où seront les autres? veillez à ce qu'il ne reste sur les routes personne que l'ennemi puisse enlever. Combien y a-t-il de chevaux? combien de selles? quand tous ces hommes seront-ils montés? 3°. enfin le général Bourcier a dirigé sur Hambourg, sur la demande que vous lui en avez faite, mille hommes à pied de cavalerie. Faites-moi connaître s'ils seront arrivés le 16, et quand ils seront montés. Le total de tout ceci vous ferait six mille cinq cents hommes. D'après les renseignemens que vous m'avez donnés, je suis fondé à penser que vous aurez quatre mille hommes montés et dans le cas de se battre au 16 août, ce qui, avec les Danois, vous fera six mille cavaliers. Vous en aurez en outre deux mille cinq cents à pied qui, pouvant faire le service de Hambourg, et étant exercés au service du canon, vous permettront d'affaiblir d'autant la cinquantième division. *Cinquantième division.* Quelle sera la situation de cette division au 16 août? Le cinquième bataillon du trente-troisième léger sera-t-il arrivé? Les conscrits réfractaires de Flessingue seront-ils arrivés? ceux de Verceil seront-ils arrivés? Les troisièmes bataillons du troisième et du cent cinquième avec les conscrits réfractaires et les différens détachemens de Strasbourg y seront-ils arrivés? Où seront les autres détachemens qui ne soient pas arrivés à l'expiration de l'armistice? Prenez des mesures pour qu'ils ne soient pas compromis. Selon les données que j'ai, j'espère que la cinquantième division aura une force de neuf mille hommes au 16 août. Vous en pouvez laisser trois mille pour la garde de Hambourg, et employer six mille des meilleurs à augmenter votre corps actif. De cette façon vous auriez, 1°. à l'armée, la troisième division, la quarantième et cinquantième; ce qui vous ferait plus de vingt mille hommes et quatre mille de cavalerie, total vingt-quatre mille hommes, plus de dix mille Danois; en tout trente-quatre mille hommes. 2°. A Hambourg, deux mille cinq cents hommes de cavalerie à pied, cinq cents hommes d'artillerie, trois cents ouvriers de la marine, mille hommes d'équipages de la marine, cent cinquante gendarmes, sept à huit cents douaniers, et trois mille hommes de la cinquantième division; ce qui ferait plus de huit mille hommes à Hambourg. Vous aurez donc un total de près de quarante-cinq mille hommes; et, en admettant qu'il y ait quelque chose d'exagéré dans ce calcul, et que vous ne puissiez réunir que trente mille hommes actifs et que cinq mille hommes de garnison à Hambourg, ce qui suffirait pour cette ville pendant tout le temps que vous la couvrirez, cela ferait trente-cinq mille hommes, et vous devez en avoir quarante-cinq mille. Je vous envoie un général qui sort de la garde, et qui est bon : il vous servira pour remplacer le général Loison ou le général Thiébault. La cinquantième division a le général Vichery, qui peut marcher. Vous avez beaucoup de généraux de cavalerie, puisque vous avez le général Vattier et trois autres généraux. Faites-moi donc connaître, par le retour de l'estafette, et en détail, votre position, et faites dresser un état de la situation de vos affaires au 16 août, et pendant le reste d'août. Je suppose qu'avec les Danois vous aurez cent pièces de canon. Vous devez partir du principe qu'il est bon d'avoir un approvisionnement et demi-attelé, mais qu'un simple approvisionnement, à la rigueur, est suffisant, dès l'instant que vous avez à Hambourg des munitions pour les remplacemens. L'Autriche est contre nous. Cette puissance a trois cent mille hommes sur pied, effectif ; ce qui lui fournit une armée de cent vingt mille hommes qui marchera contre moi sur Dresde, une autre de trente mille contre la Bavière, enfin une troisième de cinquante mille contre le vice-roi, qui est à Laybach ; ce qui ferait deux cent mille hommes sous les armes, et ce qui suppose trois cent vingt à trois cinquante mille hommes effectifs. Quelque accroissement de forces que cela donne aux alliés, je me trouve en mesure d'y faire face. Mais vous devez sentir qu'il faut de l'énergie, et que si votre corps de trente mille hommes était disséminé et ne remplissait pas absolument son rôle, qui est de tenir un nombre supérieur en échec, cela compromettait toutes les affaires. *Mon projet est de faire marcher, comme je vous l'ai dit, vos trente mille hommes et les quatre-vingt mille du duc de Reggio, ce qui fait cent dix mille hommes, sur Berlin; cette force sera encore augmentée d'une colonne de six mille hommes, qui pourra sortir de Magdebourg.* Je compte que l'on sera à Berlin le quatrième jour, c'est-à-dire, le 20 ou le 21 ; et, s'il y avait une affaire où l'on pût battre l'ennemi, éparpiller le landwehr et désarmer le landsturn, cela me mettrait à même de vous envoyer sur Stettin poursuivre les Suédois, en vous augmentant au corps de Vandamme, et me permettrait de rappeler à moi, soit le corps du général Reynier, soit le corps du duc de Reggio, et me renforcerait ainsi de trente mille hommes contre la grande armée autrichienne et russe; ou bien, selon les circonstances, je vous laisserai tout ce monde *pour débloquer Custrin et Stettin, marcher sur Stettin, par là menacer de débloquer Dantzick*, et obliger les Russes à y courir en toute diligence, et à se détacher des Autrichiens. Il y a dans toute cette armée qui vous est opposée beaucoup de canaille, qui, une fois attaquée et battue, se dissipera, telle que la landwher, la légion anséatique, la légion de Dessau, etc ; de sorte que huit jours de campagne, même sans de grands succès, réduiront à moitié les troupes ennemies qui sont dans cette partie. Les circonstances sont fortes ; le rôle que vous avez à remplir est très-actif ; il faut surtout que vous menaciez de bonne heure, afin qu'on ne se tourne pas entièrement contre ce qui débouchera sur Berlin, *et qu'on ne vous néglige pas.* Je vous le répète ; aussitôt que vous saurez que l'armistice est dénoncé, sortez avec pompe de Hambourg; exigez que tout votre quartier-général en parte, et que vos troupes soient campées ou cantonnées suivant les maximes de la guerre. Sur ce, etc.

» Napoléon.

» A Dresde, ce 8 août 1813. »

CHAPITRE XII.

Congrès de Prague. — Déclaration de guerre de l'Autriche à la France. — Correspondance de Napoléon.

La découverte de la conspiration de Reichembach, mise en œuvre à Trachemberg et à Péterswaldad, avait enfin déchiré le voile qui dérobait encore aux yeux de Napoléon la perfidie de la maison d'Autriche. Ce prince en avait manifesté le ressentiment au comte de Metternich et avait ainsi, par un imprudent outrage, placé tout à coup le ministre du médiateur dans une hostilité légitime vis-à-vis de lui. A la suite de cette conférence de Dresde, où Napoléon n'avait eu pour réponse que le silence de M. de Metternich, l'acte de médiation avait eu lieu. Par cet acte, l'alliance avec l'Autriche avait été détruite. Cet acte lui-même n'était qu'un faux matériel entre les deux puissances; car, d'un côté, il était pour l'Autriche et ses nouveaux alliés la véritable garantie, le moyen authentique des engagemens secrètement contractés, et de l'autre, Napoléon, peu de jours après, gardait un silence absolu sur le médiateur, dans les pouvoirs de ses plénipotentiaires de Prague, ainsi qu'il l'avait fait, et alors avec raison;

dans ceux de ses plénipotentiaires de Plesswitz. Cependant c'était l'acte de médiation qui faisait ouvrir le congrès, dont la convocation était un article de cette convention. A chaque pas le cercle devenait plus vicieux, et les difficultés naissaient des stipulations. Les alliés voyaient et déclaraient voir un arbitre dans le médiateur, Napoléon ne lui accordait que l'influence d'un conciliateur désintéressé. Les intérêts opposés le voulaient ainsi. Les alliés l'emportèrent : car ils se tinrent toujours sur la ligne que le plan de campagne politique, arrêté à Trachemberg, avait établie. Ils venaient d'en donner une preuve désagréable à Napoléon dans la négociation de Neumarck, où ils n'avaient pas craint de déclarer, après un retard passablement injurieux, qu'ils ne consentaient à la prolongation de l'armistice, que par l'effet de leur condescendance pour l'Autriche. L'Autriche ainsi placée ne perdit pas un moment pour faire sentir à Napoléon qu'il n'était plus pour elle qu'un client, attendant les décisions d'un arbitre. M. de Metternich se souvint de l'injure de Dresde. Par la convention du 30 juin, qui avait prolongé l'armistice au 10 août, la réunion des plénipotentiaires avait été fixée au 5 juillet. Le 3, M. de Metternich avait proposé que la réunion n'eût lieu que le 8. Le 8, il l'avait ajournée au 12. Ainsi, sur les trente-cinq jours, sur ce faible espace de temps donné pour stipuler de la paix de l'Europe, le ministre du médiateur en avait arbitrairement retranché sept. Le 9, le comte de Narbonne, ambassadeur près la cour de Vienne, et plénipotentiaire au congrès, était allé se mettre à la disposition de l'empereur d'Autriche et de son ministre. Celui-ci avait répondu que son maître était incognito et en famille dans son château de Brandeis, et que M. de Narbonne était bien placé à Prague. Alors le comte de Narbonne continua à Prague sa mission, et demanda les réponses aux questions convenues. Dans l'intervalle eut lieu la négociation de Neumarck, où les alliés ne voulaient proroger l'armistice que jusqu'au 4 août; et, ce qu'ils voulaient encore, ce fut l'arbitrage de l'Autriche, qui le fit proroger jusqu'au 10. Cette affaire de Neumarck, difficulté créée à dessein par les alliés pour prendre encore sur le temps accordé pour la paix dont ils ne voulaient point, traîna en longueur jusqu'au 23 juillet. Il était donc impossible, avant que le terme de l'armistice ne fût décidé, de constituer légalement les plénipotentiaires dans leur mission. M. de Narbonne reçut cependant ses pouvoirs et ses instructions datés du 22; et d'ailleurs, en sa qualité d'ambassadeur, il avait titre suffisant pour négocier au moins avec le ministre de la puissance près laquelle il était accrédité. Mais son séjour à Prague, depuis le 9 juillet jusqu'au 29, date de la première note de M. de Metternich aux plénipotentiaires français, avait été totalement inutile et comme inconnu des plénipotentiaires russes et prussiens qui arrivèrent le 12, trois jours après M. de Narbonne. Le retard de l'arrivée du duc de Vicence, qui ne put partir de Dresde que le 26, avait été motivé par le duc de Bassano au comte de Metternich, sur ce que le grand-écuyer remplissait encore auprès de l'empereur, depuis la mort du duc de Frioul, les fonctions de grand-maréchal. On était donc au 29 juillet. On avait perdu, depuis le 5, vingt-quatre jours. Il n'en restait plus que douze pour décider de la paix du monde.

Telle est sommairement la première époque du congrès de Prague.

D'après cet état de choses, il n'y avait aucun prétexte plausible pour se jouer ainsi de l'Europe en ouvrant le congrès de Prague, qui s'annonçait pour n'être qu'une chambre ardente, où deux partis exhaleraient une haine qui ne pourrait être satisfaite que par un combat à outrance. Napoléon fut mal inspiré, quand il proposa l'armistice après Lutzen ; il le fut bien plus mal, quand, après Wurschen, il n'eut pas la pensée de le refuser à l'intervention dangereuse de M. de Stadion. Il eut aussi une illusion bien étrange, quand il crut qu'il pourrait traiter séparément avec l'empereur Alexandre, *et qu'une mission au quartier-général russe partagerait le monde en deux*. Mais son génie l'avait bien conseillé, après tant d'inutiles avances faites pour la paix, quand il s'obtinait à refuser d'accepter la médiation de l'Autriche. Ce refus, dont l'opiniâtreté fut blâmée alors, était le grand secret d'une haute pensée. Ce refus enlevait à l'Autriche le titre que lui avaient préparé ses ennemis. Il empêchait cette puissance d'être l'arbitre de la paix ou de la guerre. Il épargnait à la fierté de Napoléon de prendre une place de victime dans une conspiration, dont cette médiation était contre lui le gage officiel. Il savait bien que, depuis la trêve de Plesswitz, les provinces autrichiennes voisines des tentes ennemies servaient de magasins et de passage aux troupes qu'elles attendaient. A Dresde, désabusé qu'il était sur la possibilité de la paix par les dispositions signalées aux conférences de Plesswitz, il eût été de sa grandeur de suivre toute l'impulsion de sa volonté, de rompre cet infidèle armistice, où se cachait, depuis la lettre de M. de Stadion le pacte des trois puissances, de s'en rapporter à l'active correspondance du comte de Narbonne, qui, en huit jours, lui avait révélé les intelligences de l'Autriche avec la Russie, la Prusse et l'Angleterre, et enfin de monter à cheval, après avoir demandé à M. de Metternich, *combien l'Angleterre lui avait promis pour lui faire la guerre !*

Il était impossible de revenir de part et d'autre

sur une semblable parole ; et, malgré l'espèce de correctif qu'avait pu lui donner le ton avec lequel elle fut proférée, et cette sorte de coquetterie de repentir qui adoucit la suite de la conversation, Napoléon ne pouvait croire que cette parole fût tombée dans un terrain stérile : il devait donc rompre alors pour l'armistice et non pour la négociation.

Cette conduite eût épargné à l'Europe le spectacle, et à l'histoire le récit de cette détestable machination, qui donna le nom sacré de congrès, de réunion pour la paix, aux préparatifs d'un meurtre, où pendant sept mois coula le sang de trois à quatre cent mille hommes. Et qui sait si le refus de la médiation autrichienne n'eût pas rendu ce meurtre moins sanglant? Qui sait si l'Autriche, malgré les engagemens qui faisaient dire à M. de Metternich, qu'elle ne pouvait plus rester neutre, n'eût pas trouvé dans son intérêt de bonnes raisons, et dans sa mémoire plusieurs exemples, dont un bien récent, pour être, dans cette guerre encore obligée, une alliée presque invulnérable? Le Tugendbund prussien se recrutait en Allemagne des universités, mais l'Autriche se recrutait des cabinets, et elle avait deux cent mille hommes sous les armes. Elle était donc, en tout état de cause, la modératrice nécessaire des événemens, de ceux même d'une guerre acharnée. Elle était inévitable aux deux partis. Elle pouvait toujours choisir sa victime, ou arrêter le char de la destruction des hommes. Mais, sa médiation une fois reconnue par la France, elle était entraînée dans la carrière, où elle s'est précipitée. Cette condition conquise sur l'opiniâtreté pleine de raison de Napoléon, fut le piége le plus habile et le plus fatal que la politique anglaise, cachée à Prague sous un habit de voyage, ait tendu à l'indécision de l'Autriche et à la confiance de Napoléon dans son influence sur son beau-père.

Une telle question pourrait être prise encore de plus haut; mais il est temps de revenir au terre-à-terre de la politique du congrès de Prague, dont la dernière époque vient de commencer par les instructions du duc de Bassano et par la note du comte de Metternich du 29 juillet.

Les instructions du cabinet de France à ses plénipotentiaires ne se ressentaient nullement de la rigueur des circonstances où elles étaient données. Elles prescrivaient au début une discussion étudiée sur la remise des pouvoirs, sur la rédaction du protocole, sur le mode de négocier, même sur le cérémonial et sur la prééminence du rang; elles leur dévoilaient en outre des obligations à remplir, pour servir les intérêts d'une contre-politique qui éludait la médiation, et pour appuyer l'intention fortement exprimée de *punir le médiateur*. On trouve dans les instructions ces passages remarquables, écrits, on n'en peut douter, sous la dictée de Napoléon.

« Sa Majesté ne rejette pas la possibilité que de nouvelles circonstances, de nouvelles combinaisons ne le portent *à rentrer dans un système avec l'Autriche;* mais, dans la situation actuelle, telle n'est pas sa pensée.

» Son intention est de *négocier avec la Russie* une paix qui soit glorieuse pour cette puissance, et qui fasse *payer à l'Autriche, par la perte de son influence en Europe,* le prix de sa mauvaise foi et de la faute politique qu'elle a commise contre l'alliance de 1812, et en ramenant ainsi l'une vers l'autre, la France et la Russie.

» Sa Majesté est portée par ces considérations, à se placer dans une telle situation, *qu'elle n'ait plus rien à l'avenir à démêler avec la Russie,* et que les cessions même qu'elle peut lui faire ne tirent pas à conséquence. »

Il est dit plus bas, en parlant de l'Autriche : « Il est de l'intérêt de la France qu'elle ne gagne pas un village. »

Il résultait donc, de cette partie des instructions, que Napoléon voulait à tout prix se débarrasser de la Russie par la paix, afin de reprendre toute son influence sur l'Europe en général, et sur l'Autriche en particulier. Cette intention n'était pas douteuse quand il avait posé pour base principale de la négociation, l'*uti possidetis ante bel-*

lum. « Cette base est raisonnable et juste. L'état des parties principales est à peu près le même qu'avant la guerre. Rien n'est en effet changé relativement à nous. Nous n'avons jamais été vaincus. Nous avons au contraire été toujours vainqueurs. Si nous avons éprouvé, par l'effet de la saison, des pertes que l'ennemi a partagées, ces pertes ont été réparées, et depuis, la victoire n'a pas cessé de nous être fidèle. Les places que nous possédions nous les possédons encore, et si l'ennemi occupe une partie du territoire de nos alliés, nous en avons à peu près autant à lui rendre. »

Deux observations, dont l'importance était recommandée aux négociateurs, précisaient toute la pensée de Napoléon sur la médiation et la négociation. « 1°. Ce médiateur, dont le rôle est essentiellement désintéressé et impartial, ne peut rien vouloir pour lui. 2°. Il ne peut être question, dans la négociation, que des états dont le sort aurait éprouvé quelques changemens depuis 1812 et non auparavant. »

Ce dernier article ne pouvait regarder que la Prusse qui venait de s'affranchir, les villes de Brême et de Lubeck, le Mecklembourg, et le grand-duché de Varsovie, qui étaient occupés par les alliés. Tel était le terrain que Napoléon avait fait pour sa négociation. Il était difficile de croire que le médiateur surtout consentirait à l'adopter pour lui-même.

Les instructions portaient encore : « En général la négociation ne peut marcher que lentement. Le moment de la véritable négociation ne doit arriver *que dans les dix ou douze derniers jours* du temps dont la convention de Dresde assure la disposition. Jusque-là, il faut de la part des plénipotentiaires de la tenue, de la mesure, de la réserve; dans le moment opportun, ils recevront des instructions ultérieures pour *le parti définitif*, qui ne peut être aperçu et arrêté, que quand la négociation aura parcouru sa première période et approchera de son terme. » C'était tenir à Dresde, en 1813, le lendemain du désastre de Moskou, et la veille de celui de Leipsick, le fier langage de Campo Formio, de Vienne, de Tilsit, de Presbourg, où des victoires décisives avaient mis le temps de la négociation à la disposition de la France. Il était toujours question et seulement question de traiter avec la Russsie, quoiqu'on n'eût reçu à cet égard aucun encouragement. Mais, peu de jours après, la réponse des plénipotentiaires français à la note du 29 juillet du comte de Metternich, réponse également émanée du cabinet, changea tout-à-fait la la position où l'on voulait être avec cette puissance, et *ce parti définitif*, que Napoléon avait tenu en réserve dans le secret de sa pensée, sera bientôt révélé.

Le 29 juillet, M. de Metternich donna, par une note, le signal de l'ouverture du congrès.

« Le soussigné, etc., désirant se voir ouvrir dans le plus court délai les négociations qui, d'ici au terme très-rapproché de l'armistice, doivent conduire à la pacification des puissances belligérantes, a l'honneur de s'adresser à LL. EE. MM. le duc de Vicence et le comte de Narbonne, en les invitant à se concerter avec lui sur le mode à adopter pour la négociation. Il ne s'en présente que deux : celui des conférences et celui des transactions par écrit. Le premier, où les négociateurs s'assemblent en séances réglées, retarde par des embarras d'étiquette, par les longueurs inséparables des discussions verbales, par la rédaction et la confrontation des procès verbaux, et autres difficultés, la conclusion bien au delà du temps nécessaire : l'autre, qui a été suivi au congrès de Teschen, d'après lequel chacune des cours belligérantes adresse ses projets et propositions en forme de note au plénipotentiaire de la puissance médiatrice, qui les communique à la partie adverse, et transmet de même et dans la même forme la réponse à ses projets et propositions, évite tous ces inconvéniens. . . . . . Sans préjuger les instructions que LL. EE. les plénipotentiaires de France peuvent avoir reçues sur un objet sur le lequel l'Autriche a déjà d'avance fixé l'attention de leur cour, le soussigné à l'honneur de proposer de son côté ce mode, par le double motif de l'avantage énoncé plus haut, et de la brièveté du temps fixé pour la durée des négociations. La cour médiatrice se trouve surtout portée à préférer cette voie abrégée, par la considération que les hautes puissances, actuellement en négociation, sont les mêmes dont les plénipotentiaires ont été réunis pour le congrès de Teschen, et elle se plaît à voir dans l'heureuse issue des transactions d'alors, le gage d'un résultat satisfaisant des présentes.

«Le soussigné, etc.

» Comte DE METTERNICH.

» Prague, 29 juillet 1813. »

Le 31 juillet M. de Metternich envoyait aux plénipotentiaires français copie des deux notes en réponse des plénipotentiaires russe et prussien, qui s'étaient empressés d'accéder à la proposition du mode de la forme écrite sans s'adresser à leur cour. Les plénipotentiaires français, qui n'avaient pas les mêmes raisons pour être aussi faciles, en référèrent à leur cabinet.

La correspondance du duc de Vicence avec l'empereur et avec son ministre fut très-active. Dès le lendemain de son arrivée, il écrivait à l'empereur : « Les affaires sont ici plus mûres qu'on ne le croit à Dresde. Le résultat de tout ce que m'a dit M. de Metternich, est que l'Autriche fera tout pour la paix, mais qu'elle est sérieusement préparée à la guerre, et qu'elle y est même décidée, dans le cas où la paix ne se ferait pas. Selon lui, l'Autriche est dans une situation qui ne lui permet pas d'être neutre. Il parle de la fermeté que l'Autriche opposerait aux prétentions exagérées des alliés. *Il ne cache cependant pas que c'est contre nous que l'Autriche est armée.....* Il m'a répété plusieurs fois ce qu'il avait, m'a-t-il dit, déjà annoncé à M. le duc de Bassano et à M. de Narbonne, et qu'il regardait comme un devoir d'honneur de répéter encore à votre majesté, c'est que, le 10 août, si les bases de la paix n'étaient pas signées, une déclaration accompagnerait nécessairement la dénonciation de l'armistice;.... que, jusqu'au 10, l'Autriche ne prendrait pas d'engagement, mais qu'il y avait deux points sur lesquels il ne pouvait nous laisser de doutes, c'est qu'elle ne serait pas neutre et qu'elle ferait la guerre, si elle ne pouvait obtenir la paix..... »

« Nous ne pouvons, disait le duc de Vicence dans une autre dépêche, que nous louer des formes et du ton de M. de Metternich et de tout ce qui est autrichien. Il y a même de la recherche. Je crois cependant devoir répéter à votre majesté que tout ce que je vois, comme tout ce que j'entends, me prouve que ces gens-ci se croient très-forts et *qu'ils ont pris leur parti sur la guerre.* » Dans une conversation avec M. de Vicence, M. de Metternich lui avait dit « que des batailles perdues par les alliés ne leur feraient pas signer une paix différente de la paix honorable qu'on pourrait faire aujourd'hui, tandis qu'une seule bataille perdue pour nous changerait totalement la question... » Ce raisonnement était une fatale prophétie; mais il était facile de prophétiser une seule victoire de la part de ceux qui allaient faire la guerre avec des armées du double plus fortes que celles de Napoléon. De ces dépêches et de ces conversations, il résultait pour Napoléon, qui allait au fond des choses et qui les voyait habituellement de très-haut, que l'Autriche était le véritable et le seul ennemi à conquérir. Il en fut bien plus convaincu par les paroles de M. de Metternich, transmises aussi par le duc de Vicence. « Je prévois bien des lenteurs. Nous ne connaîtrons peut-être que le 10 la pensée de l'empereur Napoléon. Cette pensée sera la guerre ou la paix, et j'espère que le génie de l'empereur trouvera encore, au dernier moment, le moyen de tout concilier. » En effet le génie de l'empereur avait conçu de bonne heure l'idée *d'un parti définitif.*

Ce parti, si bien indiqué par M. de Metternich, fut décidé par la communication que les plénipotentiaires français firent de la note du 29 juillet à leur cabinet, et en attendant que son exécution fût commencée, la note suivante, qui fut calculée uniquement pour son succès, fut remise, le 6 août, par les plénipotentiaires français, au ministre du médiateur.

« Les soussignés, etc., ont l'honneur de répondre aux notes qui leur ont été remises par S. Exc. le comte de Metternich.

» La convention du 30 juin, par laquelle la France accepte la médiation de l'Autriche a été signée après que l'on fut convenu des deux points suivans : 1°. *que le médiateur serait impartial, qu'il n'avait conclu et ne conclurait aucune convention même éventuelle avec une puissance belligérante pendant tout le temps que dureraient les négociations ;* 2°. *que le médiateur ne se présenterait pas comme arbitre mais comme conciliateur ; pour arranger les différens et rapprocher les partis.* »

La forme des négociations fut en même temps l'objet d'une explication entre M. le comte de Metternich et M. le duc de Bassano. Il fut jugé convenable de s'entendre d'avance à cet égard, parce que, *dès la négociation de l'armistice du 4 juin, la Russie avait manifesté ses intentions, il donne à connaître qu'elle voulait ouvrir des négociations non dans le but de la paix, mais dans la vue de compromettre l'Autriche, et d'étendre les les malheurs de la guerre.* On s'arrêta à la forme des conférences.

Il était clair, par cette accusation, que Napoléon venait d'abandonner ses bonnes dispositions pour la Russie, et que *le parti définitif* allait être bientôt connu de ses négociateurs. La note continuait ainsi :

« Les soussignés ne peuvent que témoigner leur étonnement et leur regret de ce que, depuis plusieurs jours qu'ils sont à Prague, ils n'ont pas encore vu les ministres russes et prussiens, et que les conférences n'ont pas encore été ouvertes par l'échange des pouvoirs respectifs, et enfin de ce qu'un temps précieux a été employé à discuter des idées aussi imprévues qu'incompatibles avec le but de la réunion d'un congrès, puisqu'elles tendent à établir que les plénipotentiaires doivent négocier sans se connaître, sans se voir et sans se parler.

» La question posée par le plénipotentiaire du médiateur dans la note du 29 juillet, lorsqu'il invite les soussignés à se concerter avec lui sur le mode à adopter pour la négociation, soit celui des conférences, soit celui des transactions par écrit, *a été résolu d'avance par les explications qui ont accompagné la convention du 30 juin.*

» Toutefois, voulant, autant que cela dépend d'eux, lever toutes les difficultés et concilier toutes les prétentions, même les moins fondées, les soussignés proposent aux plénipotentiaires du médiateur de n'exclure ni l'un ni l'autre mode de négociation, et de les adopter concurremment tous les deux.

» A cet effet, on traiterait dans des conférences régulières qui auraient lieu une ou deux fois par jour, soit par notes remises en séances, soit par des explications verbales qui seraient ou ne seraient pas insérées au protocole, selon la demande ou la réquisition des plénipotentiaires respectifs. Par ce moyen, l'usage de tous les temps serait suivi, *et si le plénipotentiaire russe persistait à vouloir négocier la paix sans parler, il en serait le maître, et pourrait faire connaître par des notes les intentions de sa cour.*

» Les soussignés se flattent que leur proposition conciliera tout, et que les conférences ne tarderont plus à s'ouvrir.

» CAULAINCOURT,
» Duc de Vicence.
» LOUIS NARBONNE. »

» Prague, 6 août 1813. »

Cette réponse, pleine de raison, de vérité, de dignité, est remise le 6 août. Il ne reste plus que quatre jours pour la paix. En attendant, va commencer une terrible guerre de plume.

Le ministre du médiateur s'est empressé de donner communication de la note française aux plénipotentiaires alliés, et des notes fulminantes répondent au passage où la note française disait :

Que, dès l'armistice du 4 juin, la Russie avait manifesté ses intentions, et donné à connaître qu'elle voulait ouvrir des négociations, *non dans le but de la paix, mais dans la vue de compromettre l'Autriche et d'étendre les malheurs de la guerre*. Ces notes partent des deux camps comme deux guets-apens improvisés par la plus étrange susceptibilité, dans le seul but de rendre toute négociation impossible : on n'en était pas depuis l'armistice à garder réciproquement la sévérité des convenances. Trop d'exaspération régnait dans les conseils, et la correspondance du duc de Vicence, directe avec l'empereur pendant les conférences de l'armistice, ne lui avait pas caché les expressions outrageantes dont avaient pu se servir plusieurs fois les plénipotentiaires russe et prussien, en discutant les conditions proposées par ce souverain. La Russie avait joué son jeu en cherchant et en parvenant à compromettre l'Autriche, comme Napoléon cherchait depuis Lutzen à compromettre la Russie pour traiter séparément avec elle.

Note de M. d'Anstett au comte de Metternich.

« Le soussigné, etc.... Il est une dignité en affaires comme dans la discussion d'intérêts majeurs, dont il n'est point permis de s'écarter, quelle que puisse être la provocation. La Russie sait ce qu'elle se doit à elle-même, et le soussigné ne relèvera ici ni les fausses assertions, ni les formes de la pièce française, dont chaque paragraphe est ou une inculpation pour la puissance médiatrice, ou une injure pour la Russie, une contradiction ou un faux-fuyant. Cependant il faut que l'Europe sache d'où sont venus les obstacles qui ont empêché l'accomplissement d'une œuvre aussi salutaire que celle *qui devait s'achever à Prague.* C'est sous ce rapport exclusif que le soussigné réclame la publication des faits, publication qui intéresse également la dignité d'une médiation que S. M. l'empereur des toutes les Russies a acceptée d'une manière si franche et si positive. Quant à l'accusation que la Russie n'a cherché dans les négociations qu'à compromettre l'Autriche, personne ne sait mieux que le ministre de sa majesté impériale et royale apostolique par qui l'armistice a été proposé et comment il a été accepté ; de sorte qu'on ne voit pas qui l'injure touche de plus près, si ce n'est une cour sage, puissante, éclairée, qui ne se serait pas aperçue d'un pareil stratagème, ou la Russie, qui a prouvé par des faits, depuis que ses armées ont passé la Vistule et l'Oder, qu'elle ne demandait pas mieux que de donner les mains à une paix raisonnable et solide, et de se prêter à tout arrangement qui aurait pour résultat le bonheur et la tranquillité des peuples. L'Autriche en avait préparé les élémens en se chargeant de la médiation ;

mais il paraît qu'il n'était point dans les intentions de S. M. l'empereur des Français d'en permettre le développement. Ces vérités n'ont pas besoin de démonstration, et le soussigné se bornera à avoir l'honneur de répéter officiellement à Son Exc. M. le plénipotentiaire médiateur, ce qui a déjà fait le sujet de ses offices précédens, qu'étant convenu d'un mode de négociation, qui est sévèrement conforme, quoi qu'en puissent dire les plénipotentiaires français, à ce qui s'est fait au congrès de Teschen, et l'ayant solennellement accepté, il y persiste. Il demandera en même temps, pour détruire, par une seule remarque, le vain et sophistique étalage de la note française, quel est le parti qui voulait la paix, et quel est celui qui ne la voulait pas. Dès le 12 de juillet, le soussigné s'est trouvé à Prague et s'est doublement légitimé sur ses pouvoirs, et c'est le 6 août, c'est-à-dire, *quatre jours avant le terme final,* que les plénipotentiaires français ouvrent des négociations actives, et cela pour établir des formes contradictoires par elles-mêmes, afin d'écarter de fait le grand objet qui semblait les avoir conduits à Prague.

» Le soussigné n'en a pas eu d'autre pour la présente note, que d'exposer à la puissance médiatrice la manière dont il envisage les questions du moment dans leurs rapports vis-à-vis d'elle, parce que sa conduite, *comme la continuation de son séjour à Prague, ont été irrévocablement réglées sur les obligations de sa cour envers celle dont elle avait accepté la médiation.*

» Il profite de cette occasion, etc.

» D'Anstett.

» Prague, 26 juillet (7 août) 1813. »

Tel était le *factum* de M. d'Anstett. Sans doute la dernière phrase de cette note compromettait, aux yeux de l'Europe, le cabinet d'Autriche d'une manière gratuite; car il en résultait que les trois puissances n'aspiraient qu'à voir arriver le terme final, passé lequel elles se hâteraient de ratifier, sous le même drapeau, les engagemens stipulés à Trachemberg et soldés par l'Angleterre contre l'ennemi commun.

M. de Humboldt, plénipotentiaire prussien, envoya également sa note, qui était une paraphrase mieux écrite de celle de M. d'Anstett, né Français. Pour prouver son impartialité, dès la première difficulté, le ministre du médiateur fut de l'avis des alliés. La suite de la correspondance présentera sous son vrai jour la question du congrès de Prague. Par cela seul elle serait jugée si les antécédens que nous avons mis religieusement sous les yeux du lecteur n'avaient pas d'avance fixé son jugement sur la singulière représentation de l'intermède de Prague, sur la réunion de ce congrès, où la forme de négocier n'était pas encore établie quatre jours avant son terme, où tout ce qui n'était pas Français ne parlait qu'avec une féroce impatience de ce terme, dont aucun intérêt, aucune considération, dont la loi de l'humanité, ne pourraient reculer un seul jour l'arrêt fatal. La civilisation du dix-neuvième siècle le voulait ainsi pour le bonheur du monde !

Note de M. de Humboldt à M. Le comte de Metternich.

« Le soussigné, ministre d'état et plénipotentiaire de S. M. le roi de Prusse, a reçu hier la note des plénipotentiaires français que S. Exc. M. le comte de Metternich, ministre d'état et des affaires étrangères, plénipotentiaire de S. M. l'empereur d'Autriche, a bien voulu lui communiquer.

» Lorsque LL. MM. le roi de Prusse et l'empereur de Russie s'empressèrent d'accepter la médiation de la cour de Vienne, en prouvant par-là et leur désir de mettre un terme aux calamités de la guerre et leur déférence pour sa majesté impériale et royale apostolique, ils devaient supposer que leur adversaire respecterait également cette médiation, et qu'ils seraient mis par-là à l'abri de voir donner une interprétation aussi fausse qu'injurieuse à leurs intentions. La note dont le soussigné vient de recevoir la communication, prouve que cette attente a été illusoire;

l'office des pléniplotentières français manque à tous les égards dus à la cour médiatrice; il détruit d'avance les espérances de la paix en supposant gratuitement aux cours alliées des vues contraires à son rétablissement, et il altère, au lieu de répondre d'une manière simple et naturelle aux notes du médiateur, tellement toute la question, qu'il n'y en a pas une qui y soit présentée sous son véritable jour.

» Le soussigné s'abstient d'analyser le passage qui regarde la médiation de Vienne. En rappeler les termes, serait blesser les sentimens dont sa cour a constamment fait profession envers S. M. l'empereur d'Autriche. Les idées les plus simples de médiation et la lecture de la convention du 30 juin suffisent au reste pour le juger.

» La forme des négociations ne pouvait point être convenue isolément à Dresde entre la cour médiatrice et le gouvernement français. La confiance illimitée des cours alliées dans la première rend inutile toute explication ultérieure sur ce point.

» Les plénipotentiaires français ne pouvaient donc point être étonnés de ne pas voir s'ouvrir des conférences qui, après la proposition de la forme des transactions par écrit, ne pouvaient pas avoir lieu. Mais le soussigné aurait pu témoigner sa juste surprise du retard de l'arrivée des plénipotentiaires français, et des longueurs apportées à la négociation, s'il n'avait pas été dans la marche de sa cour de s'en remettre en tout ce qui regardait cette négociation, uniquement à la puissance médiatrice.

» Ce sont ces égards pour la négociation bienveillante de sa majesté impériale et royale apostolique, qui ont seuls pu faire condescendre S. M. le roi de Prusse à laisser attendre son ministre, pendant plus de quinze jours inutilement, les plénipotentiaires français, et S. Exc. le comte de Metternich trouvera certainement naturel que, sans ces mêmes sentimens, le soussigné se croirait en devoir de ne point continuer dans le moment actuel son séjour ici, ni s'exposer à voir jeter par la France un faux jour sur les intentions pures, loyales et bienfaisantes des cours alliées.

» La forme des négociations proposée dans la note des plénipotentiaires français se juge par elle-même. Une réunion des deux formes opposées, de transactions par écrit et des conférences, ne serait possible qu'en dépouillant la première tellement des avantages qui l'ont fait proposer, qu'elle ne serait conservée qu'en apparence : aussi n'a-t-elle été usitée nulle part, et le soussigné croit presque superflu de dire qu'il doit continuer à insister sur la forme qui a été proposée par S. Exc. M. le comte de Metternich, et qui a servi de base à une paix connue et mémorable.

» Quoique la note des plénipotentiaires français

affecte de relever isolément la conduite et les vues de la cour de Russie (affectation qui est étendue jusqu'aux ministres des deux cours), tandis que la marche de la Prusse et de la Russie, ainsi que celle de leurs agens, a constamment présenté le plus parfait accord, le soussigné n'a pas besoin de dire que S. M. le roi son maître n'en ressentira que doublement le passage qui y regarde son auguste allié, et qu'il serait impossible de qualifier des noms qu'il mérite. Il serait au-dessous de toute dignité d'y répondre. Les peuples ne se méprennent point sur les auteurs de leurs maux. Le souverain qui, après avoir repoussé la plus injuste des agressions, et après avoir réussi, par les efforts de ses fidèles sujets, à anéantir l'armée qui avait osé envahir son empire, a professé le désir le plus pur et le plus noble de ramener une paix stable et solide, n'est pas celui qui sera taxé jamais d'avoir voulu étendre ou prolonger les malheurs de la guerre.

» La grande et importante question dans les transactions actuelles, est sans doute celle de la paix. Or l'Europe et la postérité jugeront facilement qui des deux parties s'est opposée à son prompt rétablissement ; si ce sont les cours alliées qui, en partant, ainsi que la cour médiatrice, du grand principe auquel elles resteront toujours fidèles, de ramener un état d'ordre et d'équilibre général en Europe, ont tout fait pour ne pas perdre un seul des instans précieux que le repos des armes accordait à l'œuvre de la pacification; ou si c'est le gouvernement qui, après avoir différé, sans aucun prétexte plausible, le commencement des négociations, et après avoir fait suivre un délai à l'autre, n'a pas hésité à faire remettre, quatre jours avant l'expiration de l'armistice, une note pareille à celle que le soussigné vient d'examiner, non sans une peine vive et profonde, en voyant traiter ainsi des questions dont dépendent le bonheur et la tranquillité des nations.

» Le soussigné a l'honneur, etc.

» *Signé*, Humboldt. »

» *Concordat cum originali*,

» *Signé*, Metternich.

» Prague, le 10 août 1813. »

Note de M. le comte de Metternich.

« Le soussigné, ministre d'état et des affaires étrangères de sa majesté impériale et royale apostolique, plénipotentiaire de la cour médiatrice, en même temps qu'il s'acquitte de la communication de l'office, en date du 7, de MM. les plénipotentiaires de Russie et de Prusse, croit devoir répondre de son côté à la note que LL. EExc. M. le duc de Vicence et M. le comte de Narbonne, plénipotentiaires de S. M. l'empereur des Francais, roi d'Italie, lui ont fait l'honneur de lui adresser avant-hier.

» Négociateur de la convention du 30 juin, il n'a jamais consenti aux deux points antérieurs à la signature de l'acte dont fait mention la note de leurs excellences. Il suffit, pour démontrer l'erreur qui a dicté cette assertion, de l'assurance qu'il eût été contraire à la dignité de son auguste cour de prendre l'engagement d'être impartial, comme celui de ne se lier, durant la négociation, par aucune convention même éventuelle, et les rôles de médiateur et d'arbitre sont trop différens pour que l'Autriche, en se chargeant du premier, du consentement des puissances intéressées, ait pu songer à s'arroger les attributions de l'autre.

» Le soussigné ne saurait également pas admettre qu'il ait arrêté avec S. Exc. M. le duc de Bassano la forme des conférences à adopter pour les négociations. Les égards particuliers que les deux cours de Russie et de Prusse pouvaient, en raison de leur attitude politique, se trouver portées à observer, relativement aux choix de telle ou telle forme de négociation, ont, à la vérité, fait le sujet de plusieurs entretiens entre le soussigné et S. Exc. M. le duc de Bassano; mais les formes d'une négociation ne pouvant pas être unilatéralement réglées par le médiateur et par une des puissances prenant part à la négociation, avec exclusion des autres parties, et l'arrivée de MM. les plénipotentiaires français ayant éprouvé des retards, le mode de négociation fut touché par M. le comte de Bubna, en vertu d'ordres qui lui avaient été adressés en date du 17 juillet, et les pourparlers à cet égard ne conduisirent à aucun résultat.

» Le soussigné proteste formellement contre l'assertion que le prétendu concert établi à ce sujet ait été motivé par la manifestation des intentions de la Russie d'ouvrir des négociations dans la vue de compromettre l'Autriche. S. M. l'empereur ne s'est chargé de la médiation entre les cours belligérantes que par sa confiance dans leur bonne foi réciproque, et sa pénétration ne pouvait pas être plus surprise que son impartiale loyauté.

» Les formes de la négociation proposée à LL. EExc. MM. les plénipotentiaires de France ne pouvaient être imprévues, puisqu'elles ont été articulées dans les ouvertures faites à cet égard par M. le comte de Bubna; et elles sont si peu inusitées dans des transactions semblables à la présente, qu'elles ont été admises comme base dans les négociations de Teschen citées à l'appui de la proposition du soussigné. Les raisons qui l'ont engagé à les préférer alors subsistent toujours, et il renouvelle son invitation à leurs excellences d'y adhérer de leur côté.

» Il saisit cette occasion, etc., etc., etc.

» *Signé*, le comte DE METTERNICH.

» Prague, le 8 août 1813. »

Réponse des plénipotentiaires français.

« Les soussignés, plénipotentiaires de S. M. l'empereur des Français, ont reçu, avec les deux notes que S. Exc. M. le comte de Metternich, ministre d'état et des affaires étrangères, plénipotentiaire de la cour médiatrice, leur a fait l'honneur de leur adresser hier, les copies de celles de MM. les plénipotentiaires russe et prussien. Pénétrés de l'obligation sacrée que leur impose la nature même de leur mission, celle d'écarter toute discussion qui n'aurait pas pour but de réaliser les plus chères espérances des peuples, les soussignés ne considèreront dans les notes qui leur ont été remises, que les points qui ont un rapport direct à l'œuvre de la pacification. Ils éviteront également de s'étendre en protestations de désir de la paix, parce que, quelque naturel qu'il soit de s'en honorer, ce désir règle l'esprit des négociations, mais non la marche des affaires, qui doivent se traiter suivant les usages reçus, dans leur ordre, et en levant les difficultés à mesure qu'elles se rencontrent.

» C'est avec autant de surprise que de regret que les soussignés ont vu que ces notes avaient pour but de rejeter une proposition qui leur avait paru, et qui est en effet la seule propre à concilier la diversité d'opinion qui s'est élevée sur la forme des négociations.

» Dans cet état de choses, ils s'adressent avec confiance au médiateur pour lui représenter, ce qu'il est impossible de ne pas reconnaître, que la seule ouverture qui ait tendu réellement à entamer la négociation, a été faite par eux. En effet, le dissentiment des deux parties laissant la question indécise, et l'opinion du médiateur, quelque poids que lui donnent sa sagesse et ses lumières, n'ayant pas pu la décider, les soussignés, autant par déférence pour le médiateur que par le désir d'aplanir toutes les difficultés, ont consenti à adopter entièrement le mode qu'il avait proposé, en demandant simplement qu'on admît aussi leur proposition.

» C'était donc un pas de fait; car il serait injuste de ne regarder comme tel en négociation que le sacrifice total de ses prétentions qu'une des parties ferait à l'autre. Ils devaient espérer qu'après cette démarche de leur part, faite dans la forme que le médiateur avait désirée, il se déciderait enfin à faire valoir les motifs non moins fondés sur la raison que sur l'usage, dont ils ont appuyé leur proposition dans les fréquentes conférences officielles qu'ils ont eues à ce sujet avec M. le comte de Metternich. Cependant ils voient que les plénipotentiaires alliés, sans combattre cette proposition, sans répondre aux considérations qui l'ont dictée, sans alléguer même d'autre raison que leur seule volonté, persistent dans leur prétention, et que le plénipotentiaire de la cour médiatrice se range entièrement de leur avis, quoiqu'on ne puisse se dissimuler que le seul motif qu'il ait fait valoir pour justifier cette préférence, ne se trouve plus fondé depuis que les soussignés ont admis la forme qu'il proposait.

» Toutes les objections que l'on peut faire contre le mode qu'ils ont indiqué dans leur note du 6, tombent d'elles-mêmes, si l'on réfléchit qu'il concilie toutes les prétentions, qu'il réunit tous les avantages des différentes formes, l'authenticité de la négociation par écrit, et la facilité et célérité de la négociation verbale.

» Il serait superflu de s'attacher à relever l'étrange assertion que ce mode est inusité, puisque le plus simple examen des faits suffit pour la détruire. Personne n'ignore que dans les principaux congrès dont l'histoire fait mention, dans ceux où, comme à présent, on a eu à débattre des intérêts aussi compliqués que variés, à Munster, à Nimègue, à Ryswick, cette double forme a toujours été employée. S'y refuser aujourd'hui, n'est-ce pas évidemment montrer que le but pacifique, qu'on met tant de soin à annoncer, n'est pas celui qu'on se propose réellement? On affecte de nommer Teschen, de prendre pour règle ce qui a été une exception, et d'invoquer à l'appui le résultat de cette négociation, comme si celles qui viennent d'être citées en avaient eu un moins heureux, comme si elles n'avaient pas également réglé les intérêts des souverains, et assuré la tranquillité des états. Quel peut être, on le demande encore, le motif qui fait préférer une forme qu'on a suivie seulement dans une circonstance où il n'y avait qu'un objet à traiter, et où les bases étaient même posées d'avance?

» Il est facile de juger par l'état actuel de la question, qui l'on doit accuser des retards apportés à la négociation, ou ceux qui, élevant une prétention opposée à l'usage, repoussent une proposition qui leur assure tous les avantages qu'ils réclament, ou ceux qui, ayant pour eux l'usage universellement suivi, consentent à adopter en entier la forme choisie par leur partie adverse, et se bornent à demander qu'on n'exclue pas une manière de traiter qui, malgré toutes les allégations contraires, peut seule amener de prompts résultats.

» Les soussignés se flattent que ces considérations seront d'autant mieux senties par S. Exc. M. le comte de Metternich, qu'il n'aura pu lui échapper que si la forme exclusive des négociations par écrit offre quelques avantages, ce n'est pas, à en juger du moins par les notes qu'il a communiquées aux soussignés, celui d'aider à concilier les esprits. Il remarquera sans doute aussi que les propositions des soussignés ont été au contraire une nouvelle preuve de leur constant désir d'aplanir toutes les difficultés pour arriver à la paix, lors même que leurs adversaires paraissent y avoir renoncé. Ils renouvellent donc la proposition qu'ils n'ont cessé de faire, d'échanger leurs pleins-pouvoirs, afin d'ouvrir à l'instant les négociations selon la forme proposée par le médiateur, sans exclure néanmoins la forme des conférences, pour conserver les moyens de s'expliquer de vive voix.

» Les soussignés ont l'honneur, etc.

» *Signé*, Caulaincourt, duc de Vicence.
» L. Narbonne.

» Prague, le 9 août 1813. »

Note de M. de Metternich aux plénipotentiaires français.

« Le ministre d'état et des affaires étrangères de sa majesté impériale et royale apostolique, plénipotentiaire de la cour médiatrice, s'est acquitté hier envers MM. les plénipotentiaires de Russie et de Prusse, de la communication de la note du 9 de ce mois, que LL. EExc. MM. les plénipotentiaires français lui ont fait l'honneur de lui adresser. Il vient de recevoir en réponse, de la part de

MM. le baron d'Anstett et de Humboldt, les notes sous date de ce jour, ci-jointes en copie, qu'il ne veut pas différer de transmettre à MM. les plénipotentiaires français.

» Le soussigné saisit cette occasion, etc.

» *Signé*, Metternich.

» Prague, le 10 août 1813. »

Note de M. d'Anstett à M. le comte de Metternich.

« Le soussigné vient de recevoir la copie de la note que MM. les plénipotentiaires français ont adressée sous date d'hier à S. Exc. M. le comte de Metternich, plénipotentiaire de la puissance médiatrice. Il n'a pas été surpris de voir que l'on cherche, le dernier jour des négociations, à rejeter tous les torts et sur le médiateur et sur les plénipotentiaires des puissances alliées. Cette marche n'est pas nouvelle. Du reste, tout ce que cette même pièce renferme aujourd'hui a été réfuté d'avance. Mais lorsque MM. les plénipotentiaires français, en parlant de la forme écrite, disent que nos offices ne sont point de nature à concilier les esprits, il suffit de mettre à côté de l'insulte grave qui a été faite à la Russie dans leur note du 6, la manière dont elle a été relevée, pour juger qui s'est écarté des usages reçus, lors même qu'il ne se serait point agi d'une œuvre à laquelle devaient présider la dignité et le calme qui conviennent à des négociations de ce genre. C'est une nouvelle raison pour les plénipotentiaires des puissances alliées de se convaincre que la forme écrite était la seule admissible, parce qu'on lira les pièces, et que d'injustes inculpations retomberont sur leurs auteurs.

» Si, finalement, on s'étaie si fort de l'exemple du congrès d'Utrecht, pourquoi donc MM. les plénipotentiaires français n'ont-ils pas jugé à propos d'en adopter les formes préparatoires, en faisant contre-signer leurs pouvoirs par le médiateur? C'eût été effectivement un pas de fait. Mais ce n'est point au soussigné à discuter une question qui concerne directement la puissance médiatrice, et il s'empresse de profiter de cette occasion pour renouveler, etc.

» *Signé*, D'ANSTETT.

» Prague, 9 juillet (10 août) 1813. »

Note de M. de Humboldt à M. le comte de Metternich.

« Le soussigné, ministre d'état et plénipotentiaire de S. M. le roi de Prusse, a vu, par la note de MM. les plénipotentiaires français de la date d'hier, que S. Exc. M. le comte de Metternich, ministre d'état et des affaires étrangères, plénipotentiaire de S. M. l'empereur d'Autriche, lui a fait l'honneur de lui communiquer par la sienne du même jour, que MM. les plénipotentiaires français continuent à décliner la forme des négociations, qui avait été proposée par la cour médiatrice, et que celles de Prusse et de Russie s'étaient empressées d'accepter.

» Il est vrai que MM. les plénipotentiaires français disent dans leur office qu'ils adoptent entièrement le mode proposé, en demandant simplement qu'on admette aussi leur proposition. Mais comme il est évident que les formes de transactions par écrit et des conférences ont été proposées par S. Exc. M. le comte de Metternich comme deux formes entièrement différentes et même opposées, dans son office du 29 juillet, il est clair que leur réunion ne peut se faire sans que le mode des transactions par écrit, joint aux conférences, ne perde par-là tout ce qui le caractérise, et ne soit réellement sacrifié à l'autre, qui, à son tour, si l'on y joignait des transactions par écrit, n'en présenterait pas moins tous les inconvéniens si bien développés dans la note précitée.

» Voilà ce que le soussigné croit avoir exposé dans sa note du 7 de ce mois; il s'étendrait néanmoins encore davantage sur ce sujet, si la date de la note de MM. les plénipotentiaires français et celle de sa réponse ne l'en empêchaient. Forcé de s'expliquer encore sur le mode des négociations, le jour même où elles devraient être terminées, il croirait inutile d'entrer dans un plus ample détail.

» Cette date, la suite et la teneur des pièces qui ont été échangées, et la marche entière de la négociation, dispensent également le soussigné de répondre aux différentes inculpations directes et indirectes que renferme la note de MM. les plénipotentiaires français, et, s'estimant toujours heureux lorsqu'il peut éviter de répliquer à des communications peu faites pour concilier les esprits, il se borne simplement à renouveler à S. Exc. M. le comte de Metternich les assurances de sa haute considération.

» *Signé*, Humboldt.

» *Concordat cum originali*,

» *Signé*, Metternich.

» Prague, le 10 août 1813. »

Réponse des plénipotentiaires français.

« Les soussignés, etc., viennent de recevoir la note que S. Exc. M. le comte de Metternich, etc., leur a fait l'honneur de leur adresser, à laquelle était jointe celle de MM. les plénipotentiaires de Russie et de Prusse. Ils pourraient commencer par relever dans ces notes plusieurs imputations au moins inexactes qui leur sont faites, telles que celle qu'ils auraient demandé la forme des négociations d'Utrecht, négociations qu'ils n'ont point citées, ne pouvant ignorer qu'elles ont eu lieu sans l'intervention d'un médiateur, et celle qu'ils se seraient refusé à faire rectifier la copie de leurs pleins-pouvoirs par le plénipotentiaire de la puissance médiatrice. Mais, fidèles à leur résolution d'écarter tout ce qui peut entraver la marche des négociations, ils se borneront à répondre aux assertions non moins inexactes, mais d'une beaucoup plus grande importance, que contiennent ces mêmes notes.

» Les plénipotentiaires alliés fondent l'avantage de la forme qu'ils ont proposée sur ce qu'on lira toutes les pièces de la négociation. Loin qu'on puisse assurer les plénipotentiaires soussignés d'avoir voulu s'envelopper d'un voile, comme on semble l'indiquer, qui plus qu'eux a témoigné le désir de cette publicité, puisque non-seulement ils ont adopté cette forme, mais encore en demandant des conférences, pour y ajouter l'avantage de la discussion verbale, ils ont proposé qu'il fût tenu un protocole qui pût conserver jusqu'aux paroles de chacun des négociateurs?

» Le passage qui regarde la date des notes, et qui paraît préjuger l'époque à laquelle les négociations doivent être terminées, ne semble-t-il pas être une nouvelle preuve de la crainte qu'ont toujours paru avoir les plénipotentiaires alliés de les voir s'ouvrir? Ces mots, *dernier jour des négociations*, amènent une réflexion bien douloureuse, en donnant à penser qu'on renonce dès à présent à toute idée de conciliation, tandis que la convention signée à Neumarck, en établissant un terme avant lequel il n'est pas permis de dénoncer l'armistice, n'en fait nullement une obligation, et n'annonce d'ailleurs en aucune manière que, ce terme arrivé, les négociations doivent cesser. Le médiateur ne regarde-t-il pas comme le plus saint des devoirs de concourir à faire rejeter une interprétation qui détruirait l'espoir d'un rapprochement que les soussignés hâtent de tous leurs vœux et de tous leurs efforts?

» Les réponses des plénipotentiaires alliés ne discutent point et réfutent encore moins les raisons présentées par les soussignés dans leur note d'hier; ils croient devoir insister auprès du médiateur pour le prier d'intervenir enfin avec tous les moyens que lui donne le rôle dont il s'est chargé, pour engager les plénipotentiaires de Russie et de Prusse à discuter les questions au lieu de les trancher, et à adopter enfin la seule proposition qui puisse amener un heureux résultat, puisqu'elle n'exclut aucun moyen de conciliation, et assure à chaque partie tous les avantages qu'elle tient à conserver.

» Les soussignés se flattent donc que ces explications détermineront le médiateur à faire sentir à MM. les plénipotentiaires russe et prussien que la raison, l'esprit de conciliation, et le désir sincère de la paix, sont du côté de ceux qui défendent les principes et les usages de tous les temps.

» Ils saisissent avec empressement, etc.

» *Signé*, Caulaincourt, duc de Vicence.
» L. Narbonne.

» Prague, le 7 août 1813. »

Pendant ces discussions officielles, une négociation secrète, sortie de l'arsenal politique de Napoléon, traversait le champ de bataille de Prague, et elle arrivait au château de Brandeis dans le portefeuille de M. de Metternich. La scène était changée à Dresde si elle ne l'était pas à Prague. Ce n'était plus l'Autriche qu'on voulait écarter et punir au profit de la France et de la Russie. L'Angleterre domine à Reichenbach, et il n'y a plus moyen d'y rappeler les amitiés de Tilsitt ou d'Erfurth, ni les propositions de Wilna, pour empêcher la guerre de 1812, ni celles de Moscou pour y faire la paix. L'Angleterre, qui n'est qu'incognito sur le terrain de la politique continentale, et qui a refusé à M. de Wessemberg d'être comprise parmi les puissances contractantes, a un intérêt de premier ordre à ne pas souffrir que la paix du continent puisse se faire à Prague. Elle a bloqué toutes les avenues qui mènent à la ligue du Nord; mais le château de Brandeis est hors du rayon de sa juridiction ; la médiation y a mis sa sauvegarde ; et, s'il est accessible à l'Angleterre, il n'est pas fermé à la France. C'est à son beau-père que s'adresse directement Napoléon, à qui la paix est refusée partout ailleurs. C'est sa dernière tentative ; il la croit suffisamment protégée par le lien de famille, doublement politique, qui a placé sur le trône de France une archiduchesse et un héritier de son sang. Tel est le *parti définitif* dont l'instruction du duc de Bassano parlait à MM. de Vicence et de Narbonne. C'est en leur envoyant ses instructions sur la réponse à faire à la note de M. de Metternich, du 29 juillet, réponse qui fut remise le 6 août, que le 5 il expédiait au duc de Vicence une lettre confidentielle par laquelle il lui prescrivait de demander un entretien particulier au comte de Metternich, auprès duquel, après avoir déclaré que l'empereur Napoléon avait intérêt à ne pas différer la reprise des hostilités, quand même l'Autriche prendrait parti contre lui, il avait ordre, de la part de l'empereur, et par une voie *extra-ministérielle*, de faire une démarche qui devait, sous le sceau de l'honneur, rester inconnue des plénipotentiaires des alliés et du comte de Narbonne lui-même. « Cette démarche a pour objet de savoir de quelle manière l'Autriche entend que la paix peut se faire, et si l'empereur Napoléon, adhérant à ses propositions, *l'Autriche ferait cause commune avec la France*, ou *si elle resterait neutre*..... Aussitôt que l'empereur sera certain du mot de l'Autriche, il donnera des instructions à ses plénipotentiaires. Par ce moyen, la paix ou la guerre serait décidée en même temps. La simplicité de cette démarche porte avec elle le cachet de l'homme qui la fait faire et de toute sa fermeté. M. de Metternich doit donc penser qu'il faut se mettre à la dernière limite, et ne rien proposer qui soit déshonorant pour l'empereur Napoléon. »

L'empereur François devait être seul instruit de cette proposition, que le duc de Vicence seul devait traiter avec son ministre; elle ne devait être connue des souverains alliés, pour mener ensuite à la pacification ou générale ou continentale, que si la France et l'Autriche étaient d'accord entre elles sur les moyens de la faire : ce que la présente démarche devait déterminer. Si le succès répondait à l'attente de Napoléon, il triomphait par la politique, comme il venait de triompher par les armes, et en un moment il remontait du rôle d'accusé de l'Europe, à celui non de son dominateur, mais peut-être de son arbitre. Alors, par une pacification dans laquelle il ordonnait à son plénipotentiaire de faire entrer quelques stipulations tendantes à faire reconnaître par l'Angleterre des principes plus favorables à la liberté de la navigation, il se relevait tout entier, lui et la France, des désastres de la campagne de Russie ; et, après les avoir vengés par trois victoires, il obtenait de l'Europe le titre qu'à Campo-Formio, il avait reçu de la France, celui de pacificateur.

A la réception de cette lettre confidentielle, le duc de Vicence avait vu M. de Metternich ; et, le 6 août, il rendait compte au duc de Bassano de l'entretien secret qu'il avait eu avec le ministre du médiateur. M. de Metternich lui avait dit « qu'il recevrait cette communication comme une marque de la haute confiance que son maître apprécierait. Mais qu'il regrettait que l'empereur Napoléon n'eût pas jugé à propos de faire cette ouverture à l'époque de l'arrivée du duc de Vicence, qu'il y avait alors le temps de consulter la Russie et la Prusse, si on se fût entendu, tandis qu'il ne restait que trois jours ; qu'il irait, le lendemain 7, rendre compte à l'empereur son maître ; qu'il espérait être de retour en quatre ou cinq heures, et qu'il s'empresserait de faire connaître au duc de Vicence sa réponse, subordonnée à ce qu'il lui avait dit *sur le terme du 10, et sur l'impossibilité pour l'Autriche de rester neutre.* » M. de Metternich avait observé cependant « qu'il eût été plus simple que l'empereur Napoléon proposât ce qu'il jugeait convenable. » Et le duc de Vicence avait répondu « que la question était d'autant plus simple, que le cabinet autrichien savait certainement quelles étaient les prétentions qu'il ne soutiendrait pas. » Par sa lettre du 8, le duc de Bassano approuvait cette réponse du duc de Vicence; mais il répondait à l'observation de M. de Metternich « que si l'empereur Napoléon avait dû faire des propositions, sa base eût été simple, ce serait l'*uti possidetis ante bellum*. » Le duc de Bassano, ou plutôt l'empereur, ajoutait : « *Si la guerre doit continuer, il arrivera un moment où nos ennemis se féliciteraient de pouvoir l'obtenir.* »

On voit, par cette réflexion, combien Napoléon se croyait fort, même sans la coopération qu'il négociait avec l'Autriche. Ce trait le peint tout entier. La dépêche continuait : « C'est *un concert avec l'Autriche* pour la négociation que nous avons voulu établir. Nous n'avons en cela rien à faire avec les ennemis. C'est le mot de l'Autriche que nous voulons savoir. Tel est le sens exact des instructions qui vous ont été données pour une démarche confiée à vous seul. Ce n'est pas comme plénipotentiaire que vous vous êtes adressé à M. de Metternich, c'est comme investi de la confiance de l'empereur, et ayant crédit pour demander et recevoir les explications que vous provoquez en son nom... La prolongation de l'armistice n'a aucun avantage pour nous, cela est parfaitement exact. Nous ne gagnerions rien à différer d'un mois les hostilités si elles doivent avoir lieu. En supposant que l'armistice soit dénoncé le 10, on ne se battra pas avant le 18, ce qui nous mène bien près du mois de septembre, et le 12, quatre-vingt mille hommes, venant de Wurtzbourg, seront arrivés à Pirna. Ils seront remplacés à Wurtzbourg par d'autres troupes qui arrivent de France et d'Espagne. »

Le 7 août, Napoléon avait le mot de l'Autriche.

Elle demandait :

« La dissolution du duché de Varsovie, qui serait partagé entre la Russie, l'Autriche et la Prusse, Dantzick à la Prusse ;

» Le rétablissement des villes de Hambourg, de Lubeck, etc., dans leur indépendance ;

» La reconstruction de la Prusse avec une frontière sur l'Elbe ;

» La cession à l'Autriche de toutes les provinces illyriennes, y compris Trieste ;

» Et la garantie réciproque que l'état des puissances, grandes et petites, tel qu'il se trouverait fixé par la paix, ne pourrait plus être changé ni altéré que d'un commun accord. »

Il était question aussi de l'indépendance de la Hollande et de l'Espagne. Mais ces conditions paraissaient plutôt de nature à être traitées à la paix générale.

Cette négociation semblait avoir mis plus d'harmonie dans les relations de M. de Vicence et de

M. de Metternich. Ce ministre, en lui apprenant l'arrivée du général Moreau au quartier-général du prince royal de Suède, et en l'engageant à en informer l'empereur Napoléon, lui déclarait que de quelque façon que se terminât la négociation, l'Autriche n'entrerait jamais dans ce qu'il appelait *l'intrigue de Moreau*, et repousserait toute idée de bouleversement d'état en France.

La paix était donc faite, malgré la ligue anglaise, si Napoléon acceptait ces propositions. Mais malheureusement son esprit n'avait pu se ployer à croire que passé le terme rigoureux du 10, ne fût-ce que d'un seul jour, toute porte serait fermée pour traiter de la paix du monde. Au lieu de donner une heure à l'examen de ces propositions, il employa à délibérer toute la journée du 9, et donna le lendemain ce qu'il appelait sa première réponse :

« Il n'y aura plus de duché de Varsovie ; soit. Mais Dantzick sera ville libre. Ses fortifications seront démolies, et le roi de Saxe sera indemnisé pour la cession des territoires de la Silésie et de la Bohème, qui sont enclavés dans la Saxe.

» Les provinces illyriennes seront cédées à l'Autriche. On consent même à abandonner le port de Fiume. Mais Trieste ne sera pas compris dans la cession.

» La confédération germanique s'étendra jusqu'à l'Oder.

» Enfin l'intégrité du territoire danois sera garantie. »

Cette réponse est confiée à M. de Maussion, auditeur au conseil d'état, qui part de suite. M. de Bubna, à qui Napoléon l'a communiquée avec ordre de la transmettre directement à son beau-père, fait partir son courrier. L'empereur d'Autriche et son ministre doivent recevoir la réponse de Napoléon dans la nuit du 10 au 11.

Napoléon écrit le même jour au prince d'Eckmülh :

« Mon cousin, c'est aujourd'hui le 9. Le congrès de Prague va fort mal. Probablement l'armistice sera dénoncé le 11 par les alliés, et la déclaration de guerre de l'Autriche vous sera signifiée. Prenez cela pour votre gouverne. Sur ce, etc.

» NAPOLÉON.

» Dresde, le 9 août 1813. »

Le 11, on apprend à Dresde que le congrès est dissous !

Dans leur réponse de la veille au comte de Metternich, les plénipotentiaires français avaient parfaitement traité, dans l'intérêt de la paix, la question du terme de la négociation. Ils avaient dit : « Les mots, *derniers jours des négociations*, amènent une réflexion bien douloureuse, en donnant à penser qu'on renonce dès à présent à toute idée de conciliation, tandis que la convention si-

gnée à Neumarck, en établissant un terme avant lequel il n'est pas permis de dénoncer l'armistice, n'en fait nullement une obligation, et n'annonce d'ailleurs en aucune manière que, ce terme arrivé, les négociations doivent cesser. »
Ils ajoutaient : « Le médiateur ne regarde-t-il pas comme le plus saint des devoirs de concourir à faire rejeter une interprétation qui détruirait l'espoir d'un rapprochement, que les soussignés hâtent de tous leurs vœux et de tous leurs efforts ? »

M. de Metternich avait signalé son impartialité par son silence sur cette observation, dont la justice égalait la générosité. Mais il se hâtait de leur adresser sa dernière note.

Note de M. de Metternich aux plénipotentiaires français.

« Le soussigné, ministre d'état et des affaires étrangères de sa majesté impériale et royale apostolique, plénipotentiaire de la cour médiatrice, a l'honneur de transmettre à LL. Exc. MM. le duc de Vicence et le comte de Narbonne, plénipotentiaires de S. M. l'empereur des Français, roi d'Italie, copie des offices qu'il vient de recevoir de la part de MM. les plénipotentiaires de S. M. l'empereur de toutes les Russies et de S. M. le roi de Prusse, par lesquels ils lui déclarent que, le terme de l'armistice étant écoulé, ils regardent le congrès réuni pour la négociation de la paix comme dissous.

» C'est avec un vif regret que le soussigné voit finir, en conséquence, ses fonctions de médiateur, sans emporter, d'un stérile essai d'arriver au résultat satisfaisant de la pacification des puissances belligérantes, une autre consolation que celle de n'avoir négligé, de son côté, aucun moyen pour consommer une œuvre aussi salutaire.

» Le soussigné saisit avec empressement l'occasion de cette dernière communication officielle pour offrir à LL. Exc. les assurances de sa haute considération.

» *Signé*, le comte DE METTERNICH.

» Prague, le 11 août 1813. »

Note de M. d'Anstett à M. le comte de Metternich.

« Le terme final de la médiation et des négociations ouvertes à Prague étant révolu avec la journée du 10, le soussigné a l'ordre exprès de déclarer formellement que ses pleins-pouvoirs cessent dès ce moment.

» Sur le point de quitter cette ville, il ne saurait le faire sans s'acquitter du devoir sacré d'offrir à S. Exc. M. le comte de Metternich les expressions de sa vive reconnaissance des marques de confiance et de bonté dont il a bien voulu l'honorer personnellement.

» Quant à l'impartialité, à la noblesse, à l'esprit de conciliation, à la pureté des principes que son excellence a manifestés en sa qualité de médiateur, il n'appartient point au soussigné d'anticiper à cet égard sur les témoignages que les cours alliées s'empresseront de faire parvenir à S. Exc. M. le comte de Metternich. Il se borne à lui renouveler ceux de sa très-haute considération.

» *Signé*, D'ANSTETT.

» *Concordat cum originali*,

» *Signé*, METTERNICH.

» Prague, le 29 juillet (10 août) 1813, à minuit. »

Note de M. de Humboldt à M. le comte de Metternich.

« Le terme des négociations qui avaient été ouvertes sous la médiation de sa majesté impériale et royale apostolique étant révolu avec la journée du 10 août, le soussigné, ministre d'état et plénipotentiaire de S. M. le roi de Prusse, est chargé, par les ordres exprès de sa cour, de déclarer formellement à S. Exc. M. le comte de Metternich, ministre d'état et des affaires étrangères, plénipotentiaire de S. M. l'empereur d'Autriche, que ses pleins-pouvoirs, ainsi que son caractère de plénipotentiaire, viennent à cesser.

» Le soussigné ne tarde pas un moment, par conséquent, à prier S. Exc. M. le comte de Metternich de témoigner à sa majesté impériale combien S. M. le roi de Prusse, tout en éprouvant des regrets vifs et sincères que les intentions bienfaisantes de la cour médiatrice n'aient pu amener le résultat desiré, est sensible aux nouvelles marques d'intérêt et de confiance que S. M. l'empereur a bien voulu lui donner aussi dans cette occasion importante. Ces efforts faits d'un commun accord pour rendre une paix stable et solide à l'Europe, ne pourront qu'ajouter aux sentimens d'amitié et d'attachement que se portent les deux souverains, et S. Exc. le comte de Metternich sait combien tout ce qui a rapport à ce sentiment a de prix aux yeux de sa majesté et est cher à son cœur.

» Le soussigné saisit cette occasion pour présenter à S. Exc. M. le comte de Metternich l'expression de sa reconnaissance particulière de toutes les preuves de bonté et de confiance que son excellence a bien voulu lui donner personnellement, et le prier en même temps d'agréer l'assurance de sa haute considération.

» *Signé*, HUMBOLDT.
» *Concordat cum originali*,
» *Signé*, METTERNICH.

» Prague, le 10 août 1813, à minuit. »

Réplique des plénipotentiaires français.

« Les soussignés, plénipotentiaires de S. M.

l'empereur des Français, ont reçu avec la note que S. Exc. M. le comte de Metternich, etc., leur a fait l'honneur de leur adresser aujourd'hui, les copies de celles que son excellence venait de recevoir de MM. les plénipotentiaires russe et prussien. Ils ont vu avec peine, mais sans surprise, dans cette communication, l'empressement avec lequel MM. les plénipotentiaires alliés ont saisi l'occasion de dérober à l'œuvre de la pacification le temps qui lui était encore réservé; et ils devaient s'attendre que le médiateur aurait usé de toute son influence pour conserver à la négociation des momens qui pouvaient amener la tranquillité de l'Europe.

» Les soussignés, convaincus qu'ils n'ont rien négligé pour remplir les intentions pacifiques de leur auguste maître, et qu'ils en ont encore donné une preuve en renouvelant avec instance, par leur note d'hier, les propositions les plus conciliantes, regrettent vivement qu'il ne leur reste d'autre devoir à remplir que de mettre sous les yeux de sa majesté impériale et royale les notes qui leur ont été adressées par M. le comte de Metternich.

» *Signé*, CAULAINCOURT, duc de Vicence.

» L. NARBONNE.

» Prague, le 11 août 1813. »

Le comte de Narbonne arrive à Dresde le 15, porteur de la déclaration de guerre de l'Autriche.

Déclaration de guerre de l'Autriche.

« Le soussigné, ministre d'état et des affaires étrangères, est chargé, par un ordre exprès de son auguste maître, de faire la déclaration suivante à S. Exc. M. le comte de Narbonne, ambassadeur de S. M. l'empereur des Français, roi d'Italie.

» Depuis la dernière paix signée avec la France, en octobre 1809, sa majesté impériale et royale apostolique a voué toute sa sollicitude, non-seulement à établir avec cette puissance des relations d'amitié et de confiance dont elle avait fait la base de son système politique, mais à faire servir ces relations au maintien de la paix et de l'ordre en Europe. Elle s'était flattée que ce rapprochement intime cimenté par une alliance de famille contractée avec S. M. l'empereur des Français, contribuerait à lui donner, sur sa marche politique, la seule influence qu'elle soit jalouse d'acquérir, celle qui tend à communiquer aux cabinets de l'Europe l'esprit de modération, le respect pour les droits et les possessions des états indépendans qui l'animent elle-même.

» Sa majesté impériale n'a pu se livrer long-temps à de si belles espérances : un an était à peine écoulé depuis l'époque qui semblait mettre le comble à la gloire militaire du souverain de la France, et rien ne paraissait plus manquer à sa prospérité, pour autant qu'elle dépendait de son attitude et de son influence au dehors, quand de nouvelles réunions au territoire français, d'états jusqu'alors indépendans, de nouveaux morcellemens et déchiremens de l'empire d'Allemagne [1] vinrent réveiller les inquiétudes des puissances, et préparer, par leur funeste réaction sur le nord de l'Europe, la guerre qui devait s'allumer en 1812 entre la France et la Russie [2].

---

[1] *Observations dictées par Napoléon.*

« L'Autriche a de plein gré renoncé à l'empire d'Allemagne. Elle a reconnu les princes de la confédération, elle a reconnu le protectorat de l'empereur. Si le cabinet autrichien a conçu le projet de rétablir l'empire d'Allemagne, de revenir sur tout ce que la victoire a fondé et que les traités ont consacré, il a formé une entreprise qui prouve mal *l'esprit de modération et le respect pour les droits des états indépendans* dont il se dit animé.

[2] » Le cabinet de Vienne met en oubli le traité d'alliance qu'il a conclu le 14 mars 1812. Il oublie que par ce traité la France et l'Autriche se sont garanties réciproquement l'intégrité de leurs territoires actuels; il oublie que par ce traité l'Autriche s'est engagée à défendre le territoire de la France tel qu'il existait alors, et qui n'a depuis reçu aucun agrandissement, il oublie que par ce traité il ne s'est pas borné à demander pour l'Autriche l'intégrité de son territoire, mais les agrandissemens que les circonstances pourraient lui

» Le cabinet français sait mieux qu'aucun autre combien S. M. l'empereur d'Autriche a eu à cœur d'en prévenir l'éclat par toutes les voies que lui dictait son intérêt pour les deux puissances et

procurer ; il oublie que, le 14 mars 1812, toutes les questions qui devaient amener la guerre étaient connues et posées, et que c'est volontairement et en connaissance de cause qu'il prit parti contre la Russie. Pourquoi, s'il avait alors les sentimens qu'il manifeste aujourd'hui, n'a-t-il pas fait alors cause commune avec la Russie ? Pourquoi du moins, au lieu de s'unir à ce qu'il présente aujourd'hui comme un cause injuste, n'a-t-il pas adopté la neutralité ? La Prusse fit à la même époque une alliance avec la France, qu'elle a violée depuis ; mais ses forteresses et son territoire étaient occupés. Placée entre deux grandes puissances en armes et théâtre de la guerre, la neutralité était de fait impossible. Elle se rangea du côté du plus fort. Lorsqu'ensuite la Russie occupa son territoire, elle reçut la loi et fut l'alliée de la Russie. Aucune des circonstances qui ont réglé les déterminations de la Prusse, n'ont existé en 1812 et n'existent en 1813 pour l'Autriche. Elle s'est engagée de plein gré en 1812, à la cause qu'elle croyait la plus juste, à celle dont le triomphe importait le plus à ses vues et aux intérêts de l'Europe dont elle se montre protecteur si inquiet et défenseur si généreux. Elle a versé son sang pour soutenir la cause de la France ; en 1813 elle le prodigue pour soutenir le parti contraire. Que doivent penser les peuples ? quel jugement ne porteront-ils pas d'un gouvernement qui, attaquant aujourd'hui ce qu'il a défendait hier, montre que ce n'est ni la justice ni la politique qui règlent les plus importantes déterminations de son cabinet.

pour celles qui devaient se trouver entraînées dans la grande lutte qui se préparait. Ce n'est pas elle que l'Europe accusera jamais des maux incalculables qui en ont été la suite [1].

» Dans cet état de choses, S. M. l'empereur, ne pouvant conserver à ses peuples le bienfait de la paix, et maintenir une heureuse neutralité au milieu du vaste champ de bataille qui, de tous côtés, environnait ses états, ne consulta, dans le parti qu'elle adopta, que sa fidélité à des relations si récemment établies, et l'espoir qu'elle aimait à nourrir encore que son alliance avec la France, en lui offrant des moyens plus sûrs de faire écouter les conseils de la sagesse, mettrait des bornes à des maux inévitables, et servirait la cause du retour de la paix en Europe [2].

---

[1] » Le cabinet français sait mieux qu'aucun autre que l'Autriche a offert son alliance lorsqu'on n'avait pas même conçu l'espérance de l'obtenir : il sait que si quelque chose avait pu le porter à la guerre, c'était la certitude que non-seulement l'Autriche n'y prendrait aucune part contre lui, mais qu'elle y prendrait part pour lui. Il sait que, loin de déconseiller la guerre, l'Autriche l'a excitée ; que, loin de la craindre, elle l'a désirée; que, loin de vouloir s'opposer à de nouveaux morcellemens d'états, elle a conçu de nouveaux déchiremens dont elle voulait faire son profit.

[2] » Le cabinet de Vienne ne pouvait, dit-il, maintenir une heureuse neutralité au milieu du vaste champ de bataille qui l'environnait de tous les côtés. — Les circonstan-

» Il n'en a malheureusement pas été ainsi : ni les succès brillans de la campagne de 1812, ni les désastres sans exemple qui en ont marqué la fin, n'ont pu ramener dans les conseils du gouvernement français l'esprit de modération qui aurait mis à profit les uns, et diminué l'effet des autres [1].

» Sa majesté n'en saisit pas moins le moment

---

ces n'étaient-elles donc pas les mêmes qu'en 1806 ? De sanglans combats ne se livrèrent-ils pas en 1806 et en 1807, près des limites de son territoire, et ne conserva-t-il pas aux peuples le bienfait de la paix, et ne se maintint-il pas dans une heureuse neutralité ? — Mais le gouvernement de l'Autriche, en prenant le parti de la guerre, en combattant pour la cause de la France, *consulta*, dit-il, *sa fidélité à des relations nouvellement établies;* fidélité qui ne mérite plus d'être consultée lorsque ces relations sont devenues plus anciennes d'une année et plus étroites par une alliance formelle. S'il faut l'en croire aujourd'hui, ce n'était pas pour s'assurer des agrandissemens qu'il s'alliait à la France en 1812, qu'il lui garantissait toutes ses possessions, et qu'il prenait part à la guerre : c'était pour servir la cause du retour de la paix, et pour faire écouter les conseils de la sagesse. Quelle logique ! quelle modestie !

[1] » Comment le cabinet de Vienne a-t-il appris que les succès brillans de la campagne de 1812 n'ont pas ramené la modération dans les conseils du gouvernement français? S'il avait été bien informé, il aurait su que les conseils de la France, après la bataille de la Moscowa, ont été modérés et pacifiques, et que tout ce qui pouvait ramener la paix fut alors tenté.

où l'épuisement réciproque avait ralenti les opérations actives de la guerre, pour porter aux puissances belligérantes des paroles de paix, qu'elle espérait encore voir accueillir de part et d'autre avec la sincérité qui les lui avait dictées.

» Persuadée toutefois qu'elle ne pourrait les faire écouter qu'en les soutenant de forces qui promettraient au parti avec lequel elle s'accorderait de vues et de principes l'appui de sa coopération active pour terminer la grande lutte [1] ; en

---

[1] » Le cabinet de Vienne met de la suite dans ses inconséquences. Il fait cause commune avec la France en 1812 : et c'était, dit-il aujourd'hui, pour l'empêcher de faire la guerre à la Russie. Il arme en 1813 pour la Prusse et la Russie, et c'est, dit-il, pour leur inspirer le désir de la paix. Ces puissances, d'abord exaltées par des progrès qu'elles devaient au hasard des circonstances, avaient été rendues à des sentimens plus calmes par les revers éclatans du premier mois de la campagne : affaiblies, vaincues, elles allaient revenir de leurs illusions. Le gouvernement autrichien leur déclare qu'il arme pour elle : il leur montre ses armées prêtes à prendre leur défense, et en leur offrant de nouvelles chances dans la continuation de la guerre, il prétend leur inspirer le désir de la paix ! Qu'aurait-il fait, s'il avait voulu les encourager à la guerre ? Il a offert à la Russie d'en prendre sur lui le fardeau ; il a offert à la Prusse d'en changer le théâtre. Il a appelé sur son propre territoire les troupes de ses alliés et toutes les calamités qui pesaient sur celui de la Prusse. Il a enfin offert au cabinet de Pétersbourg le spectacle le plus agréable pour un empereur de Russie, de l'Autriche, son ennemie naturelle, combattant

offrant sa médiation aux puissances, elle se décida à l'effort, pénible pour son cœur, d'un appel au courage et au patriotisme des ses peuples. Le congrès proposé par elle et accepté par les deux partis s'assembla au milieu des préparatifs militaires que le succès des négociations devait rendre inutiles, si les vœux de l'empereur se réalisaient, mais qui devaient, dans le cas contraire, conduire par de nouveaux efforts au résultat pacifique que sa majesté eût préféré d'atteindre sans effusion de sang [1].

» En obtenant, de la confiance qu'elles avaient vouée à sa majesté impériale, le consentement des puissances à la prolongation de l'armistice que la France jugeait nécessaire pour les négocia-

---

la France, son ennemie actuelle. Si le cabinet de Vienne avait demandé les conseils de la sagesse, elle lui aurait dit qu'on n'arrête pas un incendie en lui donnant un nouvel aliment, qu'il n'est pas sage de s'y précipiter pour un peuple dont les intérêts sont contraires ou étrangers ; enfin qu'il y a de la folie à exposer à toutes les chances de la guerre une nation qui, après de si longs malheurs, pouvait continuer à jouir des douceurs de la paix. Mais l'ambition n'est pas un conseiller qu'avoue la sagesse.

[1] » L'auteur de cette déclaration ne sort pas du cercle vicieux dans lequel il s'est engagé. La Russie et la Prusse savaient fort bien que le gouvernement autrichien armait contre la France. Dès ce moment, elles ne pouvaient pas vouloir la paix. Ce résultat des dispositions du cabinet de Vienne était trop évident pour qu'il n'y eût pas compté.

tions, l'empereur acquit, avec cette preuve de leurs vues pacifiques, celle de la modération de leurs principes et de leurs intentions [1].

» Il y reconnut les siens, et se persuada, de ce moment, que ce serait de leur côté qu'il rencontrerait des dispositions sincères à concourir au rétablissement d'une paix solide et durable. La France, loin de manifester des intentions analogues, n'avait donné que des assurances générales trop souvent démenties par des déclarations publiques qui ne fondaient aucunement l'espoir qu'elles porteraient à la paix les sacrifices qui pourraient la ramener en Europe [2].

---

[1] » Le cabinet de Vienne avait fait perdre le mois de juin tout entier, en ne remplissant aucune des formalités préalables à l'ouverture du congrès. La France ne demanda point que l'armistice fût prolongé, mais elle y consentit. Ce qu'elle désirait, ce qu'elle demanda, c'est qu'il fût convenu que les négociations continueraient pendant les hostilités. Mais le cabinet de Vienne s'y refusa; l'Autriche aurait été liée, comme médiatrice, pendant les négociations; il préféra une prolongation d'armistice qui lui donnait le temps d'achever ses armemens, et dont la durée limitée lui offrait un terme fatal pour rompre les négociations et pour se déclarer.

[2] » Comment le cabinet de Vienne s'est-il assuré *que la France ne porterait pas à la paix les sacrifices qui pourraient la ramener en Europe ?* Avant le moment qu'il avait fixé pour la guerre, a-t-il proposé un *ultimatum* et fait connaître ce qu'il voulait? — Il a déclaré la guerre parce qu'il ne voulait

» La marche du congrès ne pouvait laisser de doutes à cet égard : le retard de l'arrivée de MM. les plénipotentiaires français, sous des prétextes que le grand but de sa réunion aurait dû faire écarter [1], l'insuffisance de leurs instructions sur les objets de forme qui faisaient perdre un temps irréparable, lorsqu'il ne restait que peu de jours pour la plus importante des négociations [2];

---

que la guerre. Il l'a déclarée, sans s'assurer si elle pouvait être évitée, et avec une précipitation à laquelle il est difficile de reconnaître l'influence des conseils de la sagesse.

[1] » C'est par le fait de l'Autriche et des alliés que l'arrivée des plénipotentiaires a été retardée; cependant les difficultés suscitées à dessein n'étaient pas levées, que M. le comte de Narbonne était déjà à Prague. Ses pouvoirs, communs aux deux plénipotentiaires, l'autorisaient à agir concurremment ou séparément. M. le duc de Vicence arriva plus tard, parce que de nouvelles difficultés, où la dignité de la France était compromise, furent élevées par les ennemis. Mais à quoi bon ces observations? Qu'aurait fait un retard de quelques jours à un médiateur qui n'aurait pas voulu la guerre; et quel motif de guerre qu'un retard de quelques jours !

[2] » Les plénipotentiaires avaient pour instructions d'adhérer à toutes les formes de négociation consacrées par l'usage. Le médiateur proposa des formes inusitées et qui tendaient à empêcher tout rapprochement des plénipotentiaires, tout rapport entre eux, toute négociation. Il introduisit une discussion qu'avec une volonté sincère de la paix le médiateur n'aurait jamais occasionée. *Il ne restait*, dit-il, *que peu de jours pour la plus importante des négociations.* Eh ! pour-

toutes ces circonstances réunies ne démontraient que trop que la paix, telle que la désiraient l'Autriche et les souverains alliés, était étrangère aux vœux de la France [1] ; et qu'ayant accepté pour la forme, et pour ne pas s'exposer aux reproches de la prolongation de la guerre, sa proposition d'une

---

quoi ne restait-il que peu de jours, qu'avait de commun la négociation avec l'armistice ? ne pouvait-on pas négocier en se battant ? Qu'importe quelques jours de plus ou de moins quand il s'agit de la paix ? Si le cabinet de Vienne ne voulait pas la négocier, mais la dicter, comme on dicte des conditions à une place assiégée, peu de jours à la vérité pouvaient suffire ; mais alors pourquoi n'a-t-il pas même proposé une capitulation ? *Il ne restait que peu de jours pour la plus importante des négociations!* Quelle est donc la négociation qui a été faite en peu de jours ? Le temps est l'élément le plus nécessaire quand il s'agit de s'entendre, le temps est un élément inutile pour un médiateur qui a pris d'avance son parti. Cependant lorsque c'est contre la France qu'il s'agit de se déclarer, une telle détermination n'est pas de si peu de conséquence qu'il soit indifférent d'employer quelques jours de plus ou de moins à y penser.

[1] » Il faut rendre ici justice à la pénétration du cabinet de Vienne. Sans doute la paix, telle que la voulaient les souverains alliés, était étrangère aux vœux de la France, de même que la paix, telle que la voulait la France, devait être étrangère aux vœux des alliés. Toute puissance qui entre en négociation veut tout ce qu'elle peut obtenir. Lorsqu'il y a un médiateur, il s'interpose entre les volontés opposées, afin de les rapprocher. Telle est sa mission : sa gloire est d'y réussir. Mais tel n'était pas le rôle que le cabinet autrichien

négociation, elle voulait en éluder l'effet [1], ou s'en prévaloir peut-être uniquement pour séparer l'Autriche des puissances qui s'étaient déjà réunies avec elle de principes, avant même que les

---

s'était donné ; il n'a jamais été médiateur, il a été ennemi dès le moment où, selon son aveu, il n'a voulu d'autre paix que celle que voulait une seule des parties. Mais quelle était cette paix que voulait le cabinet de Vienne ? S'il voulait en effet la paix, une paix quelconque, pourquoi ne s'est-il pas expliqué ? Pourquoi ? parce qu'il avait adopté toutes les prétentions de la Russie, de la Prusse et de l'Angleterre ; parce qu'il avait de plus ses prétentions propres sur lesquelles il ne voulait pas céder ; enfin parce qu'il était résolu à la guerre.

[1] » La France a proposé l'ouverture d'un congrès, parce qu'elle voulait sincèrement la paix, parce qu'elle se flattait que ses plénipotentiaires, mis en présence de ceux de la Russie et de la Prusse, parviendraient à s'entendre avec eux, parce qu'un congrès, même sous la médiation de l'Autriche, était un moyen d'échapper au danger des insinuations que le cabinet de Vienne répandait.

» La France a accepté la médiation de l'Autriche, parce qu'en supposant au cabinet de Vienne les vues ambitieuses sur lesquelles nous n'avions pas de doute, on devait croire qu'il se trouverait gêné par son rôle de médiateur, et qu'il n'oserait pas, dans une négociation publique et pour son seul intérêt, repousser nos vues modérées et les sacrifices que nous étions disposés à faire à la paix ; parce qu'enfin, s'il en était autrement, et si le médiateur et nos ennemis étaient d'accord sur leurs prétentions réciproques, le cabinet de Vienne proposerait un *ultimatum* qui soulèverait l'indignation de la France et de ses alliés.

traités eussent consacré leur union pour la cause de la paix et du bonheur du monde [1].

» L'Autriche sort de cette négociation, dont le résultat a trompé ses vœux les plus chers, avec la conscience de la bonne foi qu'elle y a portée. Plus zélée que jamais pour le noble but qu'elle s'était proposé, elle ne prend les armes que pour l'atteindre de concert avec les puissances animées des mêmes sentimens. Toujours également disposée à prêter la main au rétablissement d'un ordre de choses qui, par une sage répartition de forces, place la garantie de la paix sous l'égide d'une association d'états indépendans, elle ne négligera aucune occasion de parvenir à ce résultat; et la connaissance qu'elle a acquise des dispositions des cours devenues désormais ses alliées lui donne la certitude qu'elles coopéreront avec sincérité à un but aussi salutaire [2].

---

[1] » Ainsi l'*Autriche était déjà réunie de principes avec les ennemis de la France !* Qui lui demandait cet aveu ?

» Le cabinet de Vienne craignait que la France ne se prévalût d'une négociation pour séparer l'Autriche des puissances ennemies ? Sans doute, si l'Autriche s'était unie à elles pour les empêcher de faire la paix et avec la ferme résolution de nous faire la guerre, elle devait craindre une négociation où notre modération pouvait leur offrir des chances plus avantageuses dans la paix que dans la guerre; mais pourquoi donc le cabinet de Vienne a-t-il offert sa médiation et fait retentir l'Europe de ses vœux pour la paix ?

[2] » L'Autriche *veut établir un ordre de choses qui, par une*

» En déclarant, d'ordre de l'empereur, à M. le comte de Narbonne que ses fonctions d'ambassadeur viennent à cesser de ce moment, le soussigné met à la disposition de S. Exc. les passe-ports dont elle aura besoin pour elle et pour sa suite.

» Les mêmes passe-ports seront remis à M. de la Blanche, chargé des affaires de France à Vienne, ainsi qu'aux autres individus de l'ambassade.

» Il a l'honneur d'offrir, etc.

» METTERNICH.

» Prague, le 12 août 1813. »

---

sage répartition de forces, place la garantie de la paix sous l'égide d'une association d'états indépendans. Elle ne fera la paix que quand une égale répartition de forces garantira l'indépendance de chaque état. Pour y parvenir, elle doit d'abord agrandir à ses dépens la Bavière et la Saxe, car c'est aux grandes puissances à descendre pour que les puissances du second ordre deviennent leurs égales; lorsqu'elle aura donné l'exemple, elle sera en droit de demander qu'il soit imité. Ainsi le cabinet de Vienne veut combattre pour faire de toutes les puissances une république de souverains dont les élémens seront parfaitement égaux; et c'est à de telles rêveries qu'il faudrait sacrifier le repos du monde ! Peut-on se jouer plus ouvertement de la raison publique, de l'opinion de l'Europe ? En rédigeant des manifestes, comme en réglant sa conduite, le cabinet de Vienne n'a pas *écouté les conseils de la sagesse.* »

Napoléon est à présent tout à la guerre. Il termine son séjour à Dresde par quelques lettres toutes militaires.

Au prince archichancelier.

« Mon cousin, le ministre des relations extérieures vous a fait connaître que l'Autriche nous a déclaré la guerre. Son manifeste est assez insignifiant ; l'analyse en bon français est qu'elle croit l'occasion bonne pour reprendre son influence. Les négociations de Prague n'ont pas eu lieu, on n'a pas même pu échanger les pouvoirs. Les plénipotentiaires n'ont pas même pu se voir. Les affaires d'Espagne ont relevé les espérances, l'intrigue anglaise a fait le reste. Le 17, nous nous battrons. Je désire que l'impératrice fasse son voyage de Cherbourg et que ce ne soit qu'à son retour qu'elle apprenne tout cela. Faites-la partir le 17. Je vous prie de réunir le conseil des ministres pour savoir s'il ne faudrait pas lever vingt-cinq mille conscrits dans les départemens du Languedoc et de la Guyenne, qu'on dirigerait sur Bayonne pour renforcer les armées d'Espagne. Si vous êtes de cet avis, présentez le sénatus-consulte au sénat. Sur ce, je prie Dieu qu'il vous ait en sa sainte et digne garde.

» Napoléon.

» Dresde, le 12 août 1813. »

Au prince d'Eckmühl.

« Mon cousin, j'ai nommé le général Girard, qui s'est si bien distingué à Lutzen, et qui est guéri de ses blessures, pour se rendre à Magdebourg. Il aura sous ses ordres :

» 1°. Le corps du général Dombrowski, composé de huit bataillons polonais et de deux régimens de cavalerie, etc.

» 2°. Une division de neuf mille hommes tirée de la garnison de Magdebourg.

» Ce général pourra donc réunir, entre Berlin Wittemberg et Magdebourg, quinze mille hommes, qui serviront à établir une communication entre vous et le duc de Reggio. Cependant ce corps ne doit pas s'éloigner de manière à être isolé de Magdebourg parce que la garnison de cette place ne serait plus suffisante. Le général Lemarois ayant le chiffre de l'état-major, que vous devez avoir aussi, vous pourrez correspondre. Sur ce, je prie Dieu qu'il vous ait en sa sainte et digne garde.

» Napoléon.

» Dresde, le 12 août au matin 1813. »

Au prince d'Eckmühl.

« Mon cousin, le major général vous aura annoncé que les ennemis ont dénoncé hier l'armistice. Les hostilités recommenceront donc le 17.

Que votre quartier général sorte le plus tôt possible de Hambourg; et ne vous laissez pas masquer par des forces inférieures et surtout par ce tas de canaille qui ne signifie rien. J'ai fait venir le général Vandamme à Dresde; mais le duc de Reggio avec son corps, qui est le douzième, le quatrième corps, commandé par le général Bertrand, fort de trois divisions, et le duc de Padoue, fort de trois divisions de cavalerie, ce qui fait une armée de soixante-dix à quatre-vingt mille hommes, débouche le 18 de Luckau sur Berlin. Vous sentez que ce corps n'étant qu'à trois journées de Berlin pressera davantage l'ennemi, et qu'il serait possible qu'il portât toutes ses forces contre lui. Vous devez donc manœuvrer de manière à inquiéter l'ennemi sur sa gauche, et à vous réunir avec le corps du duc de Reggio sur Berlin. Aussitôt que vous serez éloigné de Hambourg, vous aurez une communication sûre avec Magdebourg. Le général Lemarois a ordre de former une division active pour manœuvrer autour de Magdebourg. Comme il est probable que l'Autriche est contre nous, les circonstances deviennent fortes. Il faut que vous mettiez la plus grande activité dans vos opérations. Aussitôt que vous aurez reçu cette lettre, votre corps doit quitter Hambourg et menacer le flanc de l'ennemi. Annoncez l'arrivée d'un corps considérable venant de Wésel. J'ai ordonné au général Lemarois de se porter à Minden avec six bataillons de la sixième division *bis*, afin d'y former une réserve entre Cassel, Magdebourg et Hambourg. Sur ce, je prie Dieu qu'il vous ait en sa sainte et digne garde.

» Napoléon.

» Dresde, le 12 août 1813. »

Au prince d'Eckmühl.

« Mon cousin, l'officier d'ordonnance Laplace arrive en ce moment, et m'apporte votre lettre du 10 août. J'attache comme vous beaucoup d'importance à ce que la communication soit la plus directe possible avec Harbourg : gagner une demi-lieue c'est beaucoup gagner ; et arriver promptement au secours de la garnison, cela équivaut à une augmentation de troupe. Je vois avec peine que vous ayez encore si peu de chevaux. Je vous ai fait connaître hier que l'ennemi avait dénoncé l'armistice, que les hostilités recommenceront le 17, et que l'Autriche nous a déclaré la guerre. La garde part aujourd'hui de Dresde, et demain je porte mon quartier-général à Bautzen. Les quatrième et septième corps, et le troisième corps de cavalerie sont en mouvement pour Luckau. J'espère que le 18 ils dépasseront Bareuth pour se porter sur Berlin. Annoncez donc votre mouvement offensif. On ne voit pas trop encore ce que veut faire l'ennemi. Le général Girard est parti hier pour Magdebourg. Prenez toutes vos mesures pour remonter le plus promptement possible beaucoup de monde. Assurez-vous que vous et le général Lemarois avez le même chiffre. Je suis surpris que vous ne soyez pas plus instruit des mouvemens de l'ennemi ; il me semble que par Altona et Copenhague vous devriez avoir toutes les nouvelles. J'attends aujourd'hui le roi de Naples qui vient prendre un commandement dans l'armée. Ayez soin d'écrire en chiffres tout ce qui aurait quelque importance. Sur ce, je prie Dieu qu'il vous ait en sa sainte et digne garde. »

» Napoléon.

» Dresde, ce 13 août 1813. »

A M. le maréchal prince d'Eckmühl.

Dresde le 13 août 1813.

« Monsieur le maréchal, le duc de Reggio, avec une armée de quatre-vingt mille hommes, composée de son corps (n°. 12), du quatrième commandé par le général Bertrand, du septième commandé par le général Régnier, et du troisième corps de cavalerie commandé par le duc de Padoue, part le 18 de Bareuth pour se porter sur Berlin ; il y arrivera le 21 s'il n'est pas retenu par des forces supérieures.

» Le général Girard, avec dix ou douze mille

hommes, débouche par Magdebourg le 18, pour pousser l'ennemi devant lui s'il n'y est pas en forces supérieures, ou le suivre aussitôt qu'il sera affaibli. Le général Girard, formant la partie active du corps de Magdebourg, ne doit point se laisser couper de la ligne. Son but est d'aider la réunion du duc de Reggio à vous.

» L'intention de l'empereur est, qu'aussitôt que cela sera possible, tout votre corps d'armée soit réuni sur la rive droite de l'Elbe en avant de Hambourg. Avec les Danois, et après avoir laissé une garnison dans la place, vous devez avoir un corps d'au moins trente mille combattans.

» Si l'ennemi n'est pas devant vous en forces supérieures, attaquez le 18, et le menez battant. S'il est en forces supérieures, non-seulement par le nombre, mais encore par la cavalerie, faites des mouvemens devant lui. Inquiétez-le et suivez-le aussitôt qu'il sera affaibli. Votre principal but est de marcher entre la mer et Berlin pour vous réunir au duc de Reggio, pousser les Suédois dans la mer, et enfin débloquer Stettin. Si vous parvenez à débloquer cette place, il faut sur-le-champ en retirer les généraux inutiles, et réapprovisionner la place en prenant les blés qu'on pourra trouver, de manière que la place puisse tenir jusqu'à la fin d'octobre.

» Vous trouverez ci-joint la liste des généraux qui ont le grand chiffre; je vous envoie copie d'un petit. Comme il est facile à copier, vous pourrez le donner aux généraux qui seraient détachés, en leur faisant sentir l'importance de ne pas le perdre, et de s'arranger de manière que, venant à être faits prisonniers, par exemple, ce chiffre ne tombât pas au pouvoir de l'ennemi.

» L'empereur porte aujourd'hui son quartier général à Bautzen. Le maréchal Saint-Cyr, avec le quatorzième corps, est à Pirna, à cheval sur le fleuve. Le premier corps (celui du général Vandamme) arrivera le 17 à Dresde. La déclaration de guerre de l'Autriche accroît le nombre de nos ennemis. Il est nécessaire que tous les généraux détachés fassent tout ce qu'exigent, et leur zèle pour le service de l'empereur, et la gloire des armes françaises.

» L'empereur vous a envoyé le général de division Pécheux, qui est un homme de mérite. Il vous envoie un nouveau général de brigade. Le général Lemoine, avec ses six bataillons de la sixième division *bis*, a ordre de prendre position à Minden ; donnez-lui des nouvelles par toutes les occasions.

» Vous recevrez cette lettre le 16. Il importe que vous me fassiez promptement connaître ce qui se passe devant vous, et ce que vous pourrez faire.

» Le prince vice-connétable major général,

ALEXANDRE. »

L'empereur au prince d'Ecmühl.

« Mon cousin, je reçois votre lettre du 12 août. Je pars à l'instant pour porter mon quartier-général en avant; l'armée s'est mise en mouvement. Agissez avec l'activité et la vigueur qu'exigent les circonstances. Sur ce, etc.

» Napoléon. »

» Dresde, le 15 août 1813, à midi. »

A Dresde tout était préparé pour la fête de la paix; à la nouvelle de la rupture du congrès la transition fut brusque, et, quoique bien douloureuse, la guerre, et le cri de la guerre, remplacèrent tout à coup les espérances qui, depuis quelques jours, avait récréé les esprits. Mais à Prague, où le serment de la guerre était renouvelé chaque jour depuis un mois, il n'y eut pas de changement dans les apprêts, il n'y en eut que dans les localités. Le lendemain Prague était le grand quartier-général de l'empereur François et des alliés. C'était bien juste. La ville où la paix venait d'être refusée appartenait de droit à la guerre.

Cependant au milieu de la joie étrangère, le duc de Vicence continue sa mission auprès de M. de Metternich. A présent que ce ministre est affranchi du rôle de médiateur, on doit espérer qu'il marchera plus librement. En effet, il a reçu et examiné la réponse de Napoléon. Il réclame encore Trieste. Il refuse la ligne de l'Oder pour la confédération; il demande l'indépendance de cette confédération et celle de la Suisse.

Napoléon accepte dans leur entier les conditions du cabinet de Vienne, et si il demande à garder la Hollande et les villes anséatiques, c'est un dépôt, c'est un objet de compensation avec l'Angleterre pour la paix générale, qui est jusqu'au dernier moment l'objet de tous ses vœux.

M. de Metternich avoue que le 10 de telles concessions auraient pu mener à la paix, mais au lieu de médiateur, il est allié, et, à ce titre, il est obligé de référer de ces propositions à l'empereur Alexandre et au roi de Prusse que l'on attend. Napoléon en recevant la lettre par laquelle le duc de Vicence lui rend compte de cette dernière et irréparable difficulté, déclare en montant à cheval qu'il va se battre pour la paix. Il dicte à un secrétaire une dernière instruction pour le duc de Bassano.

« L'Autriche médiatrice rendait toute conciliation impossible : mais l'Autriche, en se déclarant en état de guerre, nous met tous dans une position plus vraie et plus simple. L'Europe est ainsi plus près de la paix; car il y a une complication de moins. Eh bien ! puisque les alliés fondent tant d'espérance sur les chances des combats, rien n'empêche de négocier en se battant. Écrivez à M. de Metternich que je propose d'ouvrir dès aujourd'hui un congrès dans une ville frontière qu'on neutralisera. »

Le duc de Bassano s'empresse alors d'adresser la note suivante à M. de Metternich.

A M. de Metternich.

« Le soussigné, ministre des relations extérieures, a mis sous les yeux de S. M. l'empereur et roi la déclaration du 11 août, par laquelle l'Autriche dépose le rôle de médiateur dont elle avait couvert ses desseins.

» Depuis le mois de février, les dispositions hostiles du cabinet de Vienne envers la France étaient connues de toute l'Europe. Le Danemarck, la Saxe, la Bavière, le Wurtemberg, Naples et la Westphalie ont dans leurs archives des pièces qui prouvent combien l'Autriche, sous les fausses apparences de l'intérêt qu'elle prenait à son allié et de l'amour de la paix, nourrissait de jalousie contre la France. Le soussigné se refuse à retracer le système de protestations prodiguées d'un côté, et d'insinuations répandues de l'autre, par lequel le cabinet de Vienne compromettait la dignité de son souverain, et qui, dans son développement, a prostitué ce qu'il y a de plus sacré parmi les hommes, un médiateur, un congrès et le nom de la paix.

» Si l'Autriche voulait faire la guerre, qu'avait-elle besoin de se parer d'un faux langage et d'entourer la France de piéges mal tissus qui frappaient tous les regards?

» Si le médiateur voulait la paix, aurait-il prétendu que des transactions si compliquées s'accomplissent en quinze ou vingt jours? Était-ce une volonté pacifique que celle qui consistait à dicter la paix à la France en moins de temps qu'il n'en faut pour conclure la capitulation d'une place assiégée? La paix de Teschen exigea plus de quatre mois de négociations. Plus de six semaines furent employées à Sistow avant que la discussion même sur les formes fût terminée. La négociation de la paix de Vienne, en 1809, lorsque la plus grande partie de la monarchie autrichienne était entre les mains de la France, a duré deux mois.

» Dans ces diverses transactions, les intérêts et le nombre des parties étaient circonscrits; et lorsqu'il s'agit à Prague de poser dans un congrès les bases de la pacification générale, de concilier les intérêts de la France, de l'Autriche, de la Russie, de la Prusse, du Danemarck, de la Saxe et de tant d'autres puissances; lorsqu'aux complications qui naissent de la multiplicité et de la diversité des intérêts, se joignirent les difficultés résultant des prétentions ouvertes et cachées du médiateur, il était dérisoire de prétendre que tout fût terminé, montre en main, en quinze jours. Sans la funeste intervention de l'Autriche, la paix entre la Russie, la France et la Prusse serait faite aujourd'hui.

» L'Autriche, ennemie de la France, et couvrant son ambition du masque de médiatrice, compliquait tout et rendait toute conciliation impossible. Mais l'Autriche, s'étant déclarée en état de guerre, est dans une position plus vraie et toute simple. L'Europe est ainsi plus près de la paix : il y a une complication de moins.

» Le soussigné a donc reçu l'ordre de proposer à l'Autriche de préparer dès aujourd'hui les moyens de parvenir à la paix, d'ouvrir un congrès où toutes les puissances, grandes et petites, seront appelées, où toutes les questions seront solennellement posées, où l'on n'exigera point que cette œuvre aussi difficile que salutaire soit terminée ni dans une semaine, ni dans un mois; où l'on procédera avec la lenteur inséparable de toute opération de cette nature, avec la gravité qui appartient à un si grand but et à de si grands intérêts. Les négociations pourront être longues : elles doivent l'être. Est-ce en peu de jours que les traités d'Utrecht, de Nimègue, de Ryswick, d'Aix-la-Chapelle ont été conclus?

» Dans la plupart des discussions mémorables, la question de la paix fut toujours indépendante de celle de la guerre; on négociait sans savoir si l'on se battait ou non; et puisque les alliés fondent tant d'espérances sur les chances du combat, rien n'empêche de négocier, aujourd'hui comme alors, en se battant.

» Le soussigné propose de neutraliser un point sur la frontière, pour le lieu des conférences; de réunir les plénipotentiaires de la France, de l'Autriche, de la Russie, de la Prusse, de la Saxe; de convoquer tous ceux des puissances belligérantes, et de commencer, dans cette auguste assemblée, l'œuvre de la paix si vivement désirée par toute l'Europe. Les peuples éprouveront une consolation véritable en voyant les souverains s'occuper à mettre un terme aux calamités de la guerre, et confier à des hommes éclairés et sincères le soin de concilier les intérêts, de compenser les sacrifices, et de rendre la paix avantageuse et honorable à toutes les nations.

» Le soussigné ne s'attache point à répondre au manifeste de l'Autriche et au seul grief sur lequel il repose. Sa réponse serait complète en un seul mot. Il citerait la date du traité d'alliance conclu le 14 mars 1812 entre les deux puissances, et la garantie, stipulée par le traité, du territoire de l'Empire tel qu'il était le 14 mars 1812.

» Le soussigné, etc.

» Le duc DE BASSANO.

» Dresde, le 18 août 1813. »

Note de M. de Metternich en réponse à celle de M. de Bassano.

« Le soussigné, ministre secrétaire d'état des affaires étrangères, a reçu hier l'office que S. Exc. M. le duc de Bassano lui a fait l'honneur de lui adresser le 18 août dernier.

» Ce n'est pas après que la guerre a éclaté entre l'Autriche et la France, que le cabinet autrichien croit devoir relever les inculpations gratuites que renferme la note de M. le duc de Bassano. Forte de l'opinion générale, l'Autriche attend avec calme le jugement de l'Europe et celui de la postérité.

» La proposition de S. M. l'empereur des Français offrant encore à l'empereur une lueur d'espoir de parvenir à la pacification générale, sa majesté impériale a cru pouvoir la saisir. En conséquence, elle a ordonné au soussigné de porter à la connaissance des cabinets russe et prussien la demande de l'ouverture d'un congrès qui, pendant la guerre même, s'occuperait des moyens d'arriver à une pacification générale. LL. MM. l'empereur Alexandre et le roi de Prusse, animés des mêmes sentimens que leur auguste allié, ont autorisé le soussigné à déclarer à S. Exc. M. le duc de Bssaano, que, *ne pouvant point décider sur un objet d'un intérêt tout-à-fait commun, sans en avoir préalablement conféré avec les au-*

tres alliés, les trois cours vont porter incessamment à leur connaissance la proposition de la France.

» Le soussigné les a chargés de transmettre, dans le plus court délai possible, au cabinet français, les ouvertures de toutes les cours alliées, en réponse à la susdite proposition.

» Le soussigné a l'honneur, etc.

» Le prince DE METTERNICH.

» Prague, le 21 août 1813. »

Ainsi le dernier mot de Napoléon à Dresde est un ordre pour travailler à la paix ! Ainsi l'existence politique actuelle de l'Europe n'aura dépendu peut-être que du courrier de Napoléon, qui n'est arrivé de Dresde à Prague qu'après minuit, dans la nuit du 10 au 11 août 1813 !!

CHAPITRE XIII.

Position des armées belligérantes. — Préliminaires de la campagne.

L'ACCESSION de l'Autriche à la confédération du Nord, avait fait pencher du côté des alliés la balance politique et la balance belligérante; ils présentaient une masse de cinq cent mille combattans, et leur base d'opération devint d'autant plus belle, que, masquée par la chaîne de l'Erzgebirge, l'armée autrichienne prenait à revers la ligne de l'Elbe, fortifiée avec tant de soins par les Français durant l'armistice, et qu'elle pouvait déboucher à son gré sur Dresde et sur Leipzick, et par conséquent couper nos communications avec le Rhin. Cet avantage était inappréciable pour les alliés, d'après la distribution de leurs masses et le rôle assigné à chacune d'elles dans le plan arrêté à Trachemberg.

Les renforts considérables arrivés aux armées russes étaient des troupes de première ligne; ils étaient composés en très-grande partie de vieux soldats sortant des hôpitaux, qui avaient fait la campagne de 1812. Aussi les siéges ou blocus de Dantzick, Modlin et Zamosc, furent-ils confiés aux milices, et cinquante mille vieux soldats furent ajoutés à l'armée active, tandis qu'en Pologne le général Beningsen organisait une armée nouvelle de quatre-vingt mille hommes.

La Prusse avait fait des efforts extraordinaires, ou plutôt elle les avait continués; car, pendant les deux dernières années de l'occupation française, le comte de Saint-Marsan, notre ambassadeur à Berlin, fut le seul qui ne savait pas qu'au lieu de quarante mille hommes que, par le traité de Tilsitt, le roi de Prusse pouvait avoir dans ses garnisons, plus de quatre-vingt mille hommes étaient armés et exercés pendant l'année : ils se succédaient dans les places, afin que le nombre qui avait été déterminé ne fût pas dépassé extérieurement. Dès le mois de février, le prince d'Eckmühl avait écrit au duc de Frioul que les levées d'hommes et de chevaux étaient terminées, et se portaient sur Colberg et sur la Silésie; qu'il n'était plus temps de faire cesser le recrutement en Prusse, et que le roi avait déjà sous les armes de quatre-vingt à cent mille hommes. Depuis le traité de Breslau, qui avait débarrassé le gouvernement prussien des ménagemens qu'il devait à l'alliance française, tous les efforts, excités par une grande impulsion nationale au nom de l'indépendance de la Prusse et de la liberté civile qu'elle espérait, avaient augmenté dans une proportion considérable. L'organisation de la landwehr, ou garde nationale mobile, n'avait pas suffi à l'enthousiasme et à la vengeance. On avait de plus ordonné et effectué, sous le nom de landsturm, une levée en masse d'hommes en état de porter les armes ; de sorte qu'une grande partie de la première levée de la landwehr, troupe déjà formée aux exercices de la guerre, vint prendre place dans l'armée active, et fut remplacée par la seconde levée aux siéges ou blocus des villes de Magdebourg, Stettin, Custrin et Glogau. Le plan de campagne arrêté à Trachemberg, avait placé les armées confédérées sous la discipline des mêmes dispositions organiques, en attendant qu'elles fussent soumises aux combinaisons des mêmes opérations ; ce qui n'eut lieu qu'après la bataille de Dresde.

Vers la fin de juillet, telle était la position des armées combinées. Un corps de trente mille Allemands à la solde anglaise, sous les ordres du comte de Valmoden, général hanovrien, occupait Schwerin et devait être opposé au corps du prince d'Eckmühl, dont la destination ne pouvait être ignorée des alliés. Dans les environs de Berlin, le prince royal de Suède commandait une armée de cent trente-six mille hommes, composée de vingt-cinq mille Suédois sous le maréchal de Stedinck, de dix-neuf mille Russes sous Wintzingerode, et de quatre-vingt-deux mille Prussiens commandés par les généraux

Bulow et Tauenzien. Forte de cent vingt-trois mille hommes, l'armée cantonnée en Silésie, sous le maréchal Blücher, était composée des corps russes de Sacken et de Langeron, et de celui du général d'Yorck. Dans les environs de Prague, le prince de Schwartzemberg avait réuni cent cinquante mille Autrichiens. Le prince de Reuss, posté à Lintz, en commandait vingt-cinq mille, et couvrait l'Autriche du côté de la Bavière. Enfin, le général Hiller, avec quarante mille, observait à Pettau, en Styrie, l'armée du vice-roi d'Italie. Ces armées actives présentaient un effectif de cinq cent mille hommes, dont cent mille de cavalerie.

Napoléon en avait environ deux cent quatre-vingt mille en Allemagne. Le 13 août, le duc de Reggio, destiné à agir contre le prince royal de Suède, était dans les environs de Dahme à la tête de soixante-six mille hommes, formés des quatrième, septième et douzième corps, avec le troisième de cavalerie. En Silésie, le prince de la Moscowa commandait environ cent mille hommes des troisième, cinquième, huitième et onzième corps. Les premier, deuxième, et huitième corps, composant une troisième armée de soixante mille hommes, était aux environs de Zittau, sous le commandement du prince Poniatowski et du duc de Bellune, prêts à soutenir l'armée de Silésie, ou à faire un mouvement sur la Bohème. Le quatorzième corps, de quinze mille hommes, occupait le camp de Pirna sous le maréchal Saint-Cyr. Napoléon était à Dresde avec toute sa garde, forte de vingt-huit mille quatre cents hommes d'infanterie, et de cinq mille chevaux. Les différens corps d'infanterie avaient entre eux dix mille hommes de cavalerie légère, hussards, lanciers et chasseurs; les dragons sous les ordres du comte Sébastiani et du duc de Padoue, les cuirassiers sous ceux des généraux Nansouty et Latour-Maubourg, et la cavalerie polonaise sous le comte de Valmi, formaient une réserve de trente mille chevaux. Le neuvième corps, aux ordres du maréchal Augereau, se formait à Wurtzbourg; il était hors de ligne, ainsi que la cavalerie du général Milhaud. Le prince d'Eckmühl commandait le treizième corps, c'est-à-dire trente mille Français et Danois; il était campé en avant de Hambourg. Le dixième corps de trente mille hommes, sous les ordres du général Rapp, composait la garnison de Dantzick. Le général Girard avait six mille hommes dans Magdebourg, et trois mille Westphaliens formaient la garnison de Dresde. Le vice-roi organisait en Italie une armée de cinquante mille hommes, Français et Italiens, et était en état de reprendre l'offensive à la dénonciation de l'armistice.

Napoléon n'avait donc que deux cent quatre-vingt mille hommes à opposer à quatre cent quatre-vingt-quatre mille. Une infériorité aussi grande donnait sans doute peu de chances de succès. Il ne pouvait être suppléé à la force numérique que par l'habileté des opérations, leur concert, la prudence des chefs d'armée à ne rien compromettre, leur docilité à suivre leurs instructions, leur abnégation totale d'une gloire privée, enfin, par les inspirations de ces grands faits d'armes qui avaient illustré leurs premières campagnes; car c'était à la dernière qu'il fallait appliquer toute l'expérience et tout le dévouement de la gloire passée.

L'armée française était encore sous le poids d'une autre fatalité, qui venait de naître de la coopération active de l'Autriche à la guerre contre la France. La ligne de l'Elbe, que Napoléon avait adoptée pour base de ses opérations lorsqu'il croyait encore pouvoir compter son beau-père au nombre de ses alliés, devenait dangereuse l'ayant pour ennemi. Cette question importante fut discutée après les premiers revers. La facilité, disait-on, que les alliés avaient de déboucher par les défilés de la Bohème sur les derrières de l'armée française, aurait dû éclairer l'empereur; et, puisque pour la première fois il adoptait un système défensif, il aurait dû transporter sa ligne de défense en arrière sur la Saale, dans le prolongement du cours inférieur de cette rivière. Mais il fut séduit par les avantages que lui présentaient Dresde, Torgau et Wittemberg, et malheureusement il se décida à se maintenir sur l'Elbe sans avoir sur la Saale ni point d'appui, ni tête de pont, pour assurer ses communications avec la France. Cette objection ne peut pas rester sans réponse; car l'idée de faire de Dresde le centre des mouvemens de l'armée n'était pas plus imprudente, que la plupart des conceptions tant admirées par les historiens militaires qui ont écrit les campagnes d'Austerlitz et de Marengo. L'armée de Napoléon était inférieure aux armées alliées de deux cent vingt mille hommes; mais en conservant Dresde, il pouvait se porter avec sa garde sur les points menacés, y déployer des forces supérieures, et gagner, comme il l'avait fait tant de fois quand il était compris et obéi par ses généraux, deux ou trois batailles qui lui eussent ouvert la route de Berlin ou celle de Prague. Si Napoléon eût été bien secondé par ses lieutenans, qui l'empêchait d'écraser avec ses réserves d'abord le corps de Blücher, ensuite celui de Bernadotte? Faudra-t-il donc accuser, condamner sa pensée, parce que les moyens d'exécution de ses ordres auront été vicieux? Peut-être suffit-il de blâmer les choix qu'il a faits de certains chefs; peut-être faut-il lui reprocher d'avoir été à Dresde en 1813, comme à Fontainebleau en 1814, comme à Waterloo en 1815, l'esclave de toutes les habitudes de son règne et de sa hiérarchie militaire. Mais à la guerre, et qui le savait mieux que Napoléon, tout l'art consiste à aborder son ennemi avec des forces supérieures. Et quelle position pouvait le mieux lui en donner le moyen que celle de Dresde, d'où il lui était facile de conduire à son gré soixante mille hommes au secours de celle de ses armées qui eût été compromise? Le devoir de ses généraux était de ne pas s'engager seuls, et de manœuvrer pour éviter une bataille décisive, qui, perdue, était la source de tous les revers. Mais ils ont voulu, comme Marmont aux Aropiles, comme Joseph à Vittoria, gagner des victoires, tandis qu'ils devaient les attendre de celui qui les décidait, et ils ont creusé le tombeau de la gloire militaire et de la puissance de la France! Napoléon est au centre, à Dresde, avec ses réserves; il a sur sa gauche l'armée de Bernadotte, devant laquelle est le duc de Reggio; devant lui l'armée de Blücher, contenue par le maréchal Ney; et sur sa droite la grande armée alliée, que le maréchal Saint-Cyr est chargé d'observer. Il est donc en position non-seulement d'aller rétablir l'équilibre au corps qui sera menacé, mais même de lui apporter une incontestable supériorité. Napoléon doit d'autant plus fortement tenir à son plan, que, s'il gagne une bataille contre Bernadotte ou contre Blücher, il déconcerte toutes les opérations de ses ennemis. Ainsi, quoique l'armée alliée soit une fois plus forte que la sienne, il s'est ménagé la faculté de se présenter en forces supérieures sur tous les champs de bataille.

Ce qu'il y avait de défavorable pour Napoléon, c'était le terrain sur lequel il opérait. Il était en pays ennemi, quoique dans la capitale de son plus fidèle allié. Il en eût été de même dans toute autre partie de l'Allemagne. La conspiration était plus germanique que russe, et même qu'anglaise; l'empereur n'avait rien ignoré de ce qui s'était passé à Dresde, au retour du contingent saxon de la campagne de Russie, ni des mesures que le prince d'Eckmülh avait dû prendre dans cette ville, jusqu'au moment où il dut l'évacuer. Il avait vu lui-même à Dresde, après Lutzen, les débris de la fête triomphale que les habitans avaient donnée aux souverains alliés; il avait vu leur chagrin quand il y entra vainqueur. La défection du général Thielmann, gouverneur de Torgau, avait pu également l'éclairer sur la fidélité saxonne; et, tout en rendant un hommage éclatant au vénérable souverain de la Saxe, il n'ignorait pas que les conseillers de ce prince, ses sujets, par conséquent ses troupes, qui étaient dans les rangs de l'armée française, partageaient les vœux et les sentimens, et étaient disposés à imiter la conduite des cabinets, des armées et des peuples de la Prusse, du nord de l'Allemagne, et de l'Autriche, s'il ne triomphait pas de ses ennemis; sur ses flancs et sur ses derrières, l'armée française était bloquée par la coopération du Tugenbund prussien, dont l'active propagande excitait partout les peuples à la trahison. Aussi Napoléon était obligé de vaincre le premier et de vaincre toujours : une seule défaite devenait contre lui le signal d'une défection générale.

On a reproché à Napoléon d'avoir, dans les premiers jours de la rupture de l'armistice, fatigué l'élite de son armée par des marches et des contre-marches forcées, dans la crainte de trop s'éloigner de Dresde, dont il avait fait le pivot de ses opérations. L'empereur a-t-il donc vieilli, disait-on? que ne prend-il l'initiative de l'attaque? Comment se laisse-t-il arrêter par les mauvais chemins de Gabel, quand il y apprend la réunion de la grande-armée sous les murs de Prague? Pourquoi ne va-t-il pas envahir la Bohème, où il portera un coup mortel à cette grande-armée où sont tous les souverains? Pendant ce mouvement, le reste de ses forces concentré, disputera le terrain sur sa base d'opération, l'armée du nord sous le canon de Wittemberg et de Torgau, et celle de Silésie à Dresde. Ce parti est plus digne de sa gloire et de celle d'une armée qui, malgré sa jeunesse, attend avec impatience le signal du combat pour reconquérir cet ascendant que la funeste campagne de Russie a fait perdre au drapeau français, et que les victoires de Lutzen et de Bautzen n'ont pu lui rendre entièrement ? Ces opinions n'arrivaient point à Napoléon, qui ne peut être responsable de ne les avoir pas conçues; et encore moins de ne pas les avoir suivies. Jamais cependant il n'était plus abordable qu'aux armées. Mais, aux armées comme ailleurs, on aimait mieux ne pas être utile que de risquer de déplaire; et cependant il s'agissait alors du salut de l'empire! On était alors, comme on est toujours, sous les gouvernemens absolus; courtisan au palais, et frondeur dans sa maison.

Le 10 août, l'armistice avait été dénoncé, et le même jour l'Europe entière put être convaincue, comme avaient pu l'être Napoléon et son cabinet depuis le mois de décembre 1812, que l'Autriche n'avait pris le rôle de médiatrice que pour tromper son allié, et n'avait réclamé et fait prolonger l'armistice que pour avoir le temps de se présenter toute armée contre celui qu'elle voulait réconcilier avec ses ennemis. *Elle était*, disait son manifeste, *déjà réunie de principes avec les alliés avant que les traités eussent déclaré leur union.* Aussi le théâtre du congrès devint-il le lendemain le quartier-général de l'armée du médiateur. C'était tout simple : le congrès n'avait été qu'un conseil de guerre contre Napoléon. Le 15 août, l'empereur François y arriva; il y fut suivi de l'empereur Alexandre et du roi de Prusse. Déjà dès le 10 août, l'armée autrichienne était en ligne avec ses nouveaux alliés, entrés le même jour en Bohème au nombre de quatre-vingt mille hommes sous les ordres du général russe Barclay de Tolly. Un nouvel allié, que la France surtout était loin de pouvoir compter parmi ses ennemis, arrivait aussi à Prague. Le 10 août, le prince d'Eckmülh écrivait au prince major-général. «Monseigneur, une lettre que je reçois à l'instant de M. le baron Alquier me fait connaître positivement l'arrivée du général Moreau le 6 août à Elsinborg, sous les honneurs militaires. Le même jour il s'est mis en route pour Istadt, afin de rejoindre le prince royal de Suède à Stralsund. M. Alquier ajoute qu'on sait à Copenhague, de bonne source, que c'est sur les instances du prince royal que le général Moreau a été sollicité par les cours de Pétersbourg, de Londres et de Berlin. » L'arrivée du général Moreau au quartier-général des alliés indigna l'armée et la France, et justifia le procès de 1803. Dès ce jour, il ne put être douteux pour aucun Français, que le général, qui venait demander aux ennemis de la France des armes contre elle, n'eût, dix ans auparavant, conspiré pour la trahir. Cet ennemi manquait à la France et à Napoléon; il venait de rompre son ban d'exilé pour reparaître en ennemi, et pour ne pas laisser Bernadotte porter seul le poids de l'accusation nationale. Le républicain Moreau fuyait la terre de la liberté pour siéger au conseil des rois armés pour la destruction de sa patrie! Il y eut dans cette détermination quelque chose d'insensé qui peut faire jeter sur un tel crime le voile de la pitié.

Le plan des coalisés était de profiter de l'avantage que leur donnait la position géographique de la Bohème pour porter les premiers coups et les plus grands efforts dans le cœur de la Saxe, sur les derrières de l'armée française. Ce plan était bien conçu, et fut attribué au général Moreau. En conséquence, le général Blücher dut rester en Silésie avec trois corps d'armée formant cent vingt mille hommes. Les autres corps, ceux du prince Gorzacoff, du prince Eugène de Wurtemberg et de Kleist, formant cinquante-huit mille hommes, et les réserves combinées sous les ordres du grand-duc Constantin, marchèrent par la Bohème septentrionale pour se réunir aux corps de l'armée autrichienne, rassemblée déjà dans les environs de Prague. Cette jonction d'une partie de l'armée prusso-russe avec les Autrichiens, avait été décidée et préparée pendant les deux mois d'armistice avec une telle précision, que le mouvement eut lieu le 10 août, jour de la dénonciation. Toute cette armée se déploya entre Aussig et Kommotau, ayant sa réserve à Lowositz ; la réunion de ces forces présentait une masse de deux cent mille hommes sous les ordres du prince de Schwartzenberg, nommé généralissime. Il était juste que le médiateur eût le premier rang dans cette guerre, et qu'il donnât pour chef aux alliés le général qui avait le premier traité avec eux de la défection autrichienne à Minsk, en 1812.

Le prince royal de Suède campa, le 14 août, son armée sur là Sprée et sur le Havel ; elle occupait Münchberg , Berlin , Brenienburg , Spandau, Brandebourg et Plauen. Six mille hommes furent laissés au blocus de Stettin : cinq mille à celui de **Custrin**, et neuf mille devant Magdebonrg.

CHAPITRE XIV.

Combat de Goldberg. — Course de Napoléon en Bohème. — Il revient sur Blücher. — Bataille de Dresde.

D'après les termes de l'armistice, les hostilités ne devaient commencer que le 16 août, six jours après la dénonciation. Mais, dès le 14, le maréchal Blücher, connu depuis sa retraite de Jéna sur Lubeck, pour être peu scrupuleux en fait de sermens, avait fait marcher ses troupes dans le territoire neutralisé. Le même jour, par ses ordres, le général russe Sacken s'était emparé de Breslau, et le lendemain le quartier-général de Blücher était à Jauer. Son armée, comme nous l'avons dit, était composée des corps de Langeron, de Sacken et d'Yorck. Le maréchal Ney, qui attend religieusement le dernier jour de la dénonciation de l'armistice, commande cinq corps d'armée, le troisième, qui est le sien, le cinquième celui de Lauriston, le sixième de Marmont, le onzième de Macdonald, et le deuxième de cavalerie, général Sébastiani. Blücher a cent vingt mille hommes, Ney quatre-vingts.

Instruit sans doute de la position un peu trop disséminée des troupes du maréchal Ney, par les rapports du général de brigade Jomini, Suisse de nation, chef d'état-major du troisième corps, lequel avait peu de jours avant passé à l'ennemi, le maréchal Blücher se dispose à surprendre les Français et attaquer les positions qu'ils occupent sur la Katzbach. Au lieu de se méfier de son adversaire et de concentrer, dès le 11 août, comme il pouvait le faire, les différens corps de son armée, le maréchal Ney, se trouvant surpris, croit devoir abandonner ses positions, et, dans la nuit du 17 au 18, porte le troisième corps de Liegnitz sur Haynau. Il envoie en même temps l'ordre au général Lauriston d'abandonner Goldberg avec le cinquième corps, et de se retirer sur Loewemberg où, le 18 au matin, ce corps opère sa jonction avec le onzième.

Cependant le général Langeron s'est avancé avec ses Russes sur le Bober, et s'est emparé de Lahn. Il est repoussé par la brigade italienne du général Zucchi. Mais le général Sacken entre à Liegnitz, après un léger engagement avec l'extrême arrière-garde du troisième corps, et le maréchal Blücher arrive à Goldberg avec le corps du général d'Yorck.

Le lendemain 19, les alliés continuent leur mouvement offensif. Ils se dirigent sur le Bober, et le corps d'Yorck marche directement sur Loewemberg. Les hauteurs qui dominent cette ville sont occupées par l'arrière-garde du général Lauriston. Mais, après un combat assez vif, il repasse le Bober et en détruit le pont. L'avant-garde du général Langeron passe aussi cette rivière à Zobsen, et repousse trois compagnies d'infanterie, qui sont forcées de se retirer sur le village de Siebenniken. Informé de ce mouvement, le général Lauriston envoie à la rencontre de Langeron la division Rochambeau; la première brigade de ce corps, commandée par le général Lafitte, attaque vigoureusement les Russes, les pousse sur Zobsen, et les force de repasser le Bober.

Frappé de la nécessité de conserver ses communications avec les cinquième et onzième corps, déjà menacées à Loewemberg, le maréchal Ney se décide à se porter sur cette ville avec le troisième corps d'infanterie et le deuxième de cavalerie. Mais Blücher veut prévenir cette jonction, et détache d'abord une brigade aux ordres du prince Charles de Mecklembourg, suivi de près par deux brigades du général d'Yorck. Le maréchal Ney se voit devancé sur le chemin de Loewemberg, et juge devoir s'arrêter en avant de Graditzberg, en présence de l'ennemi. Il avait envoyé l'ordre au maréchal Marmont de se porter de Buntzlau sur Kreybau avec le sixième corps, pour observer et arrêter les mouvemens du corps de Sacken. Mais l'avant-garde du sixième corps est forcée de se replier sur Keyserswald, où elle se maintient avec vigueur. Dans la nuit, le duc de Raguse se retire sur Ober-Thomaswald.

Coupé de Loewemberg, et craignant d'être prévenu à Buntzlau, seul point où il peut traverser le Bober, le maréchal Ney se retire, dans la nuit du 19 au 20, sur cette dernière ville. Dans la matinée du 20, Sacken attaque de nouveau, à Thomaswald, le maréchal Marmont, qui se retire sur Buntzlau, dont il détruit les retranchemens, passe le Bober et en fait sauter le pont. Buntzlau est occupé par les deux divisions du général russe Lieven.

Cependant Napoléon avait quitté Dresde le 15 août. Sa garde était en pleine marche sur la route de Bautzen. Il passe par Kœnigstein, inspecte les ponts qu'il y a fait construire sur l'Elbe, et suivant la nouvelle route militaire qu'il a fait établir par Stolpen, il se trouve, dans la nuit du 16, sur son beau champ de bataille de Bautzen, où arrive le roi de Naples. Le 18, à Gorlitz, il n'a encore aucun renseignement positif sur le mouvement des alliés ; il est rejoint dans cette ville par le duc de Vicence, à qui M. de Metternich vient de renouveler, au château de Konigsgratz, l'ultimatum de la guerre au nom des deux empereurs. Alors il se détermine à pousser une forte reconnaissance sur la Bohème, dans le dessein de menacer les communications entre l'armée austro-prussienne et celle de Schwartzenberg. Le 19, il est de sa personne à Zittau, où passe la route la plus praticable de la Luzace, dans la Bohême. Il y trouve le huitième corps, commandé par le brave prince Poniatowsky; il franchit avec lui les défilés du Rissengeburg, montagnes très-escarpées qui séparent ces deux pays, et il entre dans Gabel. Sa marche est éclairée, sur sa droite, par le général Lefebvre-Desnouettes, avec une division d'infanterie et de cavalerie de la garde; ce général se rend maître de Rumburg et du Georgenthal; sur sa gauche, par le général Ulminsky, avec la cavalerie polonaise; ce corps occupe Friedland et Reichemberg, aux sources de la Neisse. Napoléon juge alors qu'il n'a devant lui qu'une division de cavalerie légère autrichienne, commandée par le négociateur Bubna, et que le gros des forces alliées se concentrent sur la rive gauche de l'Elbe. Leur dessein est donc de se porter sur Dresde et de menacer les communications directes de l'armée française avec le Rhin. Mais cette opération exigeait une promptitude que Napoléon ne supposait pas à son ennemi; et, avant de retourner à Dresde, il veut marcher sur l'armée alliée de Silésie, pour la repousser et la vaincre, si Blücher a la témérité d'accepter le combat.

En conséquence, le corps du général Vandamme reste à Rumburg, pour y soutenir le général Lefebvre-Desnouettes, et le maréchal duc de Bellune, avec le deuxième, à Zittau, pour appuyer les troupes du prince Poniatowsky, postées en avant sur Reichemberg, Friedland et Gabel. Le 20, Napoléon dirige sa garde sur Laubau, ainsi que le premier corps de cavalerie, que commande le général Latour-Maubourg. Là s'arrête la retraite de l'armée de Silésie. Le 21, à la pointe du jour, il est devant Blücher, à Loewemberg, où il se décide sur-le-champ, à l'attaquer. Il fait jeter des ponts sur le Bober, sous le feu de l'ennemi. A midi, le cinquième corps commence son passage; la division Maisons est en tête, et bientôt elle pousse l'ennemi; le onzième la suit immédiatement. Le général d'Yorck est attaqué devant Loewemberg, et rejeté sur la route de Goldberg. Le même jour, les troisième et sixième corps repassent le Bober à Benetgtau, attaque vivement les troupes de Sacken, et les chasse de toutes leurs positions.

A la vigueur de l'attaque, Blücher devine que Napoléon est devant lui; alors il ne balance pas à céder le terrain. Cependant, un mouvement de retraite trop précipitée peut compromettre sa gauche formée par le corps de Langeron. Il réunit son armée derrière la petite rivière de Haynau, au-delà de Graditzburg, la droite au village d'Adelsdorf, et la gauche à la route de Goldberg; le corps de Saken reste placé sur le chemin de Haynau à Wolfshayn, près Kreybau.

Le 22, les cinquième et onzième corps poursuivent leur mouvement en colonnes. L'aile gauche ennemie est débordée par le général Lauriston, et attaquée de front par le maréchal Macdonald ; Blücher se voit forcé de se retirer avec sa gauche et son centre derrière la Katzbach, pour ne pas être coupé de cette rivière. Le corps de Langeron occupe les penchans du Wolfsberg, une demi-lieue en arrière de Goldberg ; le corps d'Yorck s'étend à droite vers Rochlitz. Une division prussienne de Langeron prend poste en avant de Goldberg, aux villages d'Ober et de Nieder-Au. La cavalerie russe et prussienne est en seconde ligne derrière les corps de Langeron et d'Yorck. Dans le même moment le maréchal Ney attaquait le corps de Sacken à Wolfshayn, et le poussait sur Liegnitz. La soirée de cette journée est marquée par la première défection : un régiment de hussards vestphaliens passe en entier à l'ennemi, et donne ainsi le signal aux autres troupes de la confédération.

Le 23 le général Lauriston attaqua l'ennemi à Goldberg. Le onzième corps, appuyé par une division de cavalerie légère du corps de Latour-Maubourg, marche sur les troupes ennemies postées sur la rive gauche. La division du général Gérard, est spécialement chargée de l'attaque du Nieder-Au. La division prussienne du prince de Mecklembourg, forte de vingt-cinq mille hommes, s'y défend avec la plus grande vigueur, mais ses batteries sont bientôt démontées, ses bataillons enfoncés, et elle repasse la Katzbach, malgré les charges réitérées de sa cavalerie. A la droite, le cinquième corps, après avoir dépassé Suffenau, engage, avec le corps de Langeron, une action des plus opiniâtres. Les hauteurs de Wolfberg sont prises et reprises jusqu'à trois fois. Enfin la division Rochambeau, ayant en tête le cent trente-cinquième régiment, gravit une dernière fois le mamelon au pas de charge, et en chasse les Russes, qui éprouvent une perte considérable. Blücher ordonne précipitamment sa retraite sur Jauer, où, le 24, il réunit son armée. Les trois journées des 21, 22, 23 août font perdre sept mille hommes aux alliés. Depuis le 17 les Français ont perdu cinq mille hommes.

Pendant le combat de Goldberg, le troisième corps et la cavalerie du général Sébastiani, arrivés devant Liegnitz, y avaient pris position. Le corps de Sacken avait repassé la Katzbach et s'était établi sur les hauteurs de Pinkendorf.

Mais Napoléon est instruit que la grande armée des alliés se porte sur Dresde : cette marche leur avait été conseillée par le général Moreau, qui a encore espéré pouvoir surprendre pendant l'éloignement de l'empereur ce point central de ses opérations et de la position de ses armées. Napoléon prend sur-le-champ la résolution d'aller recevoir l'ennemi à Dresde, et peut-être laisse-t-il avec regret à ses lieutenans cette valeureuse armée de Silésie, où sa présence a, pendant trois jours, fixé la victoire. Dès le 22, il avait fait retrograder sa garde sur Gorlits, ainsi que le corps du maréchal Marmont et la cavalerie de Latour-Maubourg. Il part lui-même le 23, et il est rejoint par le maréchal Ney. Il paraît qu'il y eut un malentendu, et que l'empereur attendait le maréchal avec son corps. Cet ordre fut donné en route rapidement. L'erreur fut grave, si telle était la volonté de Napoléon. Après le départ du maréchal Ney, le commandement de l'armée sur le Bober fut donné au duc de Tarente, dont le corps, le onzième, fut confié au général Gérard. Le général Souham commanda le troisième, celui du maréchal Ney. L'armée ne se composait plus que des troisième, cinquième et onzième corps et du deuxième de cavalerie. Le corps du duc de Raguse avait suivi l'empereur, qui emmena avec lui, à son retour par Gabel, les armées du duc de Bellune et du général Vandamme, ainsi que la cavalerie du comte de Valmi et celle de Latour-Maubourg.

Cependant l'armée de Bohème avait, le 22 août, franchi les montagnes de l'Erzgebirge; les Autrichiens débouchèrent par Gottsenbe, Altemberg, Seyda et Marienberg. Les Russes, sous le général Wittgenstein, marchent par la route de Peterswald. Les Prussiens, sous le général Kleist, suivent la même direction. Le maréchal Saint-Cyr, chargé de défendre la rive gauche de l'Elbe, occupe toujours les positions des environs de Pirna ; il a posté une division à Berg-Gieshubel, pour couvrir le camp et éclairer les montagnes. Le 24, cette division est attaquée par le corps de Wittgenstein ; elle se replie sur le corps du maréchal, qui est déployé sur les hauteurs d'Oberlitz. Le maréchal juge sagement qu'il est inutile de compromettre ses troupes : il manœuvre habilement, et, après une légère cannonade, il se retire à Dresde. Cette détermination sauva cette ville : s'il se fût obstiné à combattre au dehors, il aurait dû céder au nombre, et l'ennemi serait peut-être entré avec lui dans la capitale de la Saxe. Le même jour les Russes de Wittgenstein occupèrent Pirna, et le gros de l'armée alliée arrivait à Dippodiswald, pendant que le corps autrichien de Klenau, formant la gauche, entrait à Freyberg.

La ville de Dresde avait été mise à l'abri d'un coup de main. On avait réparé les anciennes fortifications ; les faubourgs avaient été couverts de redoutes et d'ouvrages avancés : on avait élevé quelques fortifications de campagne entre l'Elbe et le parc de la Villa-Topsgarten. Ce parc, fermé de toutes parts, était occupé par plusieurs bataillons : une partie du quatorzième corps, dont l'effectif n'allait pas à quinze mille hommes, garnissait les différens retranchemens, et le reste était en réserve dans les faubourgs. Le dessein des alliés était de s'emparer de Dresde à tout prix. Dès le 25, le prince de Schwartzenberg avait deux cent mille hommes devant Dresde. Napoléon va le combattre avec soixante-cinq mille. Heureusement le généralissime croit devoir différer l'attaque jusqu'au lendemain, pour attendre que le corps de Klenau et les réserves se trouvent en ligne. Ce retard eut encore pour cause, et probablement pour cause principale, l'excessive fatigue des troupes autrichiennes, et l'incertitude où les rapports des généraux placés en observation devant Vandamme tenaient le généralissime. Moreau avait fait remarquer à l'empereur Alexandre l'opportunité des manœuvres du maréchal Saint-Cyr, et il était d'avis de brusquer l'attaque de Dresde, qui eût été emportée nécessairement. Napoléon fut heureux d'avoir le temps d'accourir au secours de Dresde avec assez de forces pour la défendre ; il se fit annoncer au roi de Saxe par le roi de Naples, qu'il avait fait partir de Gorlitz. La soirée du 25 et la matinée du 26 se passèrent dans l'inaction. Le 25, Napoléon coucha à Stolpen, et le 26, à dix heures du matin, il entra dans Dresde avec sa garde et le premier corps de cavalerie ; il était suivi de près par le deuxième corps d'infanterie qu'il avait fait venir de Zittau, ainsi que par la cavalerie polonaise sous les ordres du comte de Valmy.

Arrivé à Stolpen, Napoléon s'arrête, et conçoit la grande idée de se porter, avec toute son armée, sur le flanc droit de l'ennemi par Kœnigstein. Ce mouvement se présente sous les couleurs les plus brillantes : la bataille gagnée dans une telle position avait des résultats immenses. Il n'est plus besoin d'en calculer toutes les chances favorables : alors les conseils des alliés étaient encore divisés, et ce ne fut qu'après la bataille de Dresde qu'ils commencèrent à s'entendre. Mais la crainte que Dresde ne puisse pas tenir quarante-huit heures, et la certitude qu'en eut l'empereur par le rapport de son premier officier d'ordonnance, le colonel Gourgaud, qu'il envoya à Dresde, et qui revint le lendemain, lui fait abandonner ce beau projet. Napoléon se contente de détacher le général Vandamme, avec le premier corps, pour débloquer la forteresse et s'emparer du camp de Pirna, et pour occuper les hauteurs et garder les défilés de Peterswald. Le général du génie Haxo est chargé par Napoléon d'en donner l'ordre à Vandamme. *Dites-lui bien que jamais il n'aura une plus belle occasion de gagner le bâton de maréchal.*

Napoléon ne change rien aux dispositions du maréchal Saint-Cyr, se réservant de disposer des troupes qu'il amène selon que l'exigeraient les circonstances. Après une reconnaissance détaillée à l'extérieur des faubourgs, depuis la barrière de

Pilnitz jusqu'à celle de Freyberg, il revient se placer à l'entrée du pont, et donne lui-même les ordres de direction aux différens corps qui arrivent en toute hâte.

Enfin, à quatre heures après midi, le prince de Schwartzenberg se décide à ne plus attendre le général Klénau. Trois coups de canon donnent le signal de l'attaque. Les alliés, formés en six colonnes précédées chacune de cinquante bouches à feu, s'avancent de tous les côtés sur les retranchemens de Dresde. En peu d'instans la canonnade devint terrible; l'artillerie de la redoute de la porte de Freyberg est bientôt démontée par celle de l'ennemi. Le général Colloredo réussit à prendre d'assaut la redoute du centre, près la porte de Dippoldiswalde, non sans une perte considérable. Le général Kleist oblige les troupes qui occupent le parc à se replier sur les faubourgs, et le corps du général Wittgenstein débouche entre Striesen et l'Elbe ; le combat se porte aux palissades et retranchemens des faubourgs. Toutes les réserves du quatorzième corps sont engagées; les boulets et les obus balaient les rues de Dresde.

Napoléon juge alors que l'instant favorable est venu de reprendre l'offensive; son intention est d'attaquer les deux flancs de l'ennemi. Cette manœuvre, qui offre toujours de grands dangers, ne peut avoir que des succès dans cette position : son centre était couvert par les retranchemens de la ville, il peut par conséquent employer toutes les troupes sur les deux ailes. La jeune garde a l'honneur de la première attaque. Le maréchal Ney, avec les deux divisions Decouz et Roguet, débouche par la porte de Plauen sur la gauche de l'ennemi; en même temps, le maréchal duc de Trévise sort par la porte de Pirna avec les divisions Dumoustier et Barrois, et attaque l'aile droite. Le roi de Naples, avec la cavalerie de la garde et celle de Latour-Maubourg, est chargé de pousser l'ennemi sur la route de Wilsdruf.

Ces attaques simultanées ont un plein succès. En un moment la face des affaires est changée. La redoute de Freyberg est reprise : le général Gros y est blessé d'un coup de baïonnette. L'ennemi se retire de toutes parts. Les Français ont repris les positions qu'ils occupaient le matin; les Autrichiens sont rejetés sur l'Obda, Plauen et Rocknitz; les Prussiens, chassés du grand jardin, sont ramenés, la baïonnette dans les reins, sur Gruna et Strehlen. La nuit met fin aux combats. La perte de l'ennemi peut être évaluée à cinq mille hommes tués et deux mille prisonniers, celle des Français est de trois mille hommes. Les généraux de la garde Dumoustier, Boyeldieu, Tyndalle et Combelles, sont au nombre des blessés.

De part et d'autre, la nuit se passa à faire des dispositions pour le lendemain. Le temps était affreux, la pluie tombait par torrens ; les deux armées couchèrent dans la boue et dans l'eau. Napoléon dispose ainsi son armée : il donne au roi de Naples le commandement de son aile droite, formée avec le deuxième corps, qui se déploie devant l'Obda, appuyant sa droite à Kosa, et avec la cavalerie de Latour-Maubourg, placée en réserve en avant du faubourg de Friedrichstadt. Le centre, commandé par Napoléon en personne, est composé des sixième et quatorzième corps : le premier est placé à cheval sur la route de Dippoldiswalde, s'étendant jusqu'aux maisons rouges, et le second se déploie en arrière de Strehlen, et occupe le parc. Les grenadiers et chasseurs à pied, et la cavalerie de la garde, sont en réserve un peu à droite des maisons rouges. L'aile gauche, sous les ordres du maréchal Ney, composée des quatre divisions de la jeune garde, est en bataille entre le parc et l'Elbe, appuyée par le quatrième corps de cavalerie placé en avant d'Engelhardtz.

Le prince de Schwartzenberg, malgré le mauvais succès de sa tentative sur Dresde, compte ses troupes et accepte avec joie la bataille pour le lendemain ; il déploie son armée dans la plaine et sur les hauteurs où elle s'est repliée la veille. Le corps russe de Wittgenstein s'étendait depuis l'Elbe jusqu'à la chaussée de Pirna. Le terrain compris entre cette route et le village de Strehlen est occupé par le corps prussien de Kleist. Le corps autrichien de Colloredo remplissait l'intervalle de ce village à

Rocknitz. Les troupes du marquis de Chasteler s'établissent sur la ligne de Rocknitz à Plauen, et la division Bianchi en réserve derrière ce village. Les grandes réserves russo-prussiennes sont derrière Strehlen. L'aile gauche s'étend loin du vallon de Plauen, au delà de la petite rivière de Wesseritz, et le corps de Giulay, jusqu'à Wolfnitz. L'infanterie légère du général Metsko se prolonge dans la direction de Priesnitz ; elle forme l'avant-garde du corps de Klenau, qui doit arriver par la route de Freyberg. Le retard que ce corps éprouve dans sa marche laisse cette aile gauche sans appui, forme un vide dans la ligne de l'armée combinée, et l'empêche de s'étendre jusqu'au Bas-Elbe.

Ordre du 27 août.

« Ordre à toute la cavalerie, celle de la garde exceptée, de revenir sur ses pas, de traverser la ville, et d'aller se réunir dans les faubourgs de Friedrichstadt : le roi de Naples en prendra le commandement. Il lui est prescrit de faire un grand mouvement sur l'aile gauche de l'ennemi, de le déborder, et de chercher à lui couper toute retraite par la route de Freyberg.

» Ordre au maréchal Victor, duc de Bellune, de se placer, avec son corps d'armée, en avant des barrières de Freyberg. Il attaquera de front, avec toute son infanterie, les lignes autrichiennes, que le roi de Naples essaiera de tourner.

» Ordre au duc de Raguse, maréchal Marmont, de s'établir, avec son corps d'armée, au centre de notre ligne de défense, entre les barrières de Dippoldiswalde et de Dohna, au pied des collines de Rocknitz : les réserves de l'artillerie et de la garde seront placées sur ce point.

» Ordre au maréchal Saint-Cyr de réunir son quatorzième corps autour du grand jardin.

» Ordre enfin au prince de la Moscowa et au duc de Trévise de déboucher sur la route de Pirna, avec les quatre divisions de jeune garde. Le général Nansouty, qui commande la cavalerie de la garde, soutiendra l'infanterie; ils s'empareront vivement de l'offensive, et feront de ce côté la même manœuvre que le roi de Naples va exécuter sur l'aile opposée. »

Cet ordre est exécuté dans la nuit du 26 au 27. Le 27, à la pointe du jour, les deux armées sont en bataille et prêtes à en venir aux mains. Un coup d'œil suffit à Napoléon pour voir la position défectueuse de l'aile gauche ennemie, et tout le profit qu'il peut en tirer. Les tirailleurs s'engagent sur toute la ligne. A sept heures, la canonnade commence sur tous les points; à neuf heures, le deuxième corps s'avance de front sur celui de Giulay, tandis que le roi de Naples, avec la cavalerie de Latour-Maubourg, débouche au-dessus de Kosa, et charge en flanc la division Metsko. Les cuirassiers français, avec une rare bravoure, chargent les divisions de Giulay, et les acculent sur la Wesseritz, pendant que la gauche du deuxième corps occupe le vallon et la partie du village de Plauen qui est à gauche de la rivière, et coupe toute communication entre le centre et l'aile gauche. Napoléon, instruit du succès de sa droite, fait redoubler la canonnade au centre, et manœuvrer ses troupes et la cavalerie de la garde pour occuper toute l'attention de Chasteler, et l'empêcher de secourir l'aile gauche. A l'aile droite, la jeune garde gagne du terrain, fait reculer le corps de Wittgenstein, et le pousse sur Blasewitz. De toute part l'ennemi rétrograde; il évacue successivement les différentes positions. Malgré l'arrivée du corps de Klenau, qui débouche enfin par Kohlsdorf, le généralissime instruit que ses deux meilleures communications, la route de Freyberg et de Pirna, sont menacées par le roi de Naples et le général Vandamme qui poussait devant lui le général Osterman, ordonne la retraite en Bohème; il juge sa position trop mauvaise pour risquer une seconde bataille, malgré la grande supériorité numérique de son armée. A l'entrée de la nuit, l'armée alliée est en pleine retraite sur trois colonnes, se dirigeant par Furstenwald, Marienberg et Astenberg, sur Tœplitz. Dès le matin, les Français se mettent à sa poursuite dans toutes les directions. Cette bataille coûte à l'ennemi près de trente mille hommes, dont dix à douze mille prisonniers, vingt-six pièces de canon et dix-huit drapeaux. Il eut aussi plusieurs généraux tués et blessés; le général Metsko fut fait prisonnier avec presque toute sa division. Le général Moreau eut les deux jambes emportées par un boulet, et mourut quatre jours après à Lahn, en Bohême. Ce boulet était parti des batteries de la garde. C'était une singulière justice du sort, de faire périr Moreau par celui qui l'avait proscrit. Tué sous les yeux et pour la cause de l'empereur de Russie et du roi de Prusse, par un boulet de la garde de Napoléon, Moreau aura à jamais dans l'histoire le triste privilége d'une immortalité particulière. La brave cavalerie de Latour-Maubourg se couvrit de gloire; c'est à elle qu'est dû en grande partie l'honneur de cette dernière journée de la fortune française en Allemagne.

Napoléon continue son mouvement le 28, poussant les différens corps qui couvraient la retraite. Le 29, le roi de Naples arrive à Lichtenberg, le duc de Raguse à Falkenhayn, et le maréchal Saint-Cyr à Reinhardsgrimma. Napoléon se disposait lui-même à prendre la route de Pirna avec sa garde à pied et à cheval, lorsque les nouvelles arrivées de la Silésie le firent changer d'avis; il crut sa présence plus nécessaire sur les bords du Bober que sur les rives de l'Elbe.

CHAPITRE XV.

Batailles de la Katzbach, de Kulm, de Gross-Beeren, de Dennewitz et d'Interbogt.

Le 26 août, Napoléon avait sauvé la ville de Dresde en se présentant inopinément dans ses remparts. Vingt-quatre heures plus tard, Dresde était prise, et la retraite sur le Rhin lui était coupée. L'inspiration du génie de la guerre lui avait montré ce grand péril à quarante lieues de cette capitale, en pleine poursuite contre Blücher, fuyant devant lui. En soixante-douze heures il avait franchi cette distance avec ses troupes ; et, à la tête de soixante mille hommes, il avait repoussé deux cent mille assiégeans. Le lendemain et le surlendemain, avec vingt mille hommes de plus, ceux du corps de Bellune, il avait été défier cette immense armée en bataille rangée, et il en avait complétement triomphé ; mais tandis qu'il triomphait, ses lieutenans étaient tous vaincus. La série de leurs défaites va jeter sur les lauriers si vaillamment achetés à Dresde, pour défendre les avenues de la France, le crêpe funèbre qui doit encore une fois couvrir Napoléon et toute son armée. Macdonald, Vandamme, Oudinot,

Ney, ne peuvent-ils plus vaincre que sous les yeux de Napoléon ?

Le jour même où l'empereur enlevait les portes de Dresde à Schwartzenberg, Macdonald et Blücher reprenaient l'un contre l'autre l'offensive dans la Silésie. L'armée aux ordres du duc de Tarente, depuis le départ du maréchal Ney, avait perdu le corps du maréchal Marmont, et ne se trouvait plus composée que des troisième, cinquième, onzième corps d'infanterie, et du deuxième de cavalerie. Le 25, le troisième corps, commandé par le général Souham, était en position à Ruthkirch, ayant deux bataillons à Liegnitz; le cinquième, sous les ordres du général Lauriston, était en avant de Goldberg, et le onzième sous ceux du général Gérard, ainsi que la cavalerie du général Sébastiani, était placé en arrière, sur la gauche de Liegnitz. Cette armée était environ de soixante mille hommes; elle était de moitié plus faible en infanterie que celle du maréchal Blücher, qui avait une cavalerie de vingt-cinq mille hommes. Au début de la campagne, Blücher avait pris le rôle qui convenait aux généraux français, cédant le terrain devant des forces supérieures, comme il venait de le faire devant Napoléon, et reprenant l'offensive, comme il allait le faire, quand il avait la supériorité. En enlevant à l'armée de Silésie une partie de ses forces, Napoléon l'avait par cela seul destinée rigoureusement à contenir l'ennemi et non à lui livrer bataille. Le maréchal Macdonald avait ordre de poursuivre Blücher; mais il devait, comme tout général, calculer les chances de localité. Il ne pouvait ignorer que son ennemi se disposait à reprendre l'offensive; il devait donc ménager les troupes qu'il avait à lui opposer, et l'attendre dans une position qu'il aurait choisie, au lieu de marcher sur lui, lorsque le mauvais temps, qui rendait absolument inutiles les armes de l'infanterie, devait mettre tout l'avantage du côté de celui qui, le premier, aurait pris position. Plusieurs jours de pluie continuelle avaient rendu les routes impraticables et fait déborder les rivières; et la constante fatalité de la guerre de 1813, la faiblesse de la cavalerie française, mettait cette armée dans une proportion trop inégale avec celle de l'ennemi.

Bataille de la Katzbach.

Le 26 août, malgré les représentations des généraux, qui calculèrent tous les désavantages pour reprendre l'offensive, le maréchal ordonna le mouvement. Il croyait trouver encore Blücher à Jauer. En conséquence, il prescrivit au général Lauriston de se porter avec le cinquième corps sur cette ville par la grande route de Goldberg. La division Puthod en fut détachée pour aller prendre la route de Jauer par Schonau, et attaquer l'ennemi sur ses derrières. Le troisième corps aux ordres du général Souham devait passer la Katzbach à Liegnitz, et s'avancer sur la grande route, en passant par Neudorf. Le onzième, commandé par le général Gérard, passant la rivière au gué de Schmokowitz, prenait la même direction sur la rive droite de la Wuthende-Neiss, tandis que le général Sébastiani, avec la cavalerie, s'y dirigeait par l'autre rive. De son côté, le maréchal Blücher, débarrassé de Napoléon et de la garde impériale, sur les deux heures de l'après-midi ordonnait à son armée le passage de la Katzbach, entre Liegnitz et Goldberg. Sacken et Yorck devaient attaquer Souham, tandis que Langeron, remontant la rivière, contiendrait Gérard et Lauriston, que Blücher supposait encore être à Goldberg. Les deux partis marchaient sans se voir, l'un contre l'autre, masqués par un épais brouillard qui avait commencé à la pointe du jour. Cependant on se rencontra. Lauriston commença vivement l'attaque contre Langeron. Blücher, averti de la présence de l'ennemi, arrêta la marche de son armée et fit ses dispositions. Sacken se plaça derrière le plateau, à gauche d'Eicholz, occupant les hauteurs par une forte batterie, qu'une autre batterie prussienne de douze pièces vient bientôt appuyer. Yorck s'avançait sur les hauteurs de Brechtelshoff.

Le maréchal Macdonald jugea, par les masses

en action, qu'il avait devant lui toute l'armée ennemie ; il se hâta de déployer ses lignes. Le onzième corps se développa entre Weinberg et Klein-Tintz. On attendait à tout moment que le troisième corps débouchât par la route de Liegnitz à Jauer pour entrer en ligne et appuyer la gauche ; malheureusement le général Souham, au lieu de suivre ses ordres, attiré par la canonnade, crut pouvoir arriver plus tôt sur le champ de bataille en suivant la route tracée pour la cavalerie par le village de Kroitsch : ces deux troupes se croisèrent dans le défilé long et étroit de ce village, et il s'ensuivit un encombrement épouvantable.

La droite de l'armée française s'appuyait sur la Wuthende-Neisse, mais la gauche était entièrement en l'air par l'absence du corps de Souham. L'ennemi ne tarda pas à profiter de cette disposition si désavantageuse. Le général Wassilczikow, à la tête de la cavalerie de Sacken, fit attaquer la gauche de front et de flanc, tandis qu'un fort détachement de cosaques la tournait en dépassant Klein-Tints. Le corps d'Yorck se déploya en même temps entre Weinberg et Trielbewitz. La cavalerie du général Sébastiani, embarrassée dans le village de Kroitsch, n'arrivait que lentement et successivement, et ne pouvait fournir que des charges partielles et sans succès ; vainement les généraux Roussel et Excelmans, firent avec leurs divisions des efforts extraordinaires pour éloigner l'ennemi, et protéger la sortie du troisième corps du défilé; en vain les brigades de ce corps en débouchant de Nieder-Kayn, essayèrent d'appuyer quelques charges; il fallut céder à l'immense supériorité de la cavalerie ennemie. Les Français furent refoulés dans le défilé, où les Prussiens s'emparèrent du parc du onzième corps et de presque tous les bagages.

Le duc de Tarente, acculé à la Katzbach et à la Wuthende-Neisse, par les corps de Sacken et d'Yorck, qui s'étaient déployés devant lui, s'efforça de soutenir avec le onzième corps, au commencement de la nuit, un combat par trop inégal. Vers les neuf heures du soir, dans l'espoir d'opérer une diversion avantageuse, il donna l'ordre à deux divisions du troisième corps, qui n'avaient pas encore donné, de passer la Katzbach au gué de Schmochowitz, et de gravir les hauteurs. Le général Tarayre, chef d'état-major de ce corps d'armée, en a le commandement. Protégées par quinze pièces de canon, ces troupes s'avancent courageusement; mais elles sont reçues par le corps entier du général Sacken! Les colonnes d'attaque sont renversées et repoussées avec une grande perte. Pendant la nuit le maréchal Macdonald ramène son armée sur la rive gauche, et ordonne la retraite sur Buntzlau. La pluie, qui n'avait pas discontinué, avait gâté tous les chemins et enlevé tous les ponts; il était impossible de trouver un autre passage sur le Bober. Le cinquième corps, après s'être battu toute la journée avec le plus grand courage, fit sa retraite par Prausnitz. Le lendemain 27, Langeron l'attaqua aux portes de Goldberg. Pressé par un ennemi trois fois plus nombreux, et n'ayant point de cavalerie pour protéger sa retraite, le général Lauriston fut obligé de sacrifier dix-huit pièces de canon, que la difficulté des chemins l'obligea d'abandonner. Le 28 il vint joindre le reste de l'armée à Buntzlau. Elle continua sa retraite, qui fut soutenue par le troisième corps, et par la cavalerie du général Sébastiani, et le 4 septembre elle se trouva derrière le Zobaner-Wasser.

Le général Puthod, détaché avec sa division, était en marche sur Jauer. Il apprend à Mochau la perte de la bataille de la Katzbach; il se replie de suite sur Hirschberg, où il compte passer le Bober; mais il trouve tous les ponts rompus. Longeant la rivière pour tâcher de trouver un passage, il arrive le 29 devant Lowemberg, où il fait de vains efforts pour rétablir le pont. Cependant de tous côtés il se voit pressé par l'ennemi; mais, ne voulant pas céder sans combattre, il prend position sur la hauteur de Plagwitz, et cette brave division soutient pendant long-temps tout l'effort de l'ennemi. Enfin accablée par le nombre, et ayant épuisé toutes ses munitions, elle fut rompue et précipitée dans le Bober : tout ce qui ne put se sauver à la nage fut fait prisonnier.

La perte des Français, dans ces différentes affaires, fut de près de dix mille hommes tués ou blessés, de quinze mille prisonniers, et d'une centaine de canons. La perte de l'ennemi ne fut guère moins considérable en tués et en blessés.

On ne peut pas passer sous silence les fautes que les gens de l'art ont dû relever et reprochent au général français. D'abord, il avait si mal choisi son champ de bataille, que toute son aile gauche ne prit presque aucune part à l'action, et qu'il eut soutenir, seulement avec vingt mille hommes, tout l'effort de deux corps ennemis; ensuite il avait disséminé ses forces de manière à être inférieur à l'ennemi sur tous les points; enfin, il avait affaibli son armée par un détachement trop fort et trop éloigné de l'action, en se privant de la division Puthod, qui, forte de près de dix mille hommes, lui aurait été du plus grand secours sur le champ de bataille, et qui fut anéantie isolément. Il est un principe fondamental en stratégie, c'est que quand on attaque, il faut toujours tâcher de le faire de manière à couper l'ennemi de sa base d'opération, et à intercepter ses principales communications. Le maréchal avait fait tout le contraire en attaquant la droite de l'ennemi au lieu d'attaquer sa gauche. Il devait avoir pour but de le séparer de ses précieuses communications avec la grande armée de Bohème, et de le rejeter sur l'Oder. Ce résultat était possible, mais il fallait y porter des forces suffisantes, adopter un plan d'attaque et mettre de l'ensemble dans son exécution. Il faut dire aussi que le maréchal Macdonald, croyant trouver l'ennemi à Jauer, avait fait des dispositions en conséquence, et que, surpris au milieu de sa route, ses dispositions furent frappées de nullité. Le troisième corps ne reçut pas à temps son ordre de mouvement, et le retard qu'il éprouva fut indépendant de sa volonté. Certainement le maréchal eût agi avec sagesse, si s'apercevant de sa position dangereuse, loin de s'obstiner à soutenir le combat, il eût replié son armée; et si, au lieu de combattre avec des rivières débordées sur ses derrières, il en eût défendu son front de bataille, il aurait épargné le sang si précieux de tant de Français qui périrent victimes d'une opiniâtre et inutile intrépidité ; il aurait au moins rendu indécise une affaire qui eut la plus grande influence sur les opérations de l'armée française.

Blücher reçut tout son succès de l'attaque du maréchal. Il ne manœuvra que pour tirer parti de ses imprudences. Ces deux généraux paraissent avoir agi l'un contre l'autre sans bien comprendre leurs propres intentions. Mais l'avantage devait appartenir à celui qui laissait venir son ennemi. Il ne fatiguait pas ses troupes, et Blücher eut peu de peine à combattre avec des forces bien supérieures et reposées, les Français qui, indépendamment d'une marche pénible dans un terrain presque inondé, arrivèrent désarmés par la pluie, qui avait mis leurs fusils hors de service. Blücher avait, de son côté, commis la même faute que le maréchal, en ne portant pas le fort de son attaque sur les communications directes de son ennemi avec la Saxe, au-dessous de Goldberg. Mais le succès vint au secours de son imprévoyance, et l'affaire de la Katzbach, qui lui valut le titre de prince, est un des faits d'armes les plus éclatans de sa vie militaire.

Bataille de Kulm.

La carrière des triomphes est désormais fermée aux Français. Ils seront vaincus partout où ne sera pas Napoléon, à qui la trahison seule pourra arracher la victoire. Le général Vandamme avait été chargé de faire une diversion sur les derrières de l'aile droite de l'ennemi. Le 25 août, il arrive à Kœnigstein; et le 26 il débouche sur Pirna, dont il enlève le camp retranché. Il avait devant lui le général Osterman, qui, avec le corps du prince Eugène de Wurtemberg, la première division des gardes russes, et deux régimens de cuirassiers, était chargé d'éclairer et de défendre ce point. Le général français l'attaqua avec vigueur, lui fit près de deux mille prisonniers, et le poussant sur la route de Peterswald, il le suivit de près jusqu'à Hollendorf, où il arriva le 29. De là il descendit sur Kulm avec huit ou dix bataillons ; mais se voyant arrêté par le général russe, qui avait encore avec lui douze mille hommes, il commit la faute capitale de faire avancer le reste du premier corps, qui, conformément aux instructions que le général Haxo lui avait apportées, tenait les hauteurs de Peterswald. Le général ennemi fut obligé de se retirer : mais il vit à l'instant toute l'importance de la position de Tœplitz, et s'arrêta à une demi-lieue en avant de cette ville, résolu, à tout prix, d'empêcher Vandamme d'y arriver. Il posta avantageusement ses troupes, et l'attendit avec la ferme résolution de vaincre ou de périr.

Le but du général Vandamme était de s'emparer de Tœplitz le plus tôt possible ; par-là, il arrêtait la marche de toute l'armée combinée qui s'y portrait par Zinnwald. La moindre perte qu'elle pouvait essuyer était celle de toute son artillerie, qu'elle aurait été obligée d'abandonner dans les défilés, afin de gagner Brux par les chemins des montagnes qui conduisent à Ober-Lucterdorf. Il attaque violemment l'ennemi, qui le reçoit avec une rare intrépidité ; l'action se prolonge, et vers le soir une colonne prussienne, soutenue de deux divisions de cuirassiers russes, arrive au secours du général Osterman, et force Vandamme à se retirer sur Karwitz et Kulm. Le général ennemi eut le bras emporté dans cette action, qui le couvrit d'honneur.

Si Vandamme avait bien justement senti toute l'importance de l'occupation de Tœplitz, il n'est pas douteux que Napoléon n'en fût au moins aussi frappé, et que dans le cas où cette expédition eût été ordonnée pour cette journée, il n'eût porté à la suite de Vandamme tous les moyens nécessaires à son succès. Vandamme n'eût pas été un seul moment dans la moindre inquiétude sur ses derrières, et alors il réussissait infailliblement ; mais au lieu d'avoir cette mission, il eut celle de garder les défilés. Les ayant franchis une fois, il se vit tout à coup non plus seulement arrêté par la vigueur d'Osterman, mais attaqué et forcé à la retraite par un corps considérable de Prusso-Russes. Qui put l'empêcher alors, dans la nuit du 29 au 30, de revenir sur Hollendorf, d'y prendre position, et d'y envoyer à la découverte des mouvemens de l'empereur ? Il aurait appris bientôt qu'une autre direction avait été donnée à l'armée ; et comment a-t-il pu l'ignorer ? Cette disposition avait été le résultat d'un accident survenu à Napoléon, qui, surpris tout à coup à Pirna par des vomissemens violens, se fit ramener à Dresde. Par quelle funeste inspiration de la plus coupable témérité, Vandamme, à la tête d'un aussi faible corps, d'une simple avant-garde, osa-t-il concevoir la pensée de résister seul à une armée entière, dont la retraite précipitée augmentait encore l'impétuosité, et d'attendre ce choc terrible dans une position sur laquelle l'ennemi débouchait de tous les côtés? Ne devait-il pas s'arrêter quand il cessa d'entendre le canon de l'armée impériale, quand il ne recevait aucunes nouvelles? L'honneur, le devoir, inspirent le vrai courage, et l'ambition la témérité. Que de flots de sang ont baigné la terre pour l'appât d'une conquête qu'il faut rendre à la paix, pour celui d'une simple dignité, d'un grade, dont le lendemain un boulet peut faire justice! Vandamme savait assez la guerre pour juger que n'ayant pas eu assez de troupes pour occuper la hauteur du Geyersberg qui dominait sa droite et qui lui ménageait une retraite, ni pour laisser à Hollendorf une réserve qui eût éclairé le défilé de Tellnitz, il devait reprendre ses positions, aussitôt qu'il vit la résolution vigoureuse d'Osterman de lui disputer jusqu'à la mort la prise de Tœplitz; il aurait pu aussi interpréter cette action presque désespérée, et penser qu'Ostermann ne résistait que parce qu'il s'attendait bien à être secouru. Rien ne peut justifier Vandamme, quand même il aurait reçu de Napoléon lui-même l'ordre positif de s'emparer de Tœplitz : il est coupable du sang qu'il a fait répandre, des pertes irréparables qu'il causa à l'armée. Les ambitions militaires sont insatiables : il y a des missions que le chef suprême ne devrait jamais confier aux généraux qui croient avoir encore leur fortune à faire. Napoléon dut sa ruine à ceux dont l'intérêt était tout entier dans sa conservation ; il périt par le champ de bataille, de la main des premiers hommes de guerre de la France.

Vandamme a bien vu tous ses dangers, mais n'importe, à la guerre tout est possible; et que fait la vie ou la mort de quelques mille hommes? Le 30, au matin, il a pris position en avant de Kulm, sa droite appuyée aux grandes montagnes, au village de Straden, le centre sur la chaussée de Peterswald à Tœplitz, et sa gauche, s'étendant jusqu'à Neudorf, appuyée seulement par la faible brigade du général Corbineau. De son côté, l'ennemi fit ses dispositions, et parut sur le terrain avec une masse énorme de soixante-dix mille hommes, dont dix mille de cavalerie. Le général Barclay de Tolly plaça son aile gauche entre le Geyersberg et Pirsten, et couvrit les bois de tirailleurs. Deux divisions de cuirassiers russes liaient la droite et la gauche, et étaient étendues de Pirsten à Karwitz. Une charge de la cavalerie russe, sur la gauche du corps français, commença l'attaque. Trop faible pour résister, la cavalerie française fut ébranlée. L'aile gauche ne tarda pas à plier devant les colonnes de Colloredo; elle se retira sur Kulm, suivie de près par l'ennemi. Dans ce moment, la cavalerie alliée continuait son mouvement, dépassait Neudorf, et marchait dans la direction d'Arbisau. Le centre et la droite de Vandamme se battaient avec acharnement, et repoussaient les attaques de l'ennemi; mais le mouvement rétrograde de l'aile gauche avait compromis le salut de l'armée. L'ennemi allait s'établir à Arbisau, alors toute retraite était coupée; il fallut donc l'ordonner. L'évacuation des hauteurs en avant de Kulm amena un mouvement en arrière, et la cavalerie ennemie s'élança sur les colonnes en désordre. La retraite se changea en déroute complète : les Français se précipitèrent pêle-mêle sur le défilé de Tellnitz, après avoir été obligés d'abandonner toute leur artillerie.

Mais là ne fut pas le terme des malheurs de cette brave armée. Vers les deux heures, la tête du corps du général prussien Kleist avait paru à Tellnitz. Ce général, poursuivi par le maréchal Saint-Cyr, suivait dans sa retraite la route de Glashutt et de Schonwald, et avait fait un mouvement à gauche pour gagner la grande route de Peterswald. Les Français, groupés à l'entrée du défilé, se trouvèrent tout à coup entre l'ennemi qui les poursuivait, et l'ennemi qui leur barrait le chemin. Dans cette extrémité, et par l'inspiration de leur péril, ils prennent la résolution de s'ouvrir un passage l'épée à la main. En colonne serrée, ils gravissent la montagne : le général Corbineau est à leur tête, ils abordent l'ennemi ; tout ploie devant ce grand acte de désespoir. Le corps prussien est culbuté, et son artillerie est prise. Ce fait d'armes est peut-être unique dans l'histoire des annales militaires ; mais ce succès si extraordinaire devint inutile : poursuivis de près par l'ennemi, les Français sont bientôt forcés d'abandonner ces pièces qu'ils viennent de conquérir. A deux lieues du champ de bataille, les généraux Corbineau, Dumonceau et Phillipon, parviennent à rallier les restes de ce corps malheureux, et arrêtent un instant la poursuite ; ils arrivent à Liebenau, où ils sont recueillis par les troupes du maréchal Saint-Cyr.

Cette journée de Kulm coûta à l'armée française près de dix mille hommes, dont sept mille furent prisonniers. Le général Vandamme, le général du génie Haxo et le général Guyot, furent de ce nombre ; en outre trente pièces de canon et deux cents caissons tombèrent au pouvoir des vainqueurs. Cet échec fut bien fatal. La marche de la grande armée de Napoléon fut arrêtée, et les vaincus de Dresde élevèrent le trophée de Kulm !

Il fallait réorganiser le premier corps qui avait perdu dix mille braves et toute son artillerie. On en forma une nouvelle avec des pièces détachées de différens autres corps, et le commandement fut donné au général Mouton, comte de Lobau. Ce général ne tarda pas à rentrer en ligne et à rejoindre le maréchal Saint-Cyr qui, le 31, se trouvait à Liebenau, ses troupes occupant Peterswald et Gieshubel; le maréchal Marmont était à Zinnwald, et le roi de Naples occupait Sayda.

Combat de Gros-Beeren.

Pendant que ces événemens se passaient dans la Saxe et dans la Silésie, la campagne s'était également ouverte du côté de Berlin, et annonçait de nouveaux regrets à la France.

Le 17 août, le prince royal de Suède avait concentré son armée entre Berlin et Spandau : son quartier-général était à Charlottembourg; son armée présentait un effectif de plus de cent vingt mille hommes. L'armée du duc de Reggio, composée des quatrième, septième et douzième corps, et du troisième de cavalerie, comptait près de soixante-dix mille combattans; elle se porta le 18 sur Bareuth, et y prit position. Le maréchal avait l'ordre positif de marcher directement sur Berlin et de s'en emparer; cependant il resta dans l'inaction le 19 et le 20. Ce retard dut faire croire au prince royal que l'armée du maréchal n'était pas encore en état d'ouvrir la campagne, et qu'il pouvait étendre ses cantonnemens pour se procurer des subsistances. En conséquence, il porta son quartier-général à Postdam ; ses troupes furent stationnées dans tout le pays en avant, la gauche à Mittenwalde, la droite jusqu'à Belitz, et les avant-postes à Trebbin, Mensdorf et Mollen.

Cependant le duc de Reggio se mit en marche le 21, et, quittant la route de Torgau à Berlin, fit un mouvement sur celle de Wittemberg : rien n'expliquait ce changement de direction. Vers les cinq heures du soir, les avant-postes ennemis sont forcés de rentrer à Tyrow, Wilmersdorf et Zossen, et l'armée s'établit pour la nuit, le douzième corps en arrière de Trebbin, le quatrième à Schultzendorf ; et le septième, à la droite, à Christiendorf.

Le prince royal jugea alors qu'il devait livrer bataille pour fermer le chemin de Berlin. Dans la journée du 22, il concentra son armée : les Russes formèrent la droite à Gutersgotz, les Suédois furent placés au centre à Ruhlsdorf, et la gauche, composée de Prussiens, occupa Tenersdorf et Klein-Beeren. Les généraux Thumus et Borstel, avec l'avant-garde, occupaient les positions de Wilmersdorf, afin de couvrir les mouvemens de ces différens corps qui se portaient aux lieux de rassemblement. Le 22, à midi, le duc de Reggio fait attaquer, par le septième corps, le général Thumus qui était à Wilmersdorf : ce village fut emporté, ainsi que le défilé de Wittstock. En même temps, le quatrième corps déboucha par Schultzendorf, enleva le défilé de Juterbogt et la redoute qui le défendait. Cette manœuvre donnant de vives inquiétudes au prince royal pour sa gauche, il retira les troupes qu'il avait à Trebbin et Mittenwalde, et fit avancer le corps du général Tauenzien à Blanckenfeld. L'armée française passa la nuit du 22 au 23 dans les positions suivantes : le général Bertrand, avec le quatrième corps, en avant de Juhndorf, dont il avait emporté la digue; le général Reynier, avec le septième corps, au delà de Wittstock, entre Kertzendorf et Lowembruch; et le douzième, en avant de Trebbin, gardant Tyrow avec une brigade.

Le 23 au matin, le maréchal Oudinot se remit en marche, donnant à son armée une direction tellement divergente, qu'on ne peut expliquer ce mouvement, qu'en prêtant au maréchal l'intention de battre l'ennemi en détail vers Blackenfeld et Teltow, d'acculer le prince royal sur Postdam, et enfin de le forcer à découvrir Berlin; mais, par cette manœuvre, il se trouvait inférieur à l'ennemi sur tous les points; au lieu qu'en portant la masse de ses forces sur l'extrême gauche des alliés, il pouvait battre le corps de Tauenzien isolé, et quand même ce corps eût été soutenu par celui de Bulow, et bien avant de pouvoir être secouru par les Suédois et les Russes; il lui suffisait de laisser le septième corps pour contenir le centre et la droite de l'ennemi. De cette manière, ce maréchal pouvait arriver à Berlin : c'était l'expédition favorite de Napoléon depuis deux mois; elle était secondée de l'autre côté par le prince d'Eckmühl. Un pareil succès, au commencement d'une campagne, était décisif; mais il n'en fut pas ainsi. Le septième corps fut dirigé sur Gross-Beeren, le douzième sur Ahrensdorf, et le quatrième sur Blackenfeld.

Ce dernier corps, plus près de l'ennemi, attaqua le premier le général Tauenzien, un peu en avant du bois de Glatow. Aussitôt Bulow prolongea sa gauche sur Lichtenrade et Klein-Ziethen, pour soutenir Tauenzien et recueillir le général Borstel qui venait de Mittenwalde. Mais à peine eut-il fait ce mouvement, qu'il reçut l'ordre du prince royal de reprendre sa première position à Hennersdorf, les Français débouchant par Gross-Beeren.

En effet, le général Reynier ayant chassé les Prussiens de Gross-Beeren, développa le septième corps, sa droite appuyée sur ce village, et sa gauche au bois, un peu en avant de Neu-Beeren, et garnit ce bois d'une forte ligne de tirailleurs dans la direction de Ruhlsdorf. Le prince royal jugea qu'il devait porter tous ses efforts sur cette partie de l'armée française qui en formait le centre ; la réussite de cette attaque entraînait nécessairement la défaite des deux ailes en raison de leur isolement. A cet effet, le général Bulow reçut l'ordre d'attaquer sur-le-champ ; il resserra sa droite sur son centre, et, formant une masse, il s'avança à une portée de canon. Le général Borstel, avec sa brigade, fut chargé de tourner Gross-Beeren, et d'attaquer le flanc droit du duc de Reggio. Il était six heures du soir ; il n'avait pas cessé de pleuvoir : le feu de l'infanterie était à peu près nul. Soixante pièces de canon, placées en avant du front des Prussiens, commencèrent l'action. L'artillerie française y répondit avec vivacité. Cette canonnade ne décidant rien, Bulow fit avancer ses colonnes ; on en vint à la baïonnette. Le septième corps soutint l'attaque avec vigueur ; mais vivement canonné sur sa droite, pris en flanc sur sa gauche par la nombreuse cavalerie suédoise qui s'avançait par Ruhlsdorf, il fut forcé de céder accablé par le nombre. Les Prussiens enlevèrent le village de Gross-Beeren, et le général Reynier effectua sa retraite dans la direction de Gottow.

Le deuxième corps, qui s'avançait par Abrensdorf, avait arrêté son mouvement à la hauteur de ce village. Les généraux Guilleminot et Fournier, dont les divisions formaient tête de colonne, attirés par la vivacité du feu sur le centre, marchèrent vers le champ de bataille, appuyant un peu à droite par Sputendorf et Ruhlsdorf, et comme l'obscurité déroba la vue de leurs forces, elles arrêtèrent le mouvement de l'ennemi. Après plusieurs charges, la cavalerie prussienne évacua même Gross-Beeren, laissant le champ de bataille aux deux divisions françaises. Mais la défaite du septième corps décida la retraite des deux ailes; et, lorsque la nuit fut venue, elles se replièrent également sur Trebbin. Ce combat nous coûta treize pièces de canon et quinze cents prisonniers, presque tous Saxons, qui le lendemain passèrent au service de la Prusse.

Le duc de Reggio continua son mouvement rétrograde les 24 et 25, prenant la direction de Wittemberg par Juterbogt. L'ennemi ne nous suivit qu'avec précaution et avec assez de lenteur : la retraite se fit en bon ordre. Le 3 septembre, l'armée se trouva campée sur les hauteurs de Tenchel et de Tragun, en avant de Wittemberg, le quatrième corps en arrière de Weissig.

Le 28, l'ennemi se présenta devant Luckau, petite ville qui avait été un peu fortifiée. Mais le commandant français ne se crut pas capable de soutenir une attaque de vive force; il n'avait avec lui que sept cents hommes, qui furent faits prisonniers. Les Prussiens trouvèrent dans la place neuf pièces de canon et des magasins.

Dans le moment où l'armée du nord faisait son mouvement sur Berlin, le général Girard était sorti de Magdebourg avec une division de quatre mille hommes, dans l'intention de joindre le maréchal Oudinot. Le 25 il se dirigea de Ziezar sur Beltzig; mais, trouvant cette dernière ville occupée par les cosaques de Czernicheff, il s'arrêta à Lubnitz. Le 27 il fut attaqué par la division du général Hinschfeld. Ce général, qui dans le principe était devant Magdebourg, en avait été rappelé pour opérer avec l'armée; mais, après l'affaire de Gross-Beeren, il fut détaché pour reprendre sa position. La division Girard obtint d'abord un avantage marqué, mais les cosaques de Czernicheff étant venus pendant l'action, sur ses derrières, en débouchant par Beltzig, décidèrent l'affaire. Il n'en eût pas été ainsi si le général Dombrowski, qui commandait une division de cavalerie à Wurtemberg, eût exécuté l'ordre qu'il avait reçu de joindre le général Girard. Ce brave général fut blessé de deux coups de feu, et repoussé dans Magdebourg avec une perte de huit à neuf cents prisonniers et six pièces de canon.

Bataille de Dennewitz.

La nouvelle de ces nouveaux échecs surprit Napoléon à Dresde. Les espérances qu'il avait fondées sur le mouvement du duc de Reggio contre le prince royal étaient détruites; mais les pertes essuyées à Gross-Beeren n'étaient pas irréparables. Il résolut de faire renouveler l'attaque contre le prince de Suède. Mais, mécontent des opérations du maréchal Oudinot dans les journées précédentes, il le priva de son commandement, et le donna au maréchal Ney, avec l'ordre positif de se reporter en avant, et, par un mouvement de flanc, de replacer l'armée sur la route de Dresde à Berlin. Napoléon promit au prince de la Moskowa de le faire joindre à Dahme par le roi de Nâples, avec toute la cavalerie de l'armée. Mais cette promesse ne fut pas remplie, et le maréchal Ney ne put disposer, dans ces vastes plaines, que de cinq à six mille chevaux pour éclairer ses mouvemens. Cependant le maréchal, arrivé à son nouveau poste le 4 septembre, trouva ses troupes concentrées sous le canon de Wittemberg; il les passa en revue, et donna ses ordres pour le lendemain.

Le prince royal avait son quartier-général à Rabenstein; son armée était disséminée, elle occupait Sayda, Zahna, le défilé de Kœpenig, Marzahne et Pliphos, avec une avant-garde à Lobessen et Assau. Le prince avait résolu de passer l'Elbe à Rosslau avec une partie de son armée, et y avait fait rassembler tous les matériaux nécessaires à la construction d'un pont;

mais il fut bientôt détourné de ce projet par le mouvement de l'armée française. En effet, le 5 septembre, la division de cavalerie du général Guilleminot chassa successivement de Beltzig et de Zahna la cavalerie prussienne du général Dobschutz. Le douzième corps prit position à Sayda, d'où il chassa le corps du général Tauenzien. Alors le général Bulow se porta à Kurtzlippsdorf, liant sa gauche avec Tauenzien. Le quatrième corps s'établit à Neundorf, et le septième en avant de Gadegast.

Le 6 septembre, à sept heures du matin, le maréchal Ney remit son armée en marche. Il paraît que son intention n'était pas d'engager une affaire ce jour-là, mais bien de doubler l'aile gauche de l'armée combinée par devant Juterbogt, de gagner rapidement Dahme, et de se diriger par Bareuth sur la capitale de la Prusse. En conséquence, le douzième corps eut ordre de s'avancer sur Ohna, le septième sur Rohrbuk. Le quatrième dut couvrir le mouvement de l'armée sur la chaussée de Juterbogt. Le corps du général Bertrand s'avançait sur la route en colonne de marche; il rencontra bientôt l'avant-garde de Tauenzien, formée en arrière du ruisseau qui traverse le village de Dennewitz; aussitôt l'ennemi démasqua une batterie, et la fit jouer contre la division italienne, qui était en première ligne. Cette réception vigoureuse força le général Bertrand à prendre des dispositions pour forcer le passage. La division Fontanelli se forma en avant de Dennewitz, ayant en deuxième ligne celle du général Morand. Une brigade wurtembergeoise se porta sur la route d'Interbogt, une autre se porta à un quart de lieue en arrière de Dennewitz, avec le parc d'artillerie et les équipages. Le général Bertrand fit placer sur un mamelon, à gauche de la route, une batterie de douze, soutenue par les deux divisions d'infanterie. Une autre batterie de même calibre fut établie sur les hauteurs, à côté du village, battant toute la plaine en avant; à la gauche de la première batterie se trouvait le troisième corps de cavalerie. La bonté de ces dispositions se fit bientôt sentir; le village de Nieder-Gersdorf fut emporté, et l'aile gauche de Tauenzien perdit du terrain. Le général Bulow, qui était en position, sa droite à Eckmansdorf et sa gauche à Malterhausen, voyant Dennewitz attaqué vivement, déboucha en avant de Wilinsdorf, menaçant de reprendre Nieder-Gersdorf, tandis que sa cavalerie faisait mine d'attaquer la gauche du maréchal. Le combat durait depuis quatre heures, et le quatrième corps, seul engagé, le soutenait vaillamment; enfin, le septième, qui avait éprouvé du retard dans sa marche, vint se placer à la gauche de Dennewitz. Les Prussiens, prêts à s'emparer de Nieder-Gersdorf, furent repoussés. Dans ce moment, la division de cavalerie légère du général Lorge, ayant fait une fausse charge, l'infanterie du septième corps se trouva à découvert, et on perdit presqu'en même temps les deux villages de Nieder-Gersdorf et Golsdorf. Le maréchal Ney voyant que les différents corps de l'armée ennemie débouchaient les uns après les autres, fit approcher le douzième corps pour prendre part au combat. La division du général Guilleminot, formant tête de colonne, reprit Golsdorf, et le septième corps se remit en ligne; aussitôt le général Bulow fit avancer ses réserves, et le maréchal Ney lui opposa la division Pacthod; mais à peine commençait-elle à se déployer, qu'une division prussienne toute fraîche lui tomba sur les bras. C'était celle du général Borstel, à qui le prince royal avait donné l'ordre de se diriger de Kropstadt sur Eckmansdorf. Mais il avait appris, près de Tatichaw, qu'on avait besoin d'elle sur la droite, et elle s'y porta en toute hâte. En même temps le quatrième corps, fatigué d'un combat si long et si acharné, venait d'abandonner Dennewitz. Cependant la victoire était indécise. Tout en effectuant un mouvement rétrograde, l'armée française conservait une attitude imposante; ses masses repoussaient les charges de cavalerie, et semblaient braver le feu de la mitraille dont elles étaient foudroyées. Dans ce moment, le prince royal, qui s'était porté de Lobessen à Ecksmansdorf, parut près de Wilinsdorf avec les Russes et les Suédois. Soixante-dix bataillons, dix mille chevaux et cent cinquante pièces de canon s'avancent pour soutenir l'attaque de Bulow. De plus, quatre mille chevaux et quelques batteries se portent sur Suhausen et menacent de tourner la gauche française. Dans une situation aussi critique, le maréchal Ney se trouva hors d'état de résister à des forces si supérieures; il se retira en bon ordre, résolut de s'arrêter à Rohrbuk, d'y prendre une position plus resserrée, de s'y défendre jusqu'à la nuit, et d'effectuer sa retraite sur Torgau, puisque la route de Wittemberg lui était interdite.

Mais à peine commençait-on à se former en bataille dans le lieu indiqué, que deux divisions saxonnes, faisant partie du septième corps, dont la fidélité était déjà ébranlée, prirent la fuite, et laissèrent un vide énorme dans la ligne. Aussitôt que l'ennemi s'en aperçut, il porta des masses considérables dans cet intervalle. En vain le duc de Padoue, avec sa cavalerie, se présenta pour arrêter l'ennemi; ses efforts furent inutiles, elle fut rejetée sur l'infanterie. Alors le désordre se mit dans l'armée française; elle lâcha pied. En vain le maréchal Ney, avec cette intrépidité indomptable qu'aucun revers ne peut abattre, veut, à la tête des restes de la division Morand, arrêter l'ennemi. Deux divisions de cavalerie sont sourdes à ses ordres, et abandonnent le champ de bataille sans combattre ; alors la déroute devient complète et l'armée, partagée en deux, suivit des routes différentes. Le maréchal Ney, avec le quatrième corps, se retira sur Dahme, et le maréchal Oudinot, avec le septième et le douzième, se jeta sur la route de Schweidnitz.

Au milieu de ce désastre, les deux armées admirèrent la conduite magnanime d'une poignée de Polonais ; un escadron de ces fidèles amis de l'honneur français servait d'escorte au prince de la Moscowa. Ils furent les derniers à abandonner le champ de bataille, et le maréchal leur dut plusieurs fois son salut. Ces braves étrangers, avec un héroïsme incroyable, se multipliaient, se précipitaient sur tous les points que le maréchal désignait à leur intrépidité, et une partie de notre infanterie put se retirer par le passage que les sabres polonais lui ouvrirent au travers des rangs ennemis.

Désespéré de sa défaite, le maréchal ne chercha point à la déguiser ni à l'atténuer en se plaignant, quoique avec forte raison, de la désobéissance à ses ordres, et de la manière dont il avait été secondé. Il écrivit à Napoléon : « J'ai été battu complétement, je ne sais point encore si toute mon armée est ralliée. Votre flanc gauche est découvert ; prenez-y garde : je crois qu'il est temps d'abandonner l'Elbe, et de se replier sur la Saale. »

Le 7 septembre, le général prussien Wobeser, qui avait pris Lukau, se porta ce jour-là sur la route de Dahme, pour inquiéter notre retraite avec quatre mille hommes. Le vingt-troisième régiment de ligne, qui formait l'arrière-garde, parvint non sans peine à le contenir. Enfin, le 8, toute l'armée repassa l'Elbe, et se réunit sous les murs de Torgau ; le quartier-général français fut établi à Tulemberg. Le prince royal établit le sien à Interbogt.

Notre perte, dans la bataille de Dennewitz, put être évaluée à dix mille hommes, tués, blessés et prisonniers, vingt-cinq pièces de canon, dix-sept caissons. Celle de l'ennemi s'éleva à près de sept mille hommes, dont six mille Prussiens.

Le maréchal Ney profita du moment de relâche que lui donna l'inactivité du prince royal, pour réorganiser son armée. Le douzième corps fut entièrement dissous, les troupes qui le composaient furent réparties dans le septième et quatrième, à l'exception des Bavarois qui furent envoyés à Dresde pour y tenir garnison. Il devenait chaque jour plus dangereux d'avoir des troupes allemandes dans les rangs français.

La critique militaire devait aussi juger la bataille de Dennewitz.

Le maréchal Ney, trouvant l'armée concentrée en avant de Wittemberg, l'avait disponible dans la main. La moindre information sur la situation de l'armée alliée lui aurait appris combien elle était disséminée, et combien il lui aurait été facile, en portant la masse de ses forces sur la route de Wittemberg à Feuenbritzen et Postdam, de culbuter le centre de l'ennemi avant qu'il pût recevoir du secours des deux ailes, et d'agir après sur chacune d'elles séparément. Cette manœuvre aurait eu sans doute un plein succès. Mais si, comme l'a avoué le maréchal, son intention n'était pas de combattre, et qu'il voulût seulement gagner Dahme, où, d'après la promesse de Napoléon, il devait trouver le roi de Naples, comment alors a-t-il pu se laisser entraîner à livrer bataille sur un terrain qu'il n'avait pas choisi? Il est bien certain qu'il pouvait faire arriver son armée à Dahme, sans passer par Juterbogt. Ainsi la marche du quatrième corps sur la chaussée qui mène à cette ville était mal calculée; on était sûr d'y trouver l'ennemi; et même après la première tentative infructueuse de cette partie de l'armée, pour dégager la route, il pouvait retirer ses troupes, et, en appuyant à droite, continuer son mouvement sur Dahme. Mais le maréchal, dont l'impétuosité naturelle n'était pas toujours guidée par la prudence, engagea toute son armée, et le fit d'une manière qui ne répondit pas à sa grande réputation militaire. Le maréchal n'aurait-il pas combattu avec plus d'avantage, si, au lieu d'envoyer

successivement les corps du général Reynier et
du maréchal Oudinot au secours de sa gauche,
il l'eût reployée, et lui eût évité un combat de
quatre heures qu'elle soutint seule contre des
forces trop supérieures ? Il fallut tout le talent
et les bonnes dispositions du général Bertrand
pour obtenir quelque succès au commencement de
l'action, et pour avoir résisté aussi long-temps.
Le maréchal Ney s'est plaint constamment de la
désobéissance à ses ordres, et de ce que le maréchal Oudinot n'avait pas fait tout ce qu'il devait faire. Le douzième corps ne prit presque aucune part à l'action, et se trouva dans la déroute
sans avoir combattu. Il faut avouer aussi que les
Prussiens opposèrent la plus opiniâtre résistance
aux efforts de l'armée française. Le général Bulow,
par des dispositions heureuses et une vigueur peu
commune, arrêta son attaque jusqu'à l'arrivée
des Russes et des Suédois, dont la présence décida son succès. La perte des Français aurait été
bien plus considérable, si la poursuite avait été
suivie avec plus de persévérance ; leur centre
était enfoncé, leur armée séparée en deux ; l'ennemi pouvait les prévenir sur la route de Dahme,
et le quatrième corps était forcé de mettre bas les
armes. Aussi les alliés reprochèrent-ils au prince
royal de Suède la mollesse avec laquelle il suivit
l'armée vaincue. Cette circonspection fut-elle conseillée par sa prudence naturelle ? craignit-il de

compromettre un avantage sur lequel il ne devait pas compter? ou bien se serait-il souvenu que l'armée qu'il venait de vaincre était composée de ses concitoyens, et commandée par ses frères d'armes?

Napoléon avait appris la nouvelle de la défaite de la Katzbach; il savait que l'armée de Silésie, fatiguée et hors d'état de résister à des forces considérables, battait en retraite sur Dresde et approchait de Bautzen. Il vit combien il était urgent de porter encore un prompt secours à son lieutenant, et d'arrêter la marche triomphante du général prussien. Alors, pour la seconde fois, il abandonna toute idée d'opération contre la Bohème, et partit de Dresde le 3 septembre, avec la garde impériale, le corps du maréchal Marmont et la cavalerie de Latour-Maubourg. Le 4 il rencontra l'armée du maréchal Macdonald qui se disposait à abandonner la position de Hochkirch, et à continuer sa retraite sur Bautzen. Napoléon arrêta ce mouvement; et, relevant par sa présence le courage abattu de cette armée, il lui fit reprendre l'offensive. L'avant-garde du général Blucher, formant une forte colonne, s'avançait par la route de Gorlitz, feignant de vouloir pénétrer dans Bautzen. Le roi de Naples alla à sa rencontre, la força de rétrograder, et la rejeta derrière le Lœbaner-Wasser. Cette circonstance apprit au général Blucher que l'armée française venait d'être renforcée; et, fidèle à son plan, il ordonna la retraite; elle se fit sur Gorlitz et sur Lobau, favorisée par les bois qui couvrent les montagnes de la Bohême, qu'il avait garnies d'infanterie légère. Le 6 septembre, Napoléon se porta en avant, et fit avancer ses troupes par Glossen sur Reichenbach. L'on fit quelques prisonniers dans une charge de cavalerie; l'ennemi continua son mouvement rétrograde, repassa la Neiss et la Queiss, et s'arrêta derrière ces deux rivières. Napoléon, trompé dans son espoir de joindre enfin le général prussien, jugea un peu tard que l'intention de son adversaire était de l'éloigner le plus possible de Dresde, pour favoriser les opérations de l'armée de Bohême sur le haut Elbe. Il reprit alors en toute hâte la route de cette capitale, laissant au maréchal Macdonald pour toute instruction de ne rien hasarder, et de se retirer devant des forces supérieures. Mais c'était lors de son premier départ de la Lusace qu'il aurait dû lui donner un ordre semblable.

CHAPITRE XVI.

Traité de la triple alliance de Tœplitz. — Manœuvres des deux armées. — Opérations des partisans ennemis sur les communications de l'armée française. — Traité de Tœplitz entre l'Angleterre et l'Autriche. — Traité de Ried entre l'Autriche et la Bavière. — Départ de Dresde. — Combat de Liébertwolkowitz. — Marche sur Leipsick.

Au bout de quelques jours, la grande armée alliée de Bohème, reposée de sa défaite de Dresde et de sa victoire de Kulm, se prépare à rouvrir le théâtre de la guerre. Les empereurs de Russie et d'Autriche, et le roi de Prusse, sont à Tœplitz le 2 septembre; le ministre britannique lord Aberdeen, faisant les fonctions de pontife de la coalition nouvelle, prépare et reçoit les sermens respectifs des trois souverains. Le 9 est signé, sous ses auspices, le traité qui proclame l'accession solennelle de l'Autriche à la ligue du Nord, et régularise les conventions secrètement stipulées par l'Autriche à Trachemberg et à Reichenbach. Par ce triple traité il est décidé que l'Autriche et la Prusse seront rétablies dans l'état où elles étaient, l'une en 1803, l'autre en 1805. Dès le mois de juillet, pendant que l'Autriche médiatrice ouvrait le congrès de Prague au nom de la paix du monde, elle avait déterminé à Trachemberg avec la Russie et la Prusse les forces que les trois puissances des armées combinées mettraient en campagne; elle avait accepté, elle avait donné le rendez-vous dans *le camp de l'ennemi !* Cependant, malgré les engagemens de Trachemberg, si Vandamme s'était tenu à Peterswald, ou si Ostermann n'avait pas défendu Tœplitz, l'Autriche n'eût probablement pas ratifié ses engagemens. La victoire de Dresde envahissait la Bohême ; le généralissime serait peut-être redevenu négociateur. Le comte de Metternich eût recherché plus tôt la dernière lettre du duc de Bassano, et sa réponse lui eût été inspirée par les progrès que le maréchal Augereau et la Bavière sur l'Inn, le vice-roi sur l'Isonzo, auraient nécessairement faits dans les états héréditaires de son souverain. La perte des batailles de la Katzbach, de Gross-Beeren, de Dennewitz, était bien funeste, stratégiquement parlant; mais la défaite de Kulm fut mortelle à la France et à Napoléon. Aussitôt que Schwartzenberg avait appris le départ de Napoléon pour son armée de Silésie, il s'était mis en marche pour déboucher dans la Lusace par Rombourg et Zittau avec la majeure partie de ses troupes. Si Napoléon avait continué de suivre Blücher, l'apparition des Autrichiens sur son flanc droit et ses derrières aurait fortement compromis sa campagne; mais le retour de Napoléon à Dresde fit changer le projet de l'ennemi. Pour couvrir son mouvement, le prince de Schwartzenberg avait ordonné une forte reconnaissance sur la Saxe.

Le 5 septembre, le général Wittgenstein arriva à Peterswald, le lendemain à Berg-Gieshubel et Gros-Kotta; le 7, il occupa Pirna. Nos troupes cédaient le terrain à mesure qu'il avançait; l'ennemi eut bientôt dépassé cette ville. Napoléon, de retour à Dresde, est le 8 sur la route de Bohême; il fait attaquer les corps avancés du général Wittgenstein, et les fait replier dans Pirna. Le même jour, le prince de Schwartzenberg reprenait, avec les corps autrichiens et les réserves, les positions de Tœplitz. Le 9, Napoléon se porta avec la majeure partie de ses forces sur Liebstadt. Cette marche tournait la gauche de l'avant-garde des alliés, et Wittgenstein fut forcé de se retirer en toute hâte à Nollendorf, où il joignit le corps de Kleist. Le même jour, le général Klenau, qui s'était avancé sur Chemnitz, revint à Sebastiansberg, ayant des avant-gardes à Marienberg et Sayda; les grenadiers russes étaient à Kulm; les gardes russes et prussiennes en avant de Tœplitz. Après une forte reconnaissance que le général Bonnet poussa avec sa division jusqu'au défilé de Geyersberg, l'armée prit position, le premier corps à Nollendorf, le deuxième à Altenberg, le quatorzième sur les hauteurs de Borna, la jeune garde à Pirna, et Napoléon revint le 11 à Dresde.

Le 14 septembre, le prince de Schwartzenberg, incertain de sa position et des mouvemens de l'armée française, résolut de faire reconnaître par un corps considérable les montagnes de l'Erzgebirge; en conséquence, le corps du général Wittgenstein se porta sur Nollendorf, occupé par la division Dumonceau du premier corps; elle fut forcée de se retirer sur Peterswald, et tout le premier corps prit position à Berg-Gieshubel. En même temps, le corps de Colloredo et la division du prince Auguste de Prusse débouchaient par Brictnau et Ebersdorf sur le quatorzième corps, qui suivit le mouvement de sa gauche et se rapprocha du premier.

Napoléon fut bientôt informé de l'apparition de l'ennemi dans les défilés de la Bohème, et partit de Dresde le 15 au matin avec sa garde. Cependant les troupes ennemies continuaient à avancer, et commençaient à attaquer la position de Berg-Gieshubel. Le comte de Lobau, par une manœuvre habile, porta sur leur flanc droit une division d'infanterie, les attaqua vigoureusement de front, arrêta leur mouvement, et les força à se replier sur Peterswald. Napoléon joignit l'armée sur le soir, et témoigna sa satisfaction au comte de Lobau. Le 16, l'armée continua son mouvement en avant, et les alliés repassèrent les défilés, laissant la division du général Ziethen pour défendre les abatis qu'on avait faits entre Tellnitz et Knietnitz. Wittgenstein prit position à Kulm, Collorédo sur les hauteurs de Strigewitz, et Kleist à Seberchen. Le soir, l'armée française occupa les hauteurs de Nollendorf.

La continuité de ces mouvemens fatiguait horriblement les troupes, surtout dans des pays ravagés qui n'offraient plus de ressources pour leur subsistance. Le 17, le bruit se renouvela que Napoléon avait décidément l'intention de déboucher dans la Bohème. En effet, le même jour il fit attaquer le général Ziethen par une division du premier corps, qui, vers les trois heures, enleva les abatis et poussa l'ennemi sur Kulm, où l'on trouva le corps du général Wittgenstein. Le premier corps était descendu dans la plaine avec une division de cavalerie légère de la garde, sous les ordres du général Ornano. L'action s'engagea avec chaleur, et les Français enlevèrent les villages d'Arbesau, de Delitsch et de Jonsdorf. Deux escadrons des lanciers rouges, commandés par le général Ed. Colbert, fournirent une charge brillante, enlevèrent une batterie autrichienne en sabrant les canonniers, mais ne purent ramener que trois pièces faute de chevaux. Le combat se soutenait dans la plaine, quand tout à coup l'ennemi, rassemblant tous ses efforts, fit une attaque générale. Une canonnade épouvantable, grossie encore par les échos des montagnes, se fit entendre sur tous les points. Par une manœuvre hardie, le général Collorédo tourna la gauche des Français et s'empara du village d'Arbesau, tandis que le général Meerfeld attaquait leur droite et se portait sur Nollendorf. Une brigade de la jeune garde fut envoyée pour reprendre Arbesau; elle fut repoussée avec perte de mille prisonniers. Le général Kreutzer, qui la commandait, fut de ce nombre, et la retraite fut décidée. Favorisée par un brouillard épais, elle se fit sans perte, et les deux jours suivans, l'armée de Napoléon rétrograda jusqu'à Berg-Gieshubel où elle prit position : les alliés réoccupèrent Peterswald.

Cependant le maréchal Macdonald, avec son armée, était resté en position en avant de Hochkirch, ayant son avant-garde à Gorlitz, et sa droite appuyée par le huitième corps, qui de Gabel était revenu à Lobau. Le général Blücher, retiré derrière la Queiss, jugea bientôt, par l'inaction de son ennemi, que Napoléon n'était plus à l'armée; il se reporta donc en avant. Le 9 septembre, le général Langeron, avec son corps, passa la Neisse à Ostritz, pendant que le général Yorck la traversait entre Ostritz et Gorlitz, avec l'intention de surprendre notre avant-garde dans cette dernière ville; mais, prévenue à temps, elle se retira sans aucune perte à Reichenbach, et rallia le gros de l'armée à Hochkirch. Le corps de Langeron attaqua le prince Poniatowski à Lobau, et le força à se retirer à Neustadt. Le 10, le maréchal Macdonald continua son mouvement rétrograde sur Bautzen ; le 11, il était à Godau, n'ayant plus qu'une avant-garde sur la Sprée. Le 12, il se replia sur Bischofswerda ; le huitième corps vint à Stolpen ; le reste de l'armée se trouvait entre Bischofswerda et Dresde. Cette retraite précipitée, conforme aux ordres que le maréchal avait reçus, se fit sans brûler une amorce. Le duc de Tarente prit trop à la lettre les instructions de Napoléon ; car il avait assez de troupes pour disputer honorablement le terrain, et il aurait pu retarder la jonction des trois armées alliées, que favorisa l'excès de son obéissance aux ordres de l'empereur. Bubna avait joint avec ses troupes l'aile gauche de Blücher, et communiquait par sa droite avec Tauenzien, de l'armée du prince royal de Suède. Le cercle commençait à se former autour de Napoléon.

Le roi de Naples, avec le sixième corps et la cavalerie de Latour-Maubourg, marcha le 14 sur Grossenhayn, pour protéger un convoi considérable de farines qui remontait l'Elbe, et dont la nécessité commençait à se faire sentir. Blücher, craignant que ce mouvement ne fût dirigé contre lui, porta sur sa droite, à Camens, le corps de Sacken, ce qui détermina Macdonald à quitter Bischofswerda et à se porter sur Hartau. Le roi de Naples, avec sa cavalerie, longeait la rive droite de l'Elbe; il rencontra à Mühlberg les troupes de Tauenzien qui essayait de se rapprocher de l'armée de Blücher; il l'attaqua le 17, et le força d'abandonner Mühlberg et Liebenwerda. Mais le lendemain les Prussiens reprirent leur revanche; ils enlevèrent Mühlberg, et, attaquant un régiment de cavalerie à Borack, ils lui firent une centaine de prisonniers, parmi lesquels se trouvait le colonel Edmond de Périgord. Tauenzien remonta la Schwartz-Elster et vint à Elsterwalda, et l'arrière-garde du roi de Naples, qui occupait Stoltzenhayn, dut se retirer sur Grossenhayn.

Napoléon était revenu à Dresde le 21 septembre : inquiet des progrès de Blücher, il résolut encore de lui livrer bataille s'il trouvait l'occasion favorable. Le 22, il vint à Harau, et sur-le-champ il fit marcher les onzième, cinquième et troisième corps sur Bischofswerda. Ce village était occupé par l'avant-garde de l'armée ennemie aux ordres du général Rudegewitz : elle fut bientôt forcée de se retirer; elle le fit en bon ordre, défendant pied à pied la forêt de Bischofswerda, et se retira à Godau. Napoléon arriva le 23 sur Godau : c'est là que commence cette vaste plaine qui s'étend jusqu'à Bautzen; c'est là aussi que le général Blücher l'attendait avec le gros de son armée dans une position très-avantageuse. Napoléon ne jugea pas devoir l'attaquer, parce que sa gauche était débordée par le corps de Sacken, qui arrivait par Bucka. Il revint à Dresde le 24, donnant l'ordre au maréchal Macdonald de ramener l'armée dans la position de Weissig, à une lieue et demie en avant de Dresde. Le huitième corps repassa l'Elbe; mais le roi de Naples resta à Grossenhayn, le quatorzième corps occupait Pirna et Borna, le premier Berg-Gieshubel, le deuxième Freyberg. En même temps le général Blücher s'était rapproché, et établit un poste à Schaudau sur l'Elbe. L'armée combinée de Bohême était toujours dans ses positions de Tœplitz, ayant mis sa cavalerie et son artillerie dans des cantonnemens pour refaire ses chevaux épuisés par les fatigues et les bivouacs continuels.

Le prince royal de Suède avait toujours son quartier-général à Juterbogt. La lenteur de ses mouvemens était calculée sur la marche du reste de l'armée alliée. Il ne voulut pas hasarder de faire passer l'Elbe à son armée, et se contenta de fortifier les deux points qu'il avait choisis pour son passage. La tête de pont de Roslau fut occupée par les Suédois, et les Russes furent chargés de retrancher la ville d'Acken. Le 15 septembre, le prince avait son quartier-général à Zerbst, et les Suédois poussèrent une avant-garde jusqu'à Dessau. En même temps Bulow compléta l'investissement de Wittemberg, pendant que Tauenzien s'étendait par la gauche pour communiquer avec Blücher.

Le 24 septembre, Bulow fit ouvrir la tranchée devant Wittemberg, et emporta les faubourgs. Les 25 et 26 commença le bombardement : la ville fut bientôt en feu, et, à la faveur de cet incendie, l'ennemi ouvrit la seconde parallèle.

Cependant le maréchal Ney avait travaillé sans relâche à réorganiser son armée : le 26, il fut en état d'agir d'une manière offensive. Résolu de s'opposer au passage de l'armée alliée, il porta le septième corps sur Dessau ; à son approche, les Suédois évacuèrent cette ville et se replièrent sur Rosslau. Le maréchal les suivit, mais il était trop faible pour attaquer la tête de pont : plusieurs jours se passèrent en de petits combats insignifians. Le quatrième corps s'établit à Oranienbaum, où fut porté le quartier-général.

Depuis le 9 septembre jusqu'au 28, il ne se passa rien de remarquable. Les alliés, se croyant encore trop faibles pour porter les grands coups à leur ennemi, attendaient, pour recommencer la lutte avec plus de vigueur que jamais, l'arrivée du général Beningsen. Ce général, avec cinquante mille hommes, arrivait de Pologne par la Silésie à marches forcées, et le 26 il parvint à Lietmeritz, où son avant-garde passa l'Elbe. L'apparition de ce nouveau champion de la coalition avait été précédée d'un repos dont se fatiguait l'impatience des alliés. Beningsen parut, et le signal de la destruction de Napoléon fut donné.

Napoléon dut entendre ce signal. Mais, après les revers multipliés que venaient d'éprouver ses armes sur toutes les directions, après les pertes irréparables éprouvées à une si grande distance de la France, après l'arrivée successive des renforts inépuisables de la ligue du Nord, et les défections allemandes qui appauvrissaient et compromettaient son armée, il devait renoncer au plan d'opérations qu'il avait adopté. Il avait fait tout ce qu'il avait pu faire pour se maintenir; il ne pouvait pas espérer de reconquérir dans une seule grande bataille tout ce qu'il avait perdu. Une victoire éclatante, remportée sur le terrain où il s'était placé, décimait son armée et ne détruisait pas un ennemi toujours renaissant qui avait pour auxiliaires tous les peuples dont il occupait le territoire. Il devait rassembler ses forces et les établir derrière la Saale, encore retentissante des premiers exploits de cette campagne; il s'appuyait sur ses magasins d'Erfurth, sur ses dépôts de Mayence; il était le maître de la grande route militaire de la France. Alors il ouvrait une autre campagne, et quelle qu'en eût été l'issue, l'événement eût été loin d'être aussi désespéré, que celui qui résulta et qui devait résulter de la marche combinée de l'immense armée des alliés sur Leipsick.

D'ailleurs l'extension démesurée de sa base et de sa ligne de communication avec le Rhin exposait ses flancs et ses derrières à toutes les insultes des troupes légères des alliés, qui enlevaient les dépôts, les convois et les petits détachemens qui étaient en marche pour joindre l'armée.

Le général saxon Thielmann, qui avait déserté à Torgau, se battait contre son souverain, mettait à profit ses connaissances locales du pays, et avec un corps considérable de partisans avait inondé les contrées arrosées par la Saale. Le colonel autrichien Mensdorf parcourait tous les environs de Leipsick. A cette époque, les Allemands avaient réduit à la plus simple expression la cause de leur indépendance politique; ils en avaient fait celle de leur liberté civile, et partout l'obéissance au souverain disparaissait devant l'opinion nationale : ils étaient loin de croire que ce serait au profit de leurs souverains qu'ils méconnaissaient alors leur autorité. L'empereur Napoléon résolut de mettre un terme aux brigandages des partisans. A cet effet, il détacha le général Lefebvre-Desnouettes avec une partie de la cavalerie de la garde et trois régimens de hussards. Le général atteignit, le 24 septembre, le général Thielmann près de Mersebourg, le battit, lui reprit ses prisonniers, et le força de se retirer sur Zwickau. A la suite de cette affaire, le général français occupa Altenbourg. Sur ces entrefaites, l'hetman Platow, avec ses cosaques et un corps d'infanterie et de cavalerie autrichienne, était sorti de Bohême et arrivé à Chemnitz le 26;

il marcha sur Altenbourg. Lefebvre-Desnouettes avait méprisé les avis qui lui étaient arrivés de toutes parts ; il se laissa surprendre dans ses bivouacs, et, menacé sur ses flancs, il fit sur Zeitz une retraite précipitée qui lui coûta un millier d'hommes. On peut, sans hésiter, l'accuser d'imprudence avant l'affaire, et de maladresse pendant le combat. Cet échec ouvrit aux partisans alliés les routes de France, et depuis lors il devint à peu près impossible de rassurer les communications. Les partisans harcelèrent sans relâche le corps du maréchal Augereau, qui de Würtzbourg devait rejoindre l'armée. Le général Lefebvre-Desnouettes s'était retiré à Weissenfels.

D'un autre côté, le général Czernichew, détaché de l'armée du prince royal avec trois mille chevaux, parcourait la Westphalie, et poussait jusqu'à la capitale de ce royaume. Le 30 septembre, il se présenta devant Cassel, où le général Allix, qui commandait avec deux bataillons, fut bientôt forcé de capituler, et l'ennemi entra en maître dans la ville; mais instruit de l'approche de quelques troupes françaises, Czernichew n'y resta que peu de jours, et avec un immense butin il se replia, le 4 octobre, sur l'Elbe, après avoir porté à l'insurrection ce royaume si mal assis et si malintentionné.

Cependant l'opiniâtreté que mettait l'empereur à conserver la ligne de l'Elbe décida les souverains alliés à adopter un nouveau plan d'opérations qu'ils auraient pu prendre quinze jours plus tôt : ce fut de réunir les deux armées de Pologne et de Bohème pour agir sur le flanc droit de l'armée française, tandis que celles de Silésie et du Nord opéreraient de concert contre sa gauche. Pour faire face à un tel orage, Napoléon ne vit d'autre moyen que de se renforcer du corps d'observation que le duc de Castiglione avait organisé à Würtzbourg, et qui pouvait se monter à près de vingt mille hommes; il lui envoya l'ordre de le joindre. Ce corps offrait une faible ressource dans la masse de notre armée, tandis que sa présence sur les frontières de la Bavière devait servir à soutenir cette puissance, et l'empêcher peut-être de se déclarer contre nous. Le départ du maréchal fut le signal de la défection de cet ancien allié, qui bientôt grossit de toutes ses troupes les rangs ennemis.

Telle était la position de l'armée française vers la fin de septembre. La garde, les premier, troisième, cinquième, onzième et quatorzième corps occupaient Dresde, et les camps de Weissig et de Pirna. Le deuxième corps était à Freyberg. Le roi de Naples, avec le sixième corps et le premier de cavalerie était à Meissen et Grossenhayn; le maréchal Ney, avec le quatrième et septième, dans les environs de Dessau ; le prince Poniatowski, avec son huitième corps et la cavalerie du général Lefebvre-Desnouettes, occupait Pening et Altenbourg. Le troisième corps de cavalerie était à Leipsick, et le duc de Castiglione, avec son corps et le cinquième de cavalerie, était en marche et s'approchait de Iéna.

Du côté des alliés, l'armée de Bohême, sous les ordres du prince de Schwartzenberg, était campée entre Aussig et Brux, ayant le corps de Klenau vers les débouchés de Chemnitz. Blücher, avec l'armée de Silésie, était à Bautzen, et le prince royal, avec l'armée du Nord, s'étendait de Hertzberg jusqu'à Jerbot. Le général Beningsen, avec son armée de Pologne, était entré en ligne, et avait fait sa jonction avec l'armée de Bohême à Leutmeritz; et, comme nous l'avons dit, l'arrivée de ce renfort considérable fut pour les alliés le signal de la reprise de leurs opérations offensives.

L'honneur de porter les premiers coups dans le second acte de ce drame sanglant fut réservé au général Blücher. Le 10 septembre, il quitta son quartier-général de Bautzen; et, après avoir désigné le corps du général Czerbatow et la division Bubna pour couvrir la Lusace, il se mit en mouvement avec le reste de ses troupes, et arriva le lendemain à Elsterwerda. La cavalerie du général Latour-Maubourg, qui se trouvait à Grossenhayn, reçut l'ordre de repasser l'Elbe, et de joindre le sixième corps à Meissen. Blücher, pour masquer sa marche, fit suivre notre cavalerie par celle du général Wassilczikow, commandant l'avant-garde du corps de Sacken, et fit faire quelques démonstrations d'attaque sur la tête de pont de Meissen. Mais le maréchal Ney ne fut pas la dupe de cette manœuvre, et, jugeant que l'intention de Blücher était de passer l'Elbe plus bas, il fit porter le général Bertrand, avec le quatrième corps, dans la nuit du 1er. au 2 octobre, à Wartenbourg avec ordre d'y prendre position.

Cependant Blücher, continuant sa marche, arriva le 2 octobre à Jessen, au confluent de l'Elbe et de la Schwartz-Elster. Dans la nuit du 2 au 3, il fit jeter deux ponts, et se prépara à passer l'Elbe. A cinq heures du matin, le général Yorck passa le premier; les deux divisions Morand et Fontanelli, avantageusement postées à Wartenbourg, repoussèrent toutes les attaques de l'ennemi jusqu'à deux heures du soir; mais Blücher, sentant toute l'importance d'enlever cette position qui arrêtait sa marche, détacha le prince de Mecklenbourg, avec des forces considérables, pour tourner la droite des Français, et s'emparer du village de Osledden, sur lequel elle s'appuyait. Ce mouvement eut lieu, et le général Bertrand fut forcé de se retirer, avec une perte de près de cinq cents hommes, sur Düben et Kemberg. Le 4, le reste de l'armée prussienne passa sur la rive gauche de l'Elbe, à l'exception du général Thümen, qui fut laissé devant Wittemberg pour en continuer le siége.

Le mouvement des alliés était général. Le prince royal effectuait de son côté le passage de la rivière à Rosslau et Acken. Le maréchal Ney, qui n'avait avec lui que le faible corps du général Reynier, dut se retirer de Dessau sur Bitterfeld, et vint à Delitsh, où il fut joint le 5 octobre par le général Bertrand. Le 6, le prince royal porta son quartier-général à Dessau, et ce jour-là Blücher était à Düben.

La grande armée alliée avait aussi fait un mouvement par sa gauche, pour pénétrer en Saxe par la route de Sebastiansberg à Chemnitz ; elle fut remplacée dans sa position de Tœplitz par l'armée de Pologne. Le 4, l'avant-garde du général Klenau entra dans Chemnitz ; elle y fut attaquée par des troupes du prince Poniatowski, et en fut délogée; mais l'apparition de l'hetman Platow, qui venait de Zwickau sur le flanc droit des Polonais, força le prince à se retirer sur Penig et Mittveyda, et le généralissime Schwartzenberg porta, le 5 octobre, son quartier-général à Marienberg.

Lord Aberdeen avait présidé aux trois traités qui, le 9 septembre, avaient uni la Russie à l'Autriche, l'Autriche à la Prusse, et la Prusse à la Russie. Il fut ainsi le témoin et le garant prépondérant des ratifications, des conventions politiques et militaires discutées et arrêtées à Trachemberg et à Reichembach, entre la Grande-Bretagne et ces trois puissances; mais il manquait, à l'exemple du traité de Tœplitz du 9 septembre, un traité particulier entre les cours de Londres et de Vienne, qui cimentât d'une manière indissoluble les nouveaux engagemens. Ce pacte eut lieu le 3 octobre, et fut signé aussi à Tœplitz par lord Aberdeen et le comte de Metternich, sous le nom de *traité d'alliance préliminaire.* Six mois après, le 1er. mars 1814, ce fut à Chaumont, après que la quadruple alliance eut été préparée aux conférences de Troyes, que ce traité préliminaire fut converti en traité définitif. L'Autriche engageait toutes ses forces et l'Angleterre tous ses moyens *contre l'ennemi commun.* Cette odieuse désignation avait été inventée par l'Angleterre aux conventions de Reichenbach, légitimé au traité de Tœplitz le 9 septembre, et consacré enfin par l'Autriche elle-même dans le protocole de celui du 3 octobre. Il était dans la force des choses que l'Angleterre cherchât à lier, même aux dépens des plus respectables convenances, le beau-père *de l'ennemi commun*, qui recevait ses subsides. Mais l'empereur François, malgré la reconnaissance qu'il pouvait devoir aux libéralités de l'Angleterre, marchait avec une politique encore trop incertaine pour qu'il se fût décidé à signer ce traité, qui était le complément, le lien légal du précédent, si, dès la fin de septembre, il n'avait été assuré de la défection prochaine de la Bavière.

La diplomatie de cette époque eut des formes toutes militaires, parce qu'elle fut sans cesse improvisée par les événemens de la guerre. La guerre était devenue une spéculation de cabinet; les agens de cette nouvelle diplomatie étaient naturellement des généraux, qui entamèrent souvent de leur propre chef des négociations aussi extra-diplomatiques qu'elles étaient extra-militaires. Telles avaient été celle du général Schwartzenberg à Minsk et depuis à Varsovie, celle du général Yorck à Poscheraun, et ensuite celle du général Bulow; telles, au milieu de la bataille de Leipsick, avaient été celles des généraux saxons avec le général Bernadotte, qui employa leur artillerie dont il manquait; et telle était alors celle du prince de Reuss, commandant une armée autrichienne sur l'Inn avec le comte de Wrède, qui commandait l'armée bavaroise contre lui. Le 8 octobre, le traité de coopération, aussi *contre l'ennemi commun*, fut signé à Ried par les deux généraux; ainsi il ne manquait plus rien à l'Autriche pour sa sécurité, et alors elle devint plus sincèrement l'ennemie de la France.

Napoléon n'a point été trahi par le roi de Bavière; ce prince, dont tous les souvenirs sont français, avait écrit lui-même à l'empereur qu'il espérait pouvoir conserver l'alliance jusqu'à la fin de novembre; mais il avait dû recevoir la loi de sa propre armée et transiger promptement avec le poids de la puissance autrichienne, qui, dans la position où elle venait d'être placée par la rupture de Prague, pouvait hautement rappeler à la Bavière ses anciens ressentimens. Il en fut de même du roi de Wurtemberg, le plus actif et le plus dévoué des alliés de Napoléon : ce prince l'avertit également que l'heure de sa défection était venue pour lui et son armée. Le même système de loyauté était suivi également par le grand-duc de Bade, qui ainsi que l'Autriche et la Bavière, avait un lien de famille avec Napoléon. L'empereur rendait une éclatante justice à ces souverains, contre lesquels, même dans les rigoureuses circonstances où le plaçait tout à coup la perte du seul secours sur lequel il se plaisait encore à se reposer, il ne lui échappa jamais le moindre reproche. En faisant généreusement la part d'estime qui l'attachait personnellement au caractère de ces princes, il faisait aussi celle de l'indignation que méritaient leurs cabinets et leurs généraux, qui avaient si amplement exploité dans ses jours heureux l'amitié qu'il portait à leurs maîtres.

Napoléon voit son terrain subitement dégarni autour de lui, et les tentes qui le couvrent coupées par de longs intervalles. Le roi de Saxe lui reste seul avec son excellente armée. Napoléon est l'hôte de ce prince dans sa capitale ; le roi est l'hôte de Napoléon dans son camp. Mais combien de temps pourra durer encore cette double hospitalité que menace la tempête germanique! Il n'est déjà plus question entre ces deux souverains de compter sur la résidence de Dresde; et Nestor n'aura bientôt plus d'autre palais que la tente d'Achille.

Le 5 octobre, Napoléon, dans son cabinet, calcule et discute froidement avec lui-même les secrets de sa position militaire. Il est entouré de ses cartes, des rapports de ses armées, il marche à grands pas et dicte rapidement ses idées et ses doutes; il manœuvre en présence du secrétaire de son cabinet.

Première note. — *Position des ennemis.*

« Il paraît certain que l'armée ennemie de Silésie s'est portée sur Wittemberg, et que la grande armée de Tœplitz fait un mouvement sur sa gauche.

» L'armée ennemie de Silésie ne peut être évaluée à moins de soixante mille hommes avec les corps d'Yorck, de Blücher et de Langeron.

» L'armée de Berlin, composée du corps suédois, d'un corps russe et des corps de Bulow et de Tauenzien, ne doit pas être moins forte.

Il y aurait donc sur le bas Elbe une armée de cent vingt mille hommes; il est toutefois à savoir si elle n'a pas fait un détachement vers Hambourg.

» L'armée de Tœplitz, composée des Autrichiens, d'un corps prussien et d'un corps russe, ne peut pas être évaluée à moins de cent vingt mille hommes.

» Le projet des coalisés serait donc de faire marcher deux grandes armées l'une par la droite, l'autre par la gauche, et d'obliger l'empereur à quitter Dresde. »

Deuxième note. — *Positions de l'armée française.*

« Le quatrième et le septième corps, sous les ordres du prince de la Moscowa, sont sur le bas Elbe.

» Le duc de Raguse, avec le premier corps de la cavalerie, et le troisième d'infanterie, sur Tilenbourg et Torgaw. Ces deux armées forment ensemble une force de quatre-vingt mille hommes couvrant la gauche.

» Le premier, le quatorzième, le deuxième, le cinquième et le huitième forment une force de soixante-dix mille hommes couvrant la droite.

» Enfin, le onzième, la garde et le deuxième corps de cavalerie, formant une force de soixante mille hommes, sont au centre. »

Troisième note. — *Que convient-il de faire?*

« Il sera constaté ce soir si toute l'armée de Silésie, ou seulement une partie, a marché sur Wittemberg.

»Dans l'une et l'autre hypothèse, on pourrait reprendre l'offensive par la rive droite et se porter sur Torgaw avec la garde et le onzième corps, s'y joindre aux deuxième et troisième, et ainsi, avec une armée de cent mille hommes, déboucher de Torgaw par la rive droite sur les ponts de l'ennemi.

»Tous les corps qui couvrent la droite se reploieraient devant l'ennemi sur Dresde, aussitôt qu'il aurait aperçu le mouvement, et s'il le fallait, évacueraient Dresde pour se porter sur Torgaw. »

Autre projet.

» Ce projet consisterait à porter toutes les forces sur Leipsick, en abandonnant entièrement Dresde.

» A cet effet, le onzième, la garde et le deuxième corps de cavalerie se mettraient en marche sur Wurtzen ; le troisième et le cinquième se porteraient sur Colditz ; le premier et le quatorzième se porteraient sur Dresde.

» Ayant fait ainsi le sacrifice des magasins, des fortifications et de l'hôpital, on essaierait de battre l'aile droite de l'ennemi, et si l'on réussissait, on reviendrait sur Dresde.

» Si l'on ne réussissait pas à battre l'aile droite de l'ennemi, parce qu'elle se retirerait trop loin, on serait évidemment contraint à prendre la ligne de la Saale. »

Troisième projet.

« Fortifier l'aile gauche du onzième corps, et attendre dans cette situation les événemens. »

Dresde, 5 octobre 1813.

Autres notes sur la situation de l'armée.

« Il est impossible de passer les quartiers d'hiver à Dresde, sans une bataille.

» Il y a deux plans à suivre.

» L'un de garder Dresde et de chercher à avoir une bataille, afin d'y revenir et de retrouver tout dans le même état, si on la gagne;

» L'autre de quitter Dresde entièrement; tâcher d'avoir une bataille, et, si on la gagne, revenir à Dresde en poussant l'armée autrichienne en Bohême. On n'arriverait donc à Dresde qu'accidentellement, parce que, même après la bataille gagnée, il n'y a pas d'Elbe pendant l'hiver et peu d'offensive possible en Bohême, et que dès lors Dresde ne peut être centre d'opérations. Il est bien plus naturel d'être à Leipsick ou à Magdebourg. »

Mouvemens dans le premier plan.

« Si l'on voulait conserver Dresde, il faudrait agir de la manière suivante :

» Donner la garde de Dresde au premier et au quinzième corps;

» Laisser le deuxième, le cinquième et le huitième en observation sur Chemnitz et Freyberg, et marcher pour livrer bataille avec les sixième, troisième, quatrième, septième, onzième et la garde. »

Mouvemens dans le second plan.

« Il faudrait placer, dès après demain, le deuxième, le cinquième et le huitième corps, le dernier sur Altenbourg et non plus sur Dresde, occupant Chemnitz, mais comme si l'on venait de Leipsick; mettre en marche le premier et le quatorzième sur Dresde, pour suivre le mouvement, ou bien faire venir le premier et le quatorzième pour les placer également sur la route de Nossen, à peu près à la hauteur de Waldheim, ayant ses derrières à Leipsick. »

Différence des deux plans.

« Dans le premier plan, étant obligé de laisser les deuxième et cinquième corps, les derrières sur Dresde, ils pourraient être prévenus par l'ennemi qui se porterait sur Altembourg, et dès lors arriverait si promptement sur Leipsick que cette ville se trouverait immédiatement exposée, et que les troupes qu'on aurait laissées à Dresde pourraient, par les moindres fautes, être compromises, et au lieu d'évacuer Dresde en être chassées.

» Dans le second plan, comme on formerait de suite deux armées qu'on placerait sur-le-champ dans l'ordre naturel où on se trouve, conserver la position centrale pour marcher sur la droite ou sur la gauche.

» L'empereur s'en allant de Dresde, le premier et le quatorzième corps, le deuxième et le quinzième ne comprendraient pas leur position, ne pourraient pas lier leurs opérations, et pourraient se trouver coupés.

» Dans le premier plan, j'ai laissé ces corps pour garder Dresde; il faudrait donc que sa majesté se chargeât de ce rôle, et qu'elle restât à Dresde, ou aux environs. Dans ce cas, on perd beaucoup de chances sur la gauche; il est même douteux que sa majesté, n'y étant pas en personne, il fût avantageux de livrer bataille. Si on venait à la perdre, la position deviendrait telle qu'il faudrait se sauver de l'Elbe sur la Saale. »

Ni l'un ni l'autre de ces plans ne sera suivi.

La nouvelle du passage audacieux de l'Elbe par l'armée de Silésie force Napoléon à abandonner promptement la capitale de la Saxe. Il espère surprendre Blücher dans sa marche et le rejeter de l'autre côté du fleuve. Ces nouvelles et cette espérance ont interrompu tout à coup sa méditation stratégique. Sur-le-champ il ordonne à sa garde, au troisième et au onzième corps, de se diriger sur Meissen, sur les deux rives de l'Elbe.

Pour couvrir cette marche, le maréchal Macdonald, avec sept bataillons et quelques escadrons, se porte par Fishbach sur Stolpen, où se trouve le général Bubna avec sa division. Après une démonstration d'attaque et un léger engagement, le maréchal se retira et joignit le onzième corps, que commande le comte Gérard. Le roi de Naples, de son côté, rassemblait à Freyberg les deuxième, cinquième et huitième corps. Il devait observer les mouvemens de la grande armée de Bohème.

Le 7 octobre, à six heures du matin, Napoléon partit de Dresde. Ce ne fut pas sans regret qu'il quitta le point central de ses opérations; mais il y laissa malheureusement deux de ses meilleurs généraux, le maréchal Saint-Cyr avec le quatorzième corps, et le comte de Lobau avec le premier, formant ensemble un effectif de trente mille hommes, qu'il ne devait plus revoir. Plusieurs officiers généraux que leurs blessures empêchèrent de suivre, y restèrent aussi, et les hôpitaux étaient pleins de nos malades et de nos blessés. Napoléon espérait battre les alliés et revenir encore à Dresde; peut-être aussi redoutait-il l'effet que produirait en Allemagne l'évacuation de la capitale de la Saxe. Tant qu'il y laissait des forces et des forces imposantes, son mouvement ne paraissait qu'un changement de front. Cependant le temps des illusions était bien passé, et, dans tous les cas, la présence du corps de Saint-Cyr à Leipsick eût été bien plus utile. Qu'importait, en effet, si Napoléon gagnait la bataille, l'abandon d'une position qu'il eût reprise facilement au bout de quelques jours S'il la perdait, trop de difficultés s'opposaient à la retraite de Saint-Cyr, et la France perdait une armée de trente mille hommes, comme à Dantzick, etc.

Le fidèle roi de Saxe, malgré son grand âge, voulut suivre la fortune de Napoléon, et partit avec une partie de sa famille, peu d'heures après, se dirigeant sur Leipsick.

Le 8 au soir, Napoléon trouva à Wurtzen sa garde et les troisième et onzième corps. Le 9, il se porta sur Eulemburg, où ayant rallié les corps des généraux Reynier et Bertrand et du duc de Raguse, toutes ces troupes réunies pouvaient former une masse de cent vingt-cinq mille hommes. Il comptait surprendre le général Blücher, empêcher sa jonction avec l'armée du Nord. Il aurait plus sûrement rempli ce but, en se portant rapidement d'Eulemburg sur Delitsch, et attaquant la droite de l'armée de Silésie, il l'aurait ou battue, ou forcée de repasser l'Elbe; mais il suivit sa route sur Düben. Le général ennemi, prévenu de son approche, sortit par une manœuvre hardie du mauvais pas où il se trouvait. Avec les corps des généraux Langeron et Yorck, il passa la Mulde et joignit le prince royal à Zœrbig. Le général Sacken avec son corps était à Mockrena; ayant reçu un peu tard son ordre de mouvement pour suivre l'armée, à son arrivée à Düben il y trouva l'avant-garde de Napoléon. Prévenu sur ce point, il n'eut d'autre ressource que de tourner rapidement par sa droite; il parvint à passer la Mulde à Raguhn, et rejoignit Blücher le 10. Le seul fruit de cette expédition fut un convoi considérable de vivres, qui fut pris par les lanciers du général Colbert, après en avoir dispersé l'escorte.

Les deux armées alliées étaient réunies, mais toujours résolues d'éviter la bataille, jusqu'à la coopération de l'armée de Bohème; les deux généraux ennemis replièrent leurs armées sur la Saale; l'armée de Silésie vint à Halle, et celle du Nord à Rothenburg. Le prince royal laissa le général Tauenzien à Dessau, pour couvrir ce point et éclairer la route de Berlin. Par cette marche hardie, les alliés évitaient le combat, se plaçaient sur les communications de Napoléon, et ils se trouvaient en mesure d'opérer leur jonction avec leur grande armée.

Napoléon, voyant que les généraux alliés lui échappaient, essaya de les ramener sur l'Elbe en menaçant Berlin. Le 11, il continua son mouvement : le général Reynier, avec le septième corps, eut l'ordre de se porter sur Wittemberg; le 12, il déboucha par cette ville, et ayant attaqué le général Thümen, qui la bloquait, il le força à s'éloigner, le poussant par Coswig sur Rosslau. Dans le même temps, le maréchal Ney attaqua Dessau avec le troisième corps ; le général Tauenzien, après une perte de près de trois mille hommes et de trois pièces de canon, au passage de la Mulde, se retira sur Rosslau, et après avoir repassé l'Elbe et détruit le pont, il se réunit au général Thümen ; ils se retirèrent ensemble par Zerbst sur Postdam e Berlin. Le 15, le général Reynier rentra à Wittemberg.

Ces divers mouvemens parvinrent cependant à tromper le prince royal, et, craignant une véritable attaque sur Berlin, il se mit en marche pour couvrir cette capitale ; le 13 il repassa la Saale et vint à Cœthen. Pendant ce temps, Napoléon avec le gros de son armée était à Düben, attendant dans cette position le parti que prendraient les deux généraux alliés, par suite de ses démonstrations sur Berlin.

Mais son attention fut bientôt absorbée par des nouvelles de la plus haute importance. Ce fut le 14 qu'il reçut à Düben la nouvelle positive de la déclaration de guerre de la Bavière. Il jugea facilement toutes les conséquences de cette défection qui devait entraîner nécessairement celle de Bade et du Wurtemberg. Les généraux de Wrède et le prince de Reuss devaient réunir leurs armées, et se porter directement sur la frontière de France, qui depuis Huningue jusqu'à Mayence était tout-à-fait dégarnie. Les nouvelles aussi de la portion de son armée qu'il avait laissée sous les ordres du roi de Naples ne permirent plus à Napoléon de balancer sur le parti qu'il avait à prendre, et il se hâta de gagner Leipsick, afin de ne pas y être prévenu par la réunion des armées combinées, et de ne pas se voir ainsi couper toute communication avec la France.

L'armée du roi de Naples avait été forcée aussi de se replier sur Leipsick, par les mouvemens de la grande armée de Bohème qui débouchait par Chemnitz; le 6 octobre, le général Klenau poussa jusqu'à Penig, et le général Wittgenstein arriva près d'Altenbourg. Ces deux points étaient occupés par le corps du prince Poniatowski, qui avait chassé d'Altenbourg les corps de partisans après la défaite du général Lefebvre Desnouettes. Le roi de Naples maintenait à Freyberg la communication de la ligne intérieure de l'armée française; mais après le départ de Napoléon de Dresde, il fut obligé de manœuvrer par sa droite pour la conserver. Il se porta le 6, avec la cavalerie du général Kellermann et le deuxième corps d'infanterie, sur OEdern, força le passage de la Flœhcbach, surprit le général anglais Murray, lui fit quelques centaines de prisonniers, et le força de se replier sur Walkirchen.

Le 7, le prince Poniatowski évacua Altenbourg, se retirant sur Frohburg; et Klenau, ayant attaqué Penig, força le général polonais Sulkowski à se replier sur Rochlitz.

Le roi de Naples quitta sa position de Schelsenberg le 8. Pour couvrir ce mouvement, le prince Poniatowski se reporta sur Penig, et en chassa les Autrichiens. Mais le lendemain le général Klenau revint à la charge, et ayant fait attaquer cette ville pendant qu'une de ses divisions marchait par Lunzenau, le prince, pour ne pas être tourné par sa gauche, se replia sur Rochlitz où il trouva le roi de Naples. Le 10, le général Dahlen, débouchant de Frohburg, eut un engagement très-vif avec notre cavalerie; le combat se soutint pendant quelque temps; mais le roi de Naples ayant appris que tout le corps de Wittgenstein faisait un mouvement sur sa gauche, il se retira sur elle. Le lendemain il prit position avec les deuxième, cinquième et huitième corps et sa cavalerie, à Wachau et Liébertwolkowitz, ayant des avant-postes à Thrana, Gross-Possna, et Naunhof.

Le quartier-général de l'armée alliée était le 11 à Altenbourg. Les corps de Wittgenstein, Klenau et Kleist étaient à Borna et environs: leurs avant-gardes livraient journellement des combats, en se rapprochant de Leipsick.

Cependant le duc de Castiglione, conformément

aux ordres qu'il avait reçus, était en marche avec son corps d'armée, pour joindre l'empereur. Parti de Wurtzbourg le 26 septembre, il était à Naumbourg le 9 octobre. Le prince Maurice de Litchenstein, réuni avec les partisans de Thielmann, devait entraver sa marche; mais ayant voulu se mettre en travers de la route, entre Naumbourg et Weissenfels, au village de Wethau, le maréchal Augereau culbuta vigoureusement sa troupe, avec la cavalerie venue d'Espagne, et le força à se retirer sur Zeitz, par Pretsch. Le 12 octobre le maréchal entra dans Leipsick. Le même jour, le général Giulay, détaché de la grande armée de Bohème, se porta sur Weissenfels, et s'empara de l'hôpital, qui renfermait douze cents blessés.

Napoléon n'avait pas plus tôt quitté Dresde, que le général Beningsen, avec l'armée de Pologne, et le général Collorédo, laissés par le prince généralissime pour garder la position de Tœplitz, et couvrir cette partie de la Bohème, se mirent en marche. Le 8 octobre, l'avant-garde de Collorédo était à Zchist. Le même jour, le général Bubna fit attaquer la tête du pont de Pirna, sur la rive droite de l'Elbe; la garnison, hors d'état de résister, se réfugia sur les bateaux et se rendit à Dresde. Le 9, le comte de Lobau avec le premier corps était à Gippersdorf : il y fut attaqué; trop faible pour soutenir un combat sérieux, il se retira sur Dohna, et rentra dans Dresde. Le 10, l'ennemi poussa une reconnaissance jusque sous le canon de la ville, et après avoir laissé le général Tolstoy avec vingt mille hommes pour en faire le blocus, le général Beningsen prit avec le reste de ses forces la route de Leipsick, en passant par Colditz. Le général autrichien Chasteler conservait la position de Tœplitz avec dix mille hommes.

Cependant la grande armée alliée n'avançait que lentement dans sa marche ; cette lenteur pouvait être commandée par la prudence. Un mouvement un peu hasardé pouvait la faire tomber sur la masse de nos forces, et par une action isolée, dont le succès n'aurait pas été douteux pour les armes de Napoléon, elle pouvait perdre tout l'avantage de ce plan d'opérations concentriques, qui devait réunir toutes les forces alliées dans les plaines de Leipsick. Le 13 octobre, les avant-postes que les Français avaient laissés à Thrana, Gross-Possna et Naunhof, furent attaqués et repoussés sur Wachau et Liébertwolkowitz. Le 14, le prince de Schwartzenberg envoya les deux corps de Wittgenstein et de Klenau, pour faire une grande reconnaissance sur Leipsick et s'assurer des forces françaises sur ce point, avec ordre de ne point avoir d'engagement sérieux. Le général Pahlen avec sa cavalerie, soutenue par le corps de Wittgenstein, se porta sur Wachau, par les villages de Grobern et de Gossa, que l'avant-garde française venait d'évacuer, tandis que Klenau se portait sur Liébertwolkowitz. Le roi de Naples avait ramassé une masse de près de trois mille hommes de cavalerie, dont quelques régimens de dragons qui venaient d'Espagne et qui avaient joint l'armée avec le corps du maréchal Augereau; il s'attacha à conserver sa position et à ne pas céder le terrain, mais bientôt, emporté par sa témérité ordinaire, il se précipita sur la cavalerie du comte de Pahlen. La plaine de Wachau devint le théâtre d'un combat sanglant. Après plusieurs charges meurtrières, la cavalerie française avait l'avantage; elle ramenait l'ennemi le sabre dans les reins, lorsque l'apparition de douze escadrons de cuirassiers prussiens, secondés de la cavalerie de Klenau, vint interrompre ce succès, et par une charge combinée refoula le roi de Naples dans ses positions. La canonnade de part et d'autre se soutint jusqu'à la nuit. Ce combat eut un funeste résultat, celui de faire presque disparaître cette belle réserve de cavalerie, qui aurait pu rendre de si grands services les jours suivans. Le roi de Naples pouvait manœuvrer sans compromettre inutilement une arme dont la moindre fraction était si précieuse à conserver.

Dans la matinée du 14, Napoléon quitta Düben, et arriva le soir dans les environs de Leipsick; une partie de sa garde était avec lui : l'on voyait dans le lointain les feux du combat que soutenait le roi de Naples, du côté de Wachau. Le roi de Saxe arrivait en même temps avec sa suite. Les deux souverains eurent une entrevue sur la grande route, et le roi entra dans Leipsick. Napoléon établit son quartier-général à Reudnitz, ayant autour de lui la garde, et le corps du maréchal Macdonald. Le quatrième, traversant Leipsick, alla occuper Lindenau, et garder les ponts sur l'Elster et la Pleiss; le sixième corps rétrograda de Delitsch à Lindenthal, le septième était à Eulemburg et le troisième encore à Düben. Le roi de Naples, avec les deuxième, cinquième et huitième corps et celui du maréchal Augereau, appuya sa droite à Dœlitz, et sa gauche à Liébertwolkowitz. Le même jour, le prince de Schwartzenberg avait son quartier-général à Pégau : Blücher s'avança de Halle sur Skenditz, et le prince royal était dans les environs de Zœrbig.

Le jour qui devait décider de la nouvelle existence politique de l'Europe approchait. C'est dans les plaines de Leipsick, que va se dénouer ce drame terrible; c'est dans des flots de sang que les armées des quatre grandes puissances de l'Europe, ayant leurs souverains à leur tête, vont se disputer cette suprématie, objet de tous leurs vœux; c'est dans le même lieu, où deux siècles auparavant le modèle des rois et des héros, l'immortel Gustave Adolphe, combattit avec une poignée de

Suédois et de Saxons pour les libertés de l'Allemagne. La haine du nom français a réuni tous les peuples du Nord et de l'Est; les uns entraînés par des promesses trompeuses de liberté, les autres ne suivant que la volonté de leurs maîtres, mais tous guidés par cet instinct jaloux de la gloire de la France, accourent pour se partager ses dépouilles. Cinq cent mille hommes seront rassemblés sur ce champ de bataille, où trois mille pièces de canon doivent vomir la mort. Les alliés comptent trois cent quarante-neuf mille combattans, dont cinquante-quatre mille de cavalerie. Napoléon n'a à opposer à cette masse effrayante de soldats que cent cinquante-cinq mille hommes, dont vingt-deux mille de cavalerie. Malgré cette immense disproportion, Napoléon est loin de désespérer de sa fortune et de celle de la France. Quelques mécontentemens, quelques inquiétudes que les mauvais succès, les privations de tout genre, et les défections des alliés aient excités dans l'armée française, tout se taira le jour de la bataille. Le soldat français n'aura jamais donné une preuve plus éclatante de sa constance héroïque; jamais il n'aura affronté la mort avec plus de fermeté que dans ces journées de glorieuse et déplorable mémoire. La trahison et les chances imprévues provoqueront, aggraveront son malheur, mais partout où il aura combattu, il laissera des traces et des souvenirs de sa valeur. L'ennemi quel qu'il soit rendra justice à son héroïsme, et la postérité, en se rappelant le coup fatal qui aura abattu les Français, saura qu'ils ne sont pas tombés sans gloire.

CHAPITRE XVII.

Batailles de Wachau et de Leipsick.

Le 15 octobre au matin, le roi de Naples vint à Reudnitz rendre compte à l'empereur du malheureux combat du 14, et de la position qu'il avait fait prendre à son armée pour couvrir Leipsick. A midi ils montèrent à cheval et se rendirent à Liébertwolkowitz. A droite, en arrière de ce village, est une hauteur, sur laquelle est placée une maison isolée, nommée la Bergerie de Mensdorf. Cette hauteur s'abaisse en pente douce presque jusqu'au lit de la Pleiss à Dœlitz. Ce fut de cette hauteur que Napoléon examina le terrain, et prépara ses dispositions pour le combat du lendemain. La vue s'étend au loin, les vedettes des deux armées sont en présence à une portée de fusil; tout est tranquille, mais de ce calme présage de la tempête. En avant de cette hauteur l'on découvre le village de Gossa et la Bergerie d'Auenheim, et l'on voit s'établir à l'entour des corps russes et prussiens ; dans le bas, à droite, de l'autre côté du cours de la Pleiss, sont les marais de l'Elster, et l'on aperçoit dans le lointain la tête des colonnes autrichiennes. Après le premier coup d'œil, Napoléon voulut connaître les détails de la position. Il se rendit à Dœlitz où était le prince Poniatowski avec le huitième corps, formant l'extrême droite et bordant la Pleiss de Markleeberg à Connewitz. En parcourant cette position il examine les ponts de Connewitz, de Lossnig et Dœlitz, et les points où l'ennemi peut en jeter d'autres. Il continue sa reconnaissance par la gauche, et trouve sur le versant du coteau entre Wachau et Dosen le corps du maréchal Augereau. C'était la première fois que Napoléon le voyait depuis son arrivée à l'armée. Il le passe en revue, et trois régimens reçoivent leurs aigles. Cette cérémonie, qui se faisait toujours avec une solennité imposante, remplit d'enthousiasme ces jeunes soldats. Ils jurent de mourir plutôt que de les abandonner. Ils ont tenu leur serment. Le maréchal Augereau est chargé de coopérer, avec le prince Poniatowski, à la défense de la droite. En suivant les contours de la colline, Napoléon arrive aux villages qui forment le centre du front de son armée. Le duc de Bellune avec le deuxième corps occupe Wachau. Le général Lauriston, avec le cinquième corps, est posté près de Liébertwolkowitz, faisant un coude dans la direction de Holzhausen ; ce dernier village doit être occupé par le maréchal Macdonal avec le onzième corps. Les premier et deuxième de cavalerie sont à la gauche en arrière du cinquième corps. Napoléon rentre à son quartier-général.

Le 16, de grand matin, l'empereur retourne sur la hauteur de Liébertwolkowitz ; il ne change rien aux dispositions de la veille. L'infanterie et la cavalerie de la garde sont placées en réserve, en avant, du côté de Probsteyde.

Au nord de la ville de Leipsick, était l'aile gauche. Cette partie de l'armée, destinée à être opposée au général Blücher, est mise sous les ordres du maréchal Ney ; il a avec lui le duc de Raguse, avec le sixième corps, et deux divisions du troisième. Il prend position sur la Partha, entre Moëkern, Eutritsch et Gross-Wetteritzch. La division Delmas, du troisième corps, arrive par la route de Düben, avec l'artillerie de ce corps. Le troisième de cavalerie est en avant de Gohlis. Le septième corps est en marche d'Eilemburg sur Taucha, mais il ne put joindre que le 17. Le général Bertrand avec le quatrième corps est à Lindenau, destiné à protéger le passage de l'Elster, et à rouvrir nos communications avec le chemin de la France.

Le prince de Schwartzenberg s'était aussi décidé à l'attaquer, malgré l'éloignement où se trouvait l'armée des généraux Béningsen et Colloredo ; il espérait prendre Napoléon au dépourvu et empêcher la concentration de son armée. Il se crut assez fort, avec la coopération de l'armée de Silésie, qui devait attaquer en même temps. Mais, trompé sans doute sur la véritable position de nos troupes, il se priva d'une partie de ses forces, en s'obstinant, malgré l'avis de ses généraux, à établir sa gauche et son centre dans des terrains marécageux, entre l'Elster et la Pleiss. Quoi qu'il en soit, son armée était ainsi placée le 16 octobre au matin. L'aile gauche, formée du corps de Giulay moins la division Murray qui s'était portée sur Weissenfels, de la division légère de Lichtenstein, et des partisans de Thielmann, occupait, sur la rive gauche de l'Elster, Klein-Zschocher; le centre, où se trouvaient le corps autrichien de Meerfeld et la réserve du prince de Hesse-Hombourg, était entre l'Elster et la Pleiss, à Gautsh et Zobigker; les corps de Wittgenstein et Kleist, sur la rive droite de la Pleiss entre Grobern et Gossa; le corps de Klenau, avec la division prussienne de Ziethen, à Gross-Possna; les cosaques flanquaient l'extrême droite à Seyfartzhayn et Klein-Possna. Le corps des grenadiers russes de Ragewsky fut placé entre Magdeborn et Gohren; la réserve des gardes russes et prussiennes à la gauche de Magdeborn.

A 9 heures précises, trois coups de canon tirés par intervalles annoncèrent du côté des alliés le commencement de l'action. Trois fortes colonnes, formées par les corps de Wittgenstein et de Kleist, débouchèrent, couvertes par deux cents pièces d'artillerie. Au même instant, une canonnade effroyable s'engage sur toute l'étendue des deux lignes. Jamais feu aussi terrible, aussi concentré, n'avait tonné contre les vétérans des deux armées. La colonne du général Kleist, s'avançant par Gostewitz, se porta sur Markleeberg, dont elle s'empara, et continua sa marche sur Dœlitz. Napoléon était posté sur un tertre qui dominait le plateau de Wachau; pour arrêter le mouvement de cette colonne, il fit avancer une partie du cinquième corps de cavalerie; mais les régimens français furent pris eux-mêmes en flanc par une division de cuirassiers russes, conduite par le général Lewachow, et ramenés vigoureusement; deux bataillons qui les appuyaient furent entamés. Dans le même moment les batteries françaises, placées sur le plateau, faisaient un feu tellement vif, que cette cavalerie russe, ne pouvant se maintenir, fut obligée de repasser le ravin de Markleeberg. Le corps de Kleist fut arrêté par ce même feu, et le prince Poniatowski, voulant profiter de cette indécision, tenta vainement plusieurs attaques pour reprendre le terrain que l'on avait perdu. Au centre, le prince Eugène de Wurtemberg, avec la seconde colonne d'attaque, s'avançait en même temps sur Wachau, par Gossa, tandis que le général Klenau marchait avec son corps de Possna sur

Liébertwolkowitz. Une colonne formée par la division russe de Gorzackoff, et la division prussienne de Pirsen, s'étaient ébranlées de Stormthal en arrière de Gossa, pour appuyer l'attaque de Liébertwoolkwitz; mais la distance qu'elle avait à parcourir ne lui permit pas d'arriver avant que le corps du général Klenau ne fût fortement engagé avec les troupes du général Lauriston. Contenue par le maréchal Augereau, la colonne du général Kleist resta stationnaire à Markleeberg; tous les efforts des alliés se dirigèrent sur Wachau et Liébertwolkowitz; l'action fut très-vive et très-meurtrière sur ces deux points. Ces deux villages furent successivement attaqués jusqu'à six fois; tous les efforts de l'ennemi échouèrent devant l'intrépidité des corps de Bellune et de Lauriston. Les premier, deuxième, cinquième corps de cavalerie sous les ordres des généraux Latour-Maubourg, Sébastiani et Milhaud, contribuèrent puissamment à repousser ces attaques.

Vers les onze heures, le maréchal Macdonald déboucha avec le onzième corps à la gauche du village de Liébertwolkowitz. La division Charpentier, qui était en tête de la colonne, prit l'attaque du général Klenau en flanc, et enleva une batterie ennemie.

A midi, le deuxième corps repoussait la sixième attaque des alliés sur le centre. Napoléon crut le moment favorable pour faire un grand effort sur le centre ennemi, et décider la victoire; il fit avancer sa réserve en ligne. La vieille garde marcha sur Dœlitz pour soutenir le huitième corps, que le général Meerfeld attaquait avec vigueur. Le général Kleist était engagé avec les troupes du maréchal Augereau. Le duc de Reggio, avec deux divisions de la jeune garde, se dirigea sur Wachau, et le duc de Trévise, avec deux autres, se porta vers la gauche de Liébertwolkowitz pour appuyer le mouvement offensif du onzième corps.

Aussitôt que le maréchal Oudinot parut près de Wachau, le duc de Bellune, avec le deuxième corps, déboucha de ce village; sa marche fut protégée par les soixante bouches à feu de la garde, que le général Drouot avait mises en batterie. Les troupes du prince de Wurtemberg ne purent résister à des dispositions aussi vigoureuses; elles furent culbutées et vivement poursuivies. Le centre ennemi était au moment d'être enfoncé, et la victoire n'était plus douteuse; mais le mouvement fut arrêté par la résistance opiniâtre des grenadiers de Rajewski, dont une division était postée à Gossa et l'autre à la bergerie d'Auenheim, et les troupes du prince de Wurtemberg eurent le loisir de se rallier derrière eux.

Cependant le général Lauriston, avec le cinquième corps, après avoir si glorieusement résisté dans Liébertwolkowitz, débouchait de ce village, tandis que le onzième s'avançait sur les hauteurs qui se trouvent à gauche. Les divisions de Gorzakolf et de Pirsen sont repoussées vers Gossa. Le cinquième corps, ayant en tête la division Maison, se rend maitre du bois de Gross-Possna. Le corps de Klenau, pressé de front par les troupes du maréchal Macdonald, et menacé de flanc par celles du général Lauriston, est contraint de se retirer; sa cavalerie a été vigoureusement repoussée par le général Sébastiani. Le général Klenau reployé entre Gross-Possna et Seyfartzhayn sur la route de Grimma, eut de la peine à s'y maintenir jusqu'à la nuit.

Cependant le prince de Schwartzenberg, voyant le danger que courait son centre, avait donné l'ordre à la réserve autrichienne du prince de Hesse-Hombourg, de passer la Pleiss, pour se porter sur la bergerie d'Auenheim et Gossa. De son côté, Napoléon, voyant ses troupes arrêtées sur ces deux points par la résistance des grenadiers de Rajewsky, et la bataille se prolonger par une canonnade meurtrière et sans résultat, résolut de faire agir sa cavalerie par grandes masses. Entre deux et trois heures, le général Kellerman débouche par la droite de Wachau avec la cavalerie polonaise (quatrième corps) et les dragons de la garde, soutenus par quelques bataillons formés en carré; il s'avance sur Goste-witz et Grœben. En même temps, le roi de Naples, avec la cavalerie de Latour-Maubourg (premier corps), se porte par la gauche de Wachau sur Gossa, et le duc de Bellune renouvelle son attaque sur les grenadiers de Rajewski, et sur la colonne du prince Eugène de Wurtemberg.

La cavalerie polonaise culbute la division de cuirassiers russes de Lewachow, et la poursuit, le sabre dans les reins, jusqu'à Grœbern; mais elle fut reçue par la réserve autrichienne qui venait de passer la Pleiss à Gaschwitz : le général Nostitz, avec trois régimens de cuirassiers, tombe sur le flanc de la cavalerie du général Kellerman, et cette charge suffit pour rompre le quatrième corps et le ramener sur les hauteurs de Wachau.

De son côté le roi de Naples, par une charge des plus brillantes, avait dispersé la cavalerie qui couvrait Gossa, entamé les grenadiers russes, et enfoncé le corps du prince de Wurtemberg; et en même temps le deuxième corps s'emparait de la bergerie d'Auenheim. Le centre des alliés se trouvait dans la position la plus critique : la victoire est aux Français, si rien n'arrête leur mouvement, et déjà le désordre se fait sentir jusqu'au lieu où se trouve l'empereur Alexandre. Il donne lui-même l'ordre au général Orlow-Denisow de charger à la tête des cosaques de sa garde. Cette troupe d'élite rencontra la cavalerie de Latour-Maubourg au moment où, venant d'enlever une batterie de vingt-six pièces de canon, elle était dans le désordre qui suit une charge à fond. Notre cavalerie fut ramenée à son tour et perdit vingt-quatre des bouches à feu qu'elle venait d'enlever avec tant d'audace. Son brave chef, le général Latour-Maubourg, eut la cuisse emportée dans cette action. Les grenadiers de Rajewski se rallièrent et résistèrent à notre infanterie.

La réserve autrichienne ne tarda pas à entrer en ligne : une division se porta au centre pour soutenir les grenadiers de Rajewski; les gardes russes et prussiennes marchèrent en même temps de leur position de Magdeborn sur Gossa, tandis que la division de grenadiers autrichiens du général Bianchi, relevant à Markleeberg le corps de Kleist, tournait ses batteries contre les colonnes d'attaque du deuxième corps, prenait ces troupes à revers entre Wachau et la bergerie d'Auenheim, et les forçait à rétrograder sur leur première position.

Cependant Napoléon, sentant que si la victoire lui échappait ce jour-là, il lui serait impossible de la ressaisir les jours suivans sur un ennemi qui serait renforcé par plus de cent cinquante mille hommes, résolut de tenter un dernier effort sur le centre des alliés, l'objet de ses attaques de prédilection; mais il n'était plus temps, il avait laissé le temps à l'ennemi de se renforcer de ces réserves que Schwartzenberg avait si mal disposées. Le moment de la victoire était passé. Sur les cinq heures, ayant concentré les deuxième et cinquième corps de cavalerie en arrière de Liébertwolkowitz, il les forme en colonnes d'attaque. Ces corps, soutenus par le feu d'une nombreuse artillerie, marchèrent sur Gossa, enfoncèrent le corps de Sorzakof, et enlevèrent le village. Mais la division prussienne de Pirsen les arrêta, et reprit le village. Cette division, appuyée sur deux régimens de gardes russes, et flanquée sur une batterie de quatre-vingts bouches à feu, établie sur la gauche de Gossa, fit échouer tous les efforts des Français pour réoccuper Gossa. Le général Danville fut tué dans cette attaque, et le général Maisons fut blessé. Une forte canonnade sur toute la ligne prolongea le combat jusqu'à la nuit.

Sur la droite de l'armée française le prince Poniatowski défendait avec succès le passage de la Pleiss contre tous les efforts des Autrichiens, qui avaient essayé de forcer les passages de Dœlitz et de Lessnig. Cependant, à la nuit tombante, le général Meerfeld, avec quelques troupes, parvint à passer un gué près de Dœlitz; mais à peine commençaient-elles à s'établir sur la rive droite, que la division Curial, de la vieille garde, les attaqua et les culbuta dans la rivière. Le général Meerfeld fut fait prisonnier.

Sur la rive gauche de l'Elster le général Giulay avait attaqué le corps du général Bertrand; après sept heures de combat il était parvenu à s'emparer de Plagwitz, et attaquait avec vigueur Lindenau, vaillamment défendu par le général Morio-Delisle : le général Bertrand avait été forcé de se retirer derrière la petite rivière de la Luppe; mais, frappé de la nécessité d'empêcher l'ennemi de s'emparer de Lindenau, il reprit l'offensive avec vigueur, et le repoussa jusque dans sa première position de Klein-Zschocher.

A l'aile gauche de l'armée, l'on n'avait pas soutenu avec moins d'acharnement un combat encore plus inégal. L'armée de Silésie s'était mise en marche à la pointe du jour; Langeron se dirigeant sur Gross-Wetteritz, et le général York, par Lindenthal, sur Mœkern. Le général Sacken était en réserve. Cependant à neuf heures, le maréchal Ney, ne voyant point paraître l'ennemi, et entendant une forte canonnade dans la direction de Wachau, avait cru pouvoir se priver de deux divisions du troisième corps, et les avait envoyées renforcer la grande armée.

Il est à remarquer que toutes les dispositions spontanément exécutées par les lieutenans de Napoléon, dans cette campagne, furent fatales à la France. Celle qu'ordonna le maréchal Ney fut particulièrement funeste à cette journée. En effet, les deux belles divisions qu'il envoya à la grande armée passèrent tout le jour à aller d'une partie de la bataille à l'autre sans donner, le maréchal les ayant redemandées dès qu'il se vit attaqué. A midi, il avait vu déboucher l'ennemi. Le maréchal Marmont, seul avec le sixième corps et la cavalerie du duc de Padoue, se prépara à se défendre; Langeron avec son corps attaqua Gross et Klein-Wetteritz, les prit et les perdit plusieurs fois. Pendant ce temps, le général York attaquait Mœkern : le combat se soutenait avec un égal avantage, malgré l'énorme disproportion des forces. Blücher même, qui n'attaquait jamais sans une grande supériorité numérique, avait donné l'ordre de faire avancer sa réserve lorsque le village de Mœkern fut emporté. Les troupes qui le défendaient se retirèrent sur Eutritzch et Gohlis. La division Delmas arrivait alors par la route d'Eulemburg; par un à droite elle se porta sur Gross-Wetteritz; mais la perte de Mœkern rendit ce renfort inutile. Par cette manœuvre, cette division couvrit la marche du parc du troisième corps, qu'elle escortait depuis Düben, et qui arriva sans perte. A six heures du soir le maréchal Ney fit passer la Partha, à Schœnfeld, au sixième corps et à la division Delmas. Si le matin, au lieu de s'obstiner à garder sa position ouverte de Mœkern, il eût pris cette dernière, défendue par la Partha sur le front, il aurait eu quelques chances de résister à des forces aussi supérieures. Le duc de Padoue et le général Dombrowski se replièrent jusqu'à Pfaffendorf, à l'entrée du faubourg de Halle. La perte du maréchal Ney, dans cette affaire, fut de deux mille hommes, tant tués que blessés ou prisonniers, et douze pièces de canon. Les généraux Compans et Frédérich, ainsi que le duc de Raguse, étaient au nombre des blessés. Mais celle de l'ennemi fut bien plus considérable; elle fut évaluée à près de dix mille hommes.

Enfin la nuit devient plus obscure, le combat cesse; les feux de bivouac s'allument de toute part, et l'armée prend du repos : elle a son aile droite à Markleeberg, son centre à Wachau, et l'aile gauche à la redoute suédoise. Napoléon fait dresser ses tentes en avant de Probsteyde, près de la route qui conduit à Rochlitz; c'est là qu'on lui amène le général Meerfeld; on lui rend son épée, et après une conférence assez longue avec l'empereur, il le fait conduire aux avant-postes alliés. Ce général autrichien avait été l'un des négociateurs du traité de Campo-Formio. Il avait vu commencer la gloire de Napoléon, et il le voyait succomber sous le poids de la haine européenne. Napoléon aussi se souvient de Léoben et charge le comte de Meerfeld de porter à l'empereur d'Autriche des propositions de conciliation; mais il s'aveugle s'il croit ses ennemis susceptibles de cette générosité dont il a usé si souvent à leur égard. Il ne doit recevoir la réponse à cette démarche que trois semaines plus tard, par l'entremise de M. de Saint-Aignan à Francfort.

La bataille de Wachau fut à l'avantage des alliés; quoiqu'on puisse dire à la rigueur, stratégiquement parlant, que la victoire resta aux Français; car les alliés les attaquèrent dans leurs positions; ils furent repoussés et obligés de reprendre celles d'où ils étaient sortis le matin; mais à l'armée de Silésie le succès fut en leur faveur. Dans cette journée, la perte de l'armée française, en tués et blessés, fut très-considérable, et quoique celle des alliés le fût bien davantage, elle leur était moins sensible, en raison de la facilité qu'ils avaient de la réparer. L'indécision de l'ennemi lui-même fut funeste à Napoléon en ce qu'elle l'engagea à rester dans la même position, et prépara les catastrophes des jours suivans. La grande cause, la cause première de cette déplorable situation fut non-seulement l'obstination de Napoléon à garder la position de Dresde, après les revers de tous ses lieutenans, mais, en raison du retard qu'il mit à la quitter, la nécessité qui lui fut imposée d'en venir aux mains dans une position aussi resserrée, qui n'avait pour retraite que les défilés tortueux de la ville de Leipsick. La bataille du 16 était une bataille inévitable, où la victoire elle-même ne donnait à Napoléon qu'un avantage éphémère; car, lors même que Napoléon, au lieu de s'épuiser en efforts partiels sur le centre ennemi, aurait porté toutes ses masses disponibles sur sa gauche, pour appuyer l'attaque du maréchal Macdonald, et que le corps de Klenau, étant débordé, la droite et le centre ennemi eussent été culbutés dans la Pleiss; malgré ce grand échec, l'armée du prince de Schwartzenberg aurait trouvé un refuge facile derrière l'Elter; elle était maîtresse de tous les passages, et, en remontant la rivière, elle se rapprochait de Collorédo. Le temps, qui ne se répare presque jamais à la guerre, avait été perdu. Si deux jours plus tôt, Napoléon avait été en mesure de livrer cette bataille, il aurait prévenu le combat du 14, où le roi de Naples s'aventura, et il eût conservé quelques lieues de terrain en avant de Leipsick. Il trouvait la grande armée de Bohème plus isolée, et sa défaite lui ouvrait au moins un passage libre; mais il était trop tard. Les renforts ennemis se pressaient de tous côtés, et investissaient à grandes masses le champ de bataille. Napoléon dut vivement regretter de n'avoir plus auprès de lui ni le maréchal Saint-Cyr, ni le comte de Lobau avec leurs trente mille hommes; de quel poids n'auraient-ils pas été dans la balance! Le 16 au soir le prince royal était à Landsberg, Benningsen à Colditz et Collorédo à Borna.

Il n'y avait plus qu'un parti à prendre; Napoléon devait battre en retraite le 17. On ne comprend pas les motifs qui le retinrent sur le champ de bataille, qu'il devait d'autant moins espérer d'emporter que l'armée alliée grossissait à vue d'œil. Aucune disposition ne fut arrêtée, ni pour se retirer, ni pour désencombrer la ville de Leipsick de cette quantité de bagages de toute espèce qui fermait le seul point de retraite. Aucun pont ne fut jeté sur aucune des différentes rivières que l'armée avait sur ses derrières. L'empereur se serait-il donc abusé au point de croire, qu'après une action aussi indécise que celle de Wachau, il pourrait balancer, avec le faible corps du général Regnier, et deux divisions du troisième corps, qui n'avaient pas donné, les armées qui venaient joindre les alliés?

Quoi qu'il en soit, les deux armées restèrent stationnaires la journée du 17. Ce ne fut pas une journée de repos pour l'armée française, qui la passa sous les armes, battue par une pluie continuelle. Napoléon ne quitta pas ses tentes. Il envoya au prince Poniatowski le bâton de maréchal d'empire; dignité bien méritée par un dévouement sans exemple et une bravoure peu commune; mais le lieu, le temps, la position, donnaient à cette grande distinction quelque chose de funèbre.

Dans la matinée, la cavalerie du duc de Padoue eut cependant une échauffourée. Il s'était porté un peu en avant, de l'infanterie, établie à à Euteritz; le général Blücher craignit d'être attaqué, et envoya le général Wassilczikow, avec ses cosaques et quatre régimens de hussards; les Français, dès qu'ils les virent à portée de canon, firent jouer leur artillerie. Le général russe fit avancer ses cosaques, alors le duc de Padoue fit charger sa première ligne. Mais s'étant abandonnée à la poursuite des cosaques, elle se mit en désordre, fut chargée de nouveau par les hussards et ramenée si vigoureusement que les escadrons de la seconde ligne furent culbutés. Le duc de Padoue perdit quatre pièces de canon ; sa cavalerie ne se rallia qu'au faubourg de Leipsick, sous la protection de l'infanterie.

Le prince de Schwartzenberg voulait renouveler l'attaque à deux heures; mais le retard qu'éprouva l'armée de Beningsen, causé par le mauvais état des routes, la lui fit différer jusqu'au lendemain. A quatre heures, le corps de Collorédo entra en ligne et s'établit à Grœbern. Le soir, Beningsen se rendit à Naunhof, et le prince royal arrivait sur les hauteurs de Breitenfeld. Le général Reynier rejoignit et prit position à Paunsdorf, laissant un bataillon à Taucha.

Ainsi, le 17 au soir toutes les forces des alliés étaient réunies, et le blocus de l'armée de Napoléon était consommé. Il sentit alors la nécessité de rétrécir son ordre de bataille, et en se rapprochant de Leipsick, de se lier plus fortement avec sa gauche sans laisser d'intervalle. A une heure du matin, il quitta son bivouac, et, à deux heures, il fit exécuter un changement de front, la gauche en arrière, le village de Connewitz servant de pivot. De cette manière, l'armée se trouva dans la position suivante : le maréchal prince Poniatowski, avec son corps et le quatrième de cavalerie, fixant sa droite à Connewitz, aligna sa gauche dans la direction de Probsteyde ; le maréchal Augereau suivait cette direction; le duc de Bellune occupait ce village, sa gauche appuyée par les cinquième et premier corps de cavalerie. Le maréchal Macdonald rétrograda jusqu'à Holszhausen formant la gauche de cette ligne. Le général Lauriston avait été placé en seconde ligne à Stœtteritz, avec le deuxième corps de cavalerie. La garde impériale était en réserve à Thonberg, divisée en quatre colonnes comme au point le plus central, d'où elle pouvait facilement porter du secours aux endroits menacés. Le maréchal Mortier, avec deux divisions de la jeune garde, occupait les débouchés de Leipsick. Des détachemens furent laissés dans les villages de Dœlitz, Dœsen, Zugelshausen, Klein-Possna et Baalsdorf, dans la bergerie de Meysdorf et dans la tuilerie, pour tromper l'ennemi et entraver sa marche. D'autres troupes occupaient les villages de Zweissaundorf et Mœlkau, et entretenaient la communication avec le maréchal Ney. Cette partie de l'armée était sous ses ordres immédiats, et fut placée, le corps du duc de Raguse à Schœnfeld, le troisième corps à Neutsch et Sancta-Thœla, le septième à Punsdorf, avec une avantgarde à Heiterblei; la cavalerie du duc de Padoue et du général Dombrowski resta dans le faubourg de Halle. Napoléon s'était rendu à Reudnitz, au quartier-général du maréchal Ney. Après avoir concerté avec lui les dispositions pour le lendemain, il alla à Lindenau, où il donna l'ordre au général Bertrand de se porter avec son corps en toute hâte à Weissenfels, et de se rendre maître du passage de la Saale, comme s'il prévoyait le besoin qu'il en aurait bientôt. Il le fit remplacer dans sa position par deux divisions de la garde. Le général Bertrand exécuta l'ordre avec ponctualité, et le même jour, à midi, il était maître du pont de Weissenfels.

Bataille de Leipsick

Napoléon était retourné à Stœtteritz, où était son quartier-général; sur les huit heures, on lui annonce l'approche de l'ennemi de tous les côtés, et ses préparatifs pour l'attaque. En effet, le prince de Schwartzenberg, encouragé par les nombreux renforts qui l'avaient joint, s'était mis en mouvement dès la pointe du jour. Son armée et celle de Pologne formèrent trois colonnes;

celle de droite, sous les ordres de Beningsen, était formée de son armée, du corps de Klenau et de la brigade prussienne de Ziethen; elle eut ordre de se porter de Seyffartzhayn, et Gross-Pœhna, sur Holzhausen. La colonne du centre, commandée par le général Barclay de Tolly, où se trouvaient les corps de Kleist et de Wittgenstein, ayant les grenadiers russes et la garde russo-prussienne en réserve, se réunit à Gossa, et fut dirigée sur Wachau; celle de gauche, aux ordres du prince de Hesse-Hombourg, consistant dans sa réserve, dans la division du prince Aloïs de Lichtenstein et dans le corps de Meerfeld, et ayant en seconde ligne celui de Collorédo, se réunit à Gostewitz et Markleeberg : elle devait marcher sur Dœlitz et Dœsen. On laissa une division du corps de Meerfeld sur la rive gauche de la Pleiss, pour masquer le débouché de Connewitz. Les cosaques de Platow furent placés à droite sur la route de Wurtzen, pour entretenir la communication avec le prince de Suède. Celui-ci, avec le corps de Langeron, qui, pour ce jour-là, avait été mis sous ses ordres, quitta Breitenfeld, et résolut de passer la Partha, en tournant la droite du maréchal Ney, et de faire son attaque par la route de Taucha à Leipsick. Blücher, avec le reste de ses troupes, resta sur la droite de la Partha devant Mœkern et Eutritzsch, où il devait porter son attaque.

A huit heures, l'armée combinée était en pleine marche, et attaqua nos avant-postes : la colonne de gauche s'avança sur Dœlitz et Dœsen, et s'en rendit maître après un combat opiniâtre. Le prince de Hesse-Hombourg fut blessé à Dœsen, et fut remplacé dans son commandement par le général Bianchi ; la colonne du centre poussa en avant de Wachau, et s'empara de la bergerie de Meysdorf et de la tuilerie. Les généraux Kleist et Wittgenstein formèrent leurs lignes en face de Probsteyde. La colonne de droite se subdivisa en trois colonnes, et traversa le ruisseau de Liébertwolkwitz. A dix heures les deux armées étaient en présence, et la canonnade s'engagea sur toute la ligne. Le général Ziethen prit le village de Zugelhausen ; en même temps, le corps de Klenau se présentait devant Holzhausen ; le général Beningsen, déjà maître de Baalsdorf, se dirigeait sur Zweinaundorf, et rejetait les faibles détachemens français sur le gros de l'armée. Le maréchal Macdonald, menacé d'être tourné sur sa gauche par cette manœuvre, reçut l'ordre de se replier sur Stœtteritz. Le cinquième corps se rapprocha de Probsteyde. Ce village devint l'angle saillant de la ligne de défense ; et là aussi le combat fut le plus remarquable. A la droite, différentes colonnes avaient abordé le corps du prince Poniatowski, et le pressaient vivement dans sa position de Connewitz. Deux divisions de la jeune garde conduites par le maréchal Oudinot, repoussèrent l'attaque du général Bianchi jusqu'à Dœlitz, en lui faisant essuyer une perte considérable. Le prince généralissime donna l'ordre au général Giulay, qui était à Auenhayn, de se porter au secours de Bianchi; mais déjà deux divisions du général Collorédo y étaient accourues, et avaient arrêté notre mouvement offensif. Le prince Poniatowski, attaqué par des forces supérieures, fut obligé de se replier sur sa première position de Connewitz; il s'y maintint toute la journée, et les Autrichiens ne purent parvenir à déboucher de Lœssnig.

Au centre, la grande attaque commença sur les deux heures : les divisions de Pirsen et du prince Auguste de Prusse s'avancèrent pour emporter le village de Probsteyde. Ce village était occupé par le corps du duc de Bellune et celui du général Lauriston; deux formidables batteries, établies sur ses flancs, en défendaient l'accès. Cependant l'attaque des Prussiens fut si vive qu'ils pénétrèrent jusqu'au milieu du village; une charge vigoureuse les repoussa dans le vallon; les chefs ennemis rallient leurs troupes, les ramènent à la charge et parviennent à se loger une seconde fois dans le village. Mais, sentant toute l'importance de ce point, Napoléon lui-même ordonne la dernière attaque, qui repousse l'ennemi définitivement. Le maréchal Macdonald s'était replié sur Stœtteritz, le général Ziethen marcha pour l'y attaquer, soutenu par le corps de Béningsen; mais arrêté par un feu très-vif et par les feux de revers que la position de Probsteyde permettait de diriger contre lui, il se contenta d'engager une forte canonnade, qui n'eut d'autre résultat que d'incendier le village. A cinq heures, Napoléon fit avancer ses réserves d'artillerie, et les fit mettre en batterie sur le plateau de Probsteyde : les troupes ennemies furent foudroyées dans le vallon. Le prince de Schwartzenberg, dégoûté par la non réussite de ses attaques de vive force, où il avait perdu beaucoup de monde, fit retirer ses troupes et garnir le plateau opposé d'une artillerie formidable. Alors commença de part et d'autre une canonnade terrible et d'une activité extraordinaire. Toute cette ligne n'était qu'un feu continu. Les Français, foudroyés en place, montrèrent une constance admirable. Cependant ils tentèrent de déboucher de Probsteyde; mais une grêle de mitraille arrêta leurs colonnes, et les força de rentrer dans la position : là, immobiles, la mort les moissonnait; mais, inébranlables, ils gardèrent le poste qui leur avait été assigné. Ce feu épouvantable se prolongea de part et de d'autre jusqu'à la nuit. Les Français perdirent les généraux Vial et Rochambeau; le général Vial fut tué par un boulet qui, passant devant lui, l'asphyxia sans le toucher; il était distingué par une grande instruction, une bravoure calme, et avait rempli avec honneur et distinction des postes éminens dans la diplomatie. Il avait sollicité de quitter l'ambassade de Suisse pour prendre le commandement d'une division, et partager les périls de ses anciens compagnons d'armes.

Pendant que l'armée combinée était ainsi arrêtée par l'héroïque constance de l'armée française, le prince royal et le général Blücher étaient aussi entrés en action. A huit heures, le prince royal avait levé son camp de Breitenfeld, et s'était mis en marche, sur trois colonnes, vers la Partha : celle de gauche, formée du corps de Bulow et de la cavalerie russe, se porta sur Taucha, elle y fit prisonnier un bataillon; la colonne du centre passa la rivière au gué de Grasdorf; les Suédois, formant la colonne de gauche, la traversèrent à Plaussig. Le corps de Langeron força le passage de Mockau, et, en descendant la Partha, se dirigea sur Schœnfeld. Le maréchal Ney jugea le mouvement de l'ennemi : sa droite était menacée d'être tournée; il fit sur-le-champ un changement de front, l'aile droite en arrière, le sixième corps, appuyant toujours sa gauche à Schœnfeld, et sa droite se trouva rapprochée du corps de Regnier; le troisième corps vint joindre sa droite à la gauche du sixième, à Schœnfeld, se rangeant le long de la rive gauche de la Partha. Ainsi, l'armée française décrivait une ligne circulaire autour de Leipsick. Cette partie de l'armée attendait, dans une attitude imposante, l'attaque de l'ennemi. La cavalerie russe, ayant dépassé Taucha, s'avança sur les hauteurs de Heiterblik. Là, était placée l'avant-garde du septième corps, formée d'une brigade de cavalerie saxonne et d'un bataillon de la même nation. Au lieu de combattre les Russes, cette troupe infâme alla à leur rencontre, et brigua l'honneur de faire leur avant-garde. Ce n'était que le prélude de la trahison en masse. L'ennemi s'approchait de Paunsdorf, et commençait l'attaque, lorsque le reste des troupes saxonnes, formant deux brigades, avec quarante pièces d'artillerie et la brigade de cavalerie wurtembergeoise, commandée par le général Normann, passèrent à l'ennemi malgré les instances de leur chef, du général Zeschau qui, fidèle à son prince et à l'honneur militaire, resta dans nos rangs avec seulement cinq cents hommes. Le nom du général Zeschau doit être honoré par tout écrivain français qui retrace le tableau de ces terribles journées ; mais il doit dire aussi qu'avant même d'être arrivés à distance, ces traîtres dirigèrent le feu de leur artillerie sur la division Durutte qui était en ligne avec eux.

Ainsi fut donné l'exemple de la plus insigne trahison. L'armée saxonne portera long-temps le poids d'une action aussi honteuse, et peut-être unique dans les annales des peuples civilisés. L'ennemi lui-même, à qui ce crime fut d'un si grand avantage, ne put s'empêcher d'en témoigner son indignation. Trahir le jour de la bataille, passer à l'ennemi au milieu de l'action, et abandonner leur roi qui était dans nos rangs, tel fut le crime des soldats et surtout des officiers saxons. Quant à la nation saxonne, cette trahison ne lui appartient pas plus qu'à son vertueux monarque : les Français ne peuvent jamais oublier la généreuse hospitalité avec laquelle ils furent reçus par elle, lorsqu'après les désastres de la Russie ils furent traités, dans toute la Saxe, en amis et secourus en frères. La conduite de l'armée saxonne a flétri et n'a point souillé les cheveux blancs du roi; et la loyauté de leur général en chef et de cette poignée de braves qui restèrent fidèles à la France occupera à jamais une place distinguée dans la reconnaissance et l'estime nationales.

La trahison des Saxons laissa un vide dans la ligne française, et le général Regnier, dont le faible corps était réduit à moins de quatre mille hommes, fut obligé d'abandonner le village de Paunsdorf. En même temps, le général Langeron attaquait vivement Schœnfeld; la possession de ce beau village, qui est comme un faubourg de Leipsick, fut long-temps disputée. Deux fois les Russes s'en rendirent les maîtres, et deux fois le sixième corps parvint à les en chasser, mais les munitions lui ayant manqué un moment, il fallut l'abandonner.

Cependant le maréchal Ney fit relever le sixième corps par le troisième, et le village fut de nouveau attaqué et emporté; alors le général Langeron y engagea tout son corps d'armée, et après une résistance des plus opiniâtres, sur les cinq heures il resta aux Russes. Les pertes furent considérables de part et d'autre. L'ennemi y perdit un général et cinq mille hommes; les Français à peu près autant et les colonels Forgeot et Maigrot, qui furent tués. Le maréchal Ney fut forcé de se replier sur Reudnitz, où Langeron le suivit de près.

L'armée suédoise et le corps de Wintzingerode, n'ayant devant eux que la seule division Durutte, qui malgré son extrême faiblesse faisait la meilleure contenance et disputait le terrain pied à pied, s'étaient avancés jusqu'à Kohlgœrten et s'en étaient emparés. Mais bientôt la division Delmas du troisième corps accourut avec la brigade de cavalerie du général Beurman, et en chassa les Suédois. Mais cette poignée de braves, assaillis par plus de trente mille hommes, fut repoussée à son tour. Le dixième de hussards et les dragons badois furent culbutés, et le général Delmas fut blessé mortellement. L'ennemi, ayant dépassé Kohlgœrten, poursuivit sa marche sur Leipsick. Napoléon fut bientôt instruit des progrès que faisait l'armée du prince de Suède. Il s'y porta de sa personne avec une division de sa garde à pied et les grenadiers à cheval. L'ennemi approchait de Reudnitz, mais les grenadiers à cheval et une division de cuirassiers dépassèrent Kohlgœrten et le repoussèrent jusque dans la position de Schœnfeld, où il se maintint, soutenu par une forte batterie que le prince royal y avait fait établir.

Cependant Napoléon, ayant remarqué une lacune assez considérable entre l'armée de Beningsen, et celle du prince royal, donna l'ordre au général Nansouty de se jeter dans cet intervalle avec la cavalerie légère de la garde, soutenue par la division Durutte et vingt pièces de canon, et d'attaquer les Suédois par leur gauche qui se trouvait à découvert. Mais à peine le général Nansouty débouchait-il par le village de Mœlkau, que d'un côté il se trouva avoir en tête la division Bubna qui formait la droite de Beningsen, et de l'autre la division du prince Louis de Hesse-Hombourg. L'attaque des alliés fut soutenue par l'artillerie saxonne, et par une batterie anglaise, dite à la Congrève, que le prince royal avait à son service. Le général Nansouty fut arrêté ; le général Bulow accourut avec son corps d'armée, et s'empara de vive force des villages de Stunz et de Selserhausen, où il se maintint tout le reste de la journée malgré les attaques réitérées des Français.

Le général Blücher, de son côté, avait fait attaquer par le corps de Sacken, le faubourg de Leipsick appelé Rosenthal; mais nos troupes, favorisées par le terrain, s'y défendirent avec autant de bravoure et d'opiniâtreté, que sur tous les autres points du champ de bataille, et rendirent inutiles tous les efforts de l'ennemi. Vers le soir, Blücher, remarquant sur la route de Weissenfelz des files de voitures qui semblaient annoncer un mouvement de retraite, détacha le corps d'York sur Halle, pour tâcher de prévenir les Français sur la rive gauche de la Saale.

La nuit seule put séparer les combattans, et faire cesser cet effrayant carnage. Ainsi se termina la fameuse bataille du 18 octobre. Cette terrible journée, où avec moins de cent trente mille hommes, Napoléon lutta pendant un jour entier contre plus de trois cent mille, et contre une artillerie du triple supérieure à la sienne, sera toujours un des plus beaux titres de la gloire française. Partout l'armée opposa une résistance héroïque; sur tous les points la constance, l'intrépidité des troupes, le sang-froid et la valeur personnelle des officiers, furent au-dessus de tout éloge. Quelque pénible qu'il puisse être pour un Français de blâmer le grand capitaine qui partagea constamment tous les dangers de son armée, l'on ne peut s'empêcher de regretter que, par une obstination fatale, il se soit décidé à accepter cette bataille, et que le 18 au matin l'armée ne se soit pas trouvée dans la position du 19, défendant la ville de Leipsick; intacte alors et ayant traversé les rivières sur les derrières, avec quels avantages sa retraite ne se serait-elle pas effectuée? L'élite des armées françaises fut moissonnée dans la journée du 18, et la catastrophe du 19 en fut la suite naturelle.

Malgré tant de pertes, ce ne fut pas le courage, ce furent les munitions qui manquèrent à l'armée française. Napoléon ne balança point sur le parti qui lui restait. Depuis cinq jours, l'armée avait consommé plus de deux cent cinquante mille coups de canon; il n'en restait que seize mille dans les caissons, quantité à peine suffisante pour entretenir le feu pendant deux heures; les réserves les plus voisines étaient à Magdebourg et Erfurth. La retraite fut décidée. Dès le soir, les parcs, les équipages, l'artillerie filèrent par Lindenau sur Lutzen. Les corps de cavalerie, plusieurs d'infanterie et la garde suivirent dans la nuit. L'exécution de ce mouvement de retraite offrait de grandes difficultés. De Leipsick à Lindenau, il règne un défilé étroit d'environ deux lieues, traversé par plusieurs ponts. Nous avons déjà dit qu'aucun pont n'avait été jeté sur les différentes rivières que l'on devait traverser, pour faciliter à droite et à gauche l'écoulement de cette masse énorme de bagages et de voitures, qui obstruaient toutes les avenues. Tout devait donc passer par cette voie unique, et l'on peut facilement se figurer le désordre que pouvait causer un tel encombrement. Le jour qui devait éclairer de nouveaux désastres parut enfin, et permit de mettre un peu d'ordre dans la défense projetée de Leipsick.

Des conseillers, pour qui les droits de l'humanité ne sont pas d'une grande valeur, engagèrent, dit-on, Napoléon, à brûler les faubourgs de Leipsick, et aidé de la faible enceinte qui entoure la ville, à la défendre comme tête de défilé. Heureusement pour l'honneur français, Napoléon rejeta une pareille proposition; il sut respecter une ville qui lui était restée fidèle, il voulut la conserver au souverain qui avait tout sacrifié pour sa cause, et qui donnait au monde un si rare exemple. Napoléon eût imité les Saxons qui venaient de le trahir, et de tirer sur ses troupes, s'il eût ordonné la destruction des faubourgs. Le conseil était militaire, il faut l'avouer; mais Napoléon préféra l'honneur de succomber comme un Français à l'exécrable avantage de se défendre comme un Attila.

La ville de Leipsick, proprement dite, est d'une médiocre étendue, et d'une forme irrégulière. Elle n'a pour enceinte qu'une vieille muraille de maçonnerie, couverte d'un fossé presque effacé, et autour règne un large boulevart, planté de deux rangées d'arbres. Du côté du nord, sont les portes de Ranstadt et de Halle; à l'orient celle de Grimma; au midi celle de Saint-Pierre ou de Dresde : la partie occidentale n'a que trois fausses portes sur les boulevarts. La ville est environnée par de vastes faubourgs, excepté du côté de l'ouest, où elle domine une plaine basse, que les eaux de la Pleiss et de l'Elster arrosent, en se divisant en plusieurs canaux.

Les faubourgs qui s'étendent au midi et à l'est sont de bonne défense. Ils sont entourés d'une muraille qui a des barrières sur les principales routes. Le faubourg de Halle, situé au nord, est couvert par la Partha, sur laquelle il y a un pont. Mais celui de Rosenthal, renfermé dans une presqu'île formée par les courbes que décrivent la Pleiss et un bras de l'Elster, et celui de Ranstadt, sur la route de Lutzen, sont de véritables défilés, où l'on ne peut tenir dès que l'ennemi a passé la Partha, au-dessus du confluent de la Pleiss, où qu'il est maître du faubourg de Halle. Le faubourg de Ranstadt surtout, traversé dans toute son étendue par un long canal, n'a pour issue qu'une rue étroite, qui mène à la barrière de la route de Markranstadt, par où devait défiler toute l'armée française.

Napoléon avait résolu de défendre les faubourgs pour retarder l'ennemi et faciliter l'écoulement des équipages d'artillerie et des différens corps de l'armée. En conséquence, la division Durutte, qui restait seule du septième corps, fut placée au faubourg de Rosenthal; le sixième corps, dans celui de Halle; le troisième occupa toute la partie entre les routes de Wurtzen et de Naunhof; et de ce point, les onzième et huitième s'étendirent jusqu'à la Pleiss. Les maréchaux Macdonald et Poniatowski étaient chargés de faire l'extrême arrière-garde, et d'effectuer eux-mêmes à onze heures le passage du défilé.

Le 19 au matin, les généraux ennemis, s'étant aperçus de notre mouvement rétrograde, mirent aussitôt toutes leurs masses en marche, et s'avancèrent sur Leipsick.

L'empereur Alexandre et le roi de Prusse, qui avaient couché à Rœtha, rejoignirent l'armée, lorsqu'une députation de la ville, sortie par la porte de Peters-Thor, vint les supplier d'épargner les habitans. Cette demande fut rejetée avec dédain. Un second parlementaire, que le maréchal Macdonald hasarda de leur envoyer, pour le même objet, eut le même sort. Aveuglés par la victoire dont ils n'avaient point partagé les périls, ces souverains le furent aussi sur les maux de l'humanité, et le destin de Leipsick fut livré au hasard d'un combat. Cette ville riche et commerçante était condamnée à subir le sort d'une place prise d'assaut. Le général Blücher, avant de commencer l'action, osa faire à l'armée française la ridicule sommation de poser les armes : son parlementaire ne put pas dépasser les avant-postes du troisième corps. Ainsi, vers huit heures, les colonnes des coalisés étaient devant les faubourgs. Le général Collorédo avec les réserves arriva par la route de Pegau. Les généraux Kleist, Wittgenstein et Klenau par celle de Naunhof, Bulow et les Suédois, en face de la rivière de Grimma, Langeron sur la route d'Eulenburg, et Sacken au nord, sur celle de Halle.

Sacken s'approcha de la Partha pour attaquer de front le faubourg de Halle. Les troupes du sixième corps occupaient la fabrique de Pfaffendorf, à cinq cents pas du pont qui sert d'entrée au faubourg. Une première attaque de Sacken ayant échoué, le corps de Langeron s'avança pour le soutenir. Cette seconde tentative ne fut pas plus heureuse. Le régiment d'Archangel y fut presque détruit, et les Russes furent repoussés avec vigueur. Le général Langeron voulut alors essayer de tourner la fabrique ; il détacha à cet effet un gros de troupes le long de la Partha ; mais, foudroyé par l'artillerie, il fut forcé de renoncer à son projet. Cependant un dernier effort de ces deux corps réunis les rendit à la fin maîtres de ce poste, qui n'était plus qu'un monceau de décombres. Les Français se retirèrent dans le faubourg de Halle, derrière la Partha. Le pont en fut forcé par les Russes, malgré le feu et la mitraille de deux pièces de canons, qui le jonchèrent de cadavres, et l'ennemi pénétra dans la grande rue du faubourg; mais même dans cette extrémité les Français continuèrent la défense; réfugiés dans les maisons, ils firent pleuvoir une grêle de balles sur les colonnes serrées des Russes, qui n'avançaient que lentement et avec la plus grande difficulté.

Le prince royal, de son côté, était arrivé devant les faubourgs de l'est, après avoir forcé les défilés de Reudnitz. Un combat des plus opiniâtres s'engagea aux palissades de Hinter-Thor et Kohlgarten-Thor. Les Prussiens forcèrent le passage, favorisés par la diversion que fit le général Woronzow, sur la barrière de Grimma et sur l'hôpital; mais les troupes du troisième se logèrent dans les maisons, et par un feu soutenu par les fenêtres arrêtèrent les progrès de l'ennemi. En même temps les troupes de Beningsen et les Autrichiens forçaient les barrières du midi, et acculaient les huitième et onzième corps sur les boulevarts.

Cependant Napoléon, avant de quitter Leipsick, eut la générosité d'aller consoler le roi de Saxe de la trahison de ses troupes. Les adieux de ce vieux prince furent touchans; il accompagna de tous ses vœux, pour une meilleure fortune, l'hôte illustre qui avait placé sur sa tête le diadème royal, et il se décida courageusement à rester à Leipsick, pour partager le sort de ses sujets. Aussi confiant que Porus devant Alexandre, il crut pouvoir espérer d'être traité en roi, et d'adoucir, par sa présence, la sévérité du vainqueur. Un bataillon saxon, qui avait été formé à Dresde, et qui marchait avec la garde impériale, fut laissé par Napoléon pour garder le palais du roi et le préserver du premier mouvement de l'ennemi. Napoléon voulait sortir de la ville par la barrière de Ranstadt; mais il la trouva tellement encombrée, qu'il fut obligé de longer le boulevart de l'ouest pour gagner la route de Lutzen. Dans cet instant les portes de Halle et de Grimma étaient forcées, celle de Saint-Pierre livrée aux Autrichiens par les troupes badoises, et les différentes colonnes ennemies se réunissaient sur la grande place.

L'on se pressait de toute part sur la route de Lutzen, et l'encombrement et le désordre étaient à leur comble dans le faubourg de Ranstadt. Pourtant, malgré cette confusion, l'on combattait encore : la fusillade se soutenait, et les Français disputaient le terrain pied à pied. Le prince Poniatowski avait jeté quelques centaines de Polonais dans le jardin de Ruchel, à l'extrémité du boulevart de l'ouest; ils s'y défendaient avec acharnement, et protégeaient la retraite. Il ne fallait que deux heures d'une résistance pareille pour sauver l'arrière-garde, quand une explosion terrible annonça que le pont de l'Elster venait de sauter. Cet accident si funeste fut occasioné par la précipitation du sapeur qui tenait la mèche. L'ordre était de ne détruire ce pont que lorsque l'armée aurait défilé, et que les colonnes ennemies paraîtraient; mais des tirailleurs du corps de Langeron, ayant dépassé le faubourg de Halle, s'étaient glissés, en remontant l'Elster, jusqu'auprès du pont, et tirèrent sur nos troupes qui passaient sur la route; trompé par ces feux si rapprochés, le sapeur crut que le moment était venu d'exécuter son ordre. Les débris du pont tombaient encore lorsque, accourant de toutes parts sur la rive opposée, les troupes de l'arrière-garde française trouvèrent détruite cette porte de salut. Ceux qui étaient déjà passés partagèrent leur désespoir : ils s'efforcèrent vainement de les secourir avec des planches et avec les faibles moyens qu'ils trouvèrent sur l'autre rive! Le lit de la rivière est encaissé et bourbeux, les bords en sont marécageux : tout ce qui ne put pas nager fut englouti. Tel fut le sort du vaillant maréchal, prince Poniatowski; blessé de deux coups de feu, il voulut traverser la rivière et s'y noya, ainsi que le général Dumoutier, déjà aussi grièvement blessé. Le maréchal Macdonald la passa à la nage. De tout ce qui ne put pas passer, les plus braves vendirent chèrement leur vie, et le reste fut fait prisonnier. Vers deux heures, le combat avait entièremeut fini dans Leipsick. La perte des Français fut de près de douze mille hommes prisonniers, soixante pièces de canon attelées, et une quantité d'équipages.

Dans la soirée, l'armée française était réunie à Markranstadt, et les débris de ses corps d'armée se ralliaient de leur mieux. La plus grande partie des alliés resta dans Leipsick. Blücher, avec les corps de Sacken et de Langeron, se porta à Skeudnitz, York poussa jusqu'à Halle, et le corps de Giulay marcha sur Pégau.

La perte des Français, dans les quatre journées où ils combattirent sous les murs de Leipsick, s'éleva à peu près à vingt mille morts et trente mille prisonniers, y compris les malades et les blessés qu'ils durent laisser dans la ville, et qui pouvaient se monter à vingt-deux mille hommes. Cent cinquante pièces de canon et près de cinq cents chariots tombèrent au pouvoir de l'ennemi. Le prince de la Moscowa, le duc de Raguse, les généraux Souham, Compans, Latour-Maubourg et Friederichs étaient au nombre des blessés. Les généraux Lauriston, Regnier, Delmas, Rotnietzki, Kajinski, le comte de Hochberg, le prince Émile de Darmstadt, les généraux de brigade Valory, Bertrand, Dorsenne, d'Etzko, Coulomy, Bronikowski, Sliwowiez, Malakowski, Zautenstranch et Stockkorn, presque tous blessés, furent faits prisonniers. Le roi de Saxe aussi fut prisonnier; il fut traité comme traître pour n'avoir pas trahi son allié! Les ennemis eurent près de quatre-vingt mille hommes hors de combat. Ils eurent huit généraux de tués, et onze de blessés.

Le 20, l'armée française arriva à Weissenfels. La grande route était interceptée par le corps de Giulay qui, de Pégau, s'était porté sur Naunburg. Napoléon fit construire des ponts sur la Saale, pour gagner Freyburg. Le même jour, le général Wassilezikow, avec la cavalerie du corps de Sacken, ayant passé l'Elster, joignit notre arrière-garde à Markranstadt, et nous fit quelques centaines de prisonniers. Le 21, l'armée était à Freyburg; il fallait traverser l'Unstruth, rivière encaissée et d'un abord difficile : le désordre qui régnait encore dans l'armée retarda le passage et donna le temps au général York, avec son corps, d'arriver sur les hauteurs pour le troubler. Les Prussiens furent attaqués et repoussés au loin; mais étant revenus à la charge, favorisés par leur position, ils firent beaucoup souffrir notre arrière-garde, qui perdit quelques canons et mille hommes prisonniers. Dans le même temps, le général Bertrand, avec le quatrième corps, avait une affaire très-chaude du côté de Naumburg avec les troupes de Giulay. Maîtresse du défilé de Kœsen, la seule division du général Guilleminot suffit pour contenir l'ennemi et l'empêcher de troubler la retraite du reste de l'armée. Dans la nuit, le général Bertrand rejoignit à Eckartzberg, où était arrivé Napoléon. Le lendemain, 22, l'armée arriva à Ollendorf. Le général Lefebvre-Desnouettes, avec les chasseurs de la garde, fut détaché sur la ville de Weymar, où s'était rassemblé un corps de troupes légères considérable. L'hetmann Platow y était aussi avec ses cosaques et plusieurs régimens de dragons autrichiens. Le général français dut se retirer sur Erfurt; ce qu'il fit en bon ordre. Le 23, Napoléon était dans cette ville, et son armée occupait les environs. L'intention de l'empereur était de s'y arrêter pour rallier l'armée, et avoir le temps de prendre les provisions et les munitions qui y étaient déposées; mais la marche rapide de Blücher, qui se portait sur Eisenach, et qui menaçait de s'emparer de la grande route, le força de quitter Erfurt le 25. L'armée arriva le même jour à Gotha. Blücher la suivit de près; le 26, il attaqua l'arrière-garde entre Gotha et Eisenach, et fit environ deux mille prisonniers. Après ce combat, les alliés marchèrent plus lentement. L'armée vaincue put continuer tranquillement sa retraite, et après le passage de la forêt de Thuringe, elle ne fut plus poursuivie que par les cosaques de Platow, de Czernichew et d'Orloff Denisow, qui inquiétaient ses flancs et ramassaient les traînards et les malades; ceux qui ne purent les suivre furent impitoyablement massacrés. Tout ce qui était encore resté de troupes de la confédération sous les drapeaux français avait déserté entre Leipsick et Erfurt.

CHAPITRE XVIII.

Bataille de Hanau. — Napoléon à Mayence.

Le 19 octobre, à Braunau, le prince de Reuss, commandant dix-huit mille Autrichiens, fait sa jonction avec l'armée bavaroise, et avait passé sous les ordres du comte de Wrède. L'Autriche, toujours si distinguée par la recherche de ses formes, voulut donner cette marque de déférence à sa nouvelle alliée, qui n'avait consenti, après une longue persécution, à n'être plus son implacable ennemie, qu'à la condition *que l'Autriche lui garantirait la souveraineté pleine et entière de tous les états dont elle était actuellement en possession.* Cette clause fut stipulée par l'article II du traité. Dans cette période de la destruction de Napoléon, il est à observer que tous les traités improvisés contre lui par ses ennemis et ses alliés, confirmèrent les royautés qu'il avait octroyées.

La nouvelle armée combinée se mit de suite en mouvement des bords de l'Inn. Elle voulait se porter, à marches forcées, sur les derrières de l'armée, son alliée de la veille, afin de lui couper même la retraite sur la France. Elle prit sa route par Landshut, Neuburg, Nordlingen, Anspach, Uffenheim ; et le 24, encouragée de nouveau par le désastre de l'armée française à Leipsick, elle arriva devant Würzbourg, où elle eut l'honneur d'être arrêtée par douze cents Français, sous les ordres du général Tharreau, qui, fièrement, rejeta, en leur nom, toutes les sommations d'une armée de plus de cinquante mille hommes. Le général bavarois fit jouer sur la ville une batterie de dix-huit pièces, ensuite une de quatre-vingts, et se vit réduit, après avoir porté la destruction dans une ville amie, à laisser une brigade pour bloquer le brave général Tharreau et ses douze cents Français, qui se retirèrent dans la citadelle.

L'armée austro-bavaroise arriva le 27 à Aschaffembourg; le 28, une de ses brigades de cavalerie légére s'établit à Hanau. Elle en fut chassée par les premiers détachemens français qui arrivèrent par la route de Gelnhausen. Le soir, une division bavaroise étant survenue, les Français durent repasser la' Kintzig. Ce jour-là, Napoléon arrivait à Schultern, et il y reçut les nouvelles positives du mouvement de l'ennemi sur ses derrières.

Le 29, le général de Wrède fit marcher la brigade autrichienne du général Wolckmann, par Alten-Hasslau sur Gelnhausen ; le gros de l'armée austro-bavaroise arriva à midi à Hanau, et s'établit dedans et derrière la ville, où arrivèrent les corps de Czernichef et d'Orlow-Denisow, et les partisans autrichiens de Munsdorf. Cependant la division bavaroise du général Lamotte s'était portée le matin sur la route de Gelnhausen, et ayant rencontré une colonne française, formée des débris des corps qui avaient le plus souffert à Leipsick, il l'avait fait attaquer. Après un combat assez vif, les Français furent forcés de se replier sur Gelnhausen, et la division ennemie s'arrêta à Langenselbold; mais le même jour, le gros de notre armée était parti de Schlutern; la brigade autrichienne qui s'avançait sur Gelnhausen fut culbutée sur Haiser, et forcée de laisser le passage libre. Les colonnes françaises arrivèrent à quatre heures à Langenselbold; la division Lamotte, qui s'y était établie, fut attaquée et contrainte de se retirer sur Ruckingen. Napoléon passa la nuit à Langenselbold, et s'occupa de ses dispositions pour le lendemain. Dans le dessein de dégager la route, il fit diriger sur la droite tous les bagages inutiles, dans la direction de Coblentz, protégés par le général Lefebvre-Desnouettes et le général Milhaud, qui, en même temps, devaient éclairer la droite de l'armée.

Le 30, à sept heures du matin, le maréchal Macdonald prend le commandement de toutes les troupes disponibles, se composant des débris de son corps et de celui du duc de Bellune, de la division Friant, vieille garde, de la cavalerie du général Sébastiani, et de celle de la garde sous les ordres du général Nansouty. La division ennemie était postée sur les hauteurs de Ruckingen. Le général Dubreton sur la gauche, et le général Charpentier sur la droite, chassent les Bavarois de leur position, et les rejettent dans le bois derrière lequel est placée leur armée. Elle est rangée sur la Kintzig, en avant de Hanau, la droite appuyée au pont de Lamboi, son centre entre ce pont et la route de Gelnhausen, sur laquelle était établie une batterie de soixante pièces de canon, dirigées sur le débouché de la forêt, et protégeant l'aile gauche, formée de l'autre côté de la chaussée, et presque toute composée de cavalerie. Les cosaques de Czernicheff et de Denisow observaient la chaussée de Freyberg, en arrière de cette aile gauche. Un corps de réserve bordait la rive gauche de la rivière, et était lui-même protégé par la ville de Hanau, où l'on avait laissé une brigade autrichienne. Cette armée, affaiblie par la brigade laissée devant Wurzbourg, et par la division Rechberg, que le général de Wrède avait envoyée à Francfort, ne comptait guère plus de quarante-cinq mille combattans.

Cependant l'avant-garde avait entièrement nettoyé le bois, et ses tirailleurs l'avaient traversé, lorsqu'ils aperçurent toute l'armée ennemie rangée en bataille; vainement ils essayèrent de déboucher par la grande route. Ils furent arrêtés par sa formidable artillerie. Il était midi, Napoléon voulait gagner du temps afin de réunir ses troupes qui accouraient en toute hâte. Pour occuper l'ennemi, il fit garnir toute la lisière du bois de tirailleurs, qui entretinrent un feu très-vif jusqu'à trois heures après midi, où l'artillerie arriva avec le reste de l'armée; alors il ordonne l'attaque. Le général Curial, avec deux bataillons de la vieille garde, bravant le feu meurtrier de l'ennemi, débouche dans la plaine et protége l'arrivée de cinquante bouches à feu de la garde, que le général Drouot mit successivement en batterie. Cette artillerie, dirigée avec tout le talent qui distingue ce brave général, mit bientôt le désordre dans les masses ennemies, et insensiblement fit taire leur feu. Pendant ce temps, le général Nansouty faisait déboucher sa cavalerie, et s'étendait sur la droite. Dans cet instant, la cavalerie ennemie fit une charge générale et entoura de si près l'artillerie française, que les canonniers durent défendre leurs pièces à l'arme blanche. Mais les grenadiers à cheval et les dragons de la garde, suivis des cuirassiers du général Saint-Germain, se précipitèrent à leur tour sur l'ennemi, et tout à coup l'artillerie fut dégagée. La charge s'exécuta à fond, infanterie et cavalerie tout fut culbuté. En vain les escadrons austro-bavarois, cherchent un refuge derrière les cosaques, ceux-ci sont eux-mêmes rompus et ne peuvent rétablir le combat. Écrasée par la mitraille, et chargée tour à tour par les dragons de la garde, par les cuirassiers et par un escadron des gardes d'honneur, qui eut sa part de gloire dans cette action, l'aile gauche de l'armée combinée fut dispersée.

Le général de Wèrde, voyant son centre découvert et prêt à être pris en flanc par la cavalerie française, ne balança plus à ordonner la retraite. Mais dans l'impossibilité où il était de protéger le passage de la Kintzig pour le reste de son armée, il résolut de faire un grand effort par sa droite. L'attaque commença avec vigueur, l'ennemi s'avança à la faveur du bois, et déjà des obus balayaient l'endroit de la route où se trouvait Napoléon. Le général Friant, avec deux bataillons de la vieille garde, arrêta bientôt cette attaque, et soutenu par les lanciers rouges du général Colbert, l'ennemi fut rejeté hors du bois et repassa en toute hâte la Kintzig dans le plus grand désordre; il ne put se rallier que la nuit sous la protection de la place de Hanau.

Ainsi se termina cette bataille que la trahison avait longuement préparée. Cette victoire fut due en grande partie au courage et au sang-froid de la garde impériale, qui soutint dans cette journée toute sa renommée. Au moins, après tant de désastres, l'armée française rentrait dans la patrie avec quelques lauriers, et fit de nobles adieux à la Germanie. Dans cette bataille, elle perdit près de trois mille hommes tués ou blessés, et un pareil nombre de prisonniers, presque tous soldats isolés qui, précédant en désordre l'avant-garde, furent ramassés du 28 au 30. L'ennemi eut trois mille hommes tués ou blessés, et quatre mille prisonniers.

L'armée française passa la nuit sous les murs de Hanau, s'étendant sur la route de Francfort. Le maréchal Mortier, avec deux divisions de la jeune garde et la cavalerie de Latour-Maubourg, avait été laissé le 30 à Gelnhausen. Pour protéger sa jonction, le maréchal Marmont eut ordre de rester devant Hanau, avec les troisième, quatrième et sixième corps. Pendant la nuit, on fit plusieurs tentatives pour pénétrer dans la ville; l'ennemi la conserva jusqu'au jour, où un détachement de lanciers rouges y entra et la trouva évacuée. Un poste bavarois, oublié sur la place, fut fait prisonnier. Le maréchal Marmont, dépassant la ville avec une partie de ses troupes, se prépara à attaquer. Le général de Wrède était posté avec toutes ses troupes derrière la route d'Aschaffenbourg, gardant le pont de Lamboi. Le maréchal Marmont, après avoir forcé ce passage, tomba sur l'aile droite et l'enfonça. Les Austro-Bavarois furent poussés en désordre sur Auenheim, et acculés sur le Mein. Si ce mouvement avait été soutenu par le gros de l'armée française, l'armée ennemie, coupée d'Aschaffenbourg et barrée par le Mein sur ses derrières, aurait pu être entièrement détruite; mais le maréchal Marmont n'avait d'autre but que d'assurer le passage de l'arrière-garde, et d'empêcher l'ennemi de prendre l'offensive. Le combat finit à une heure après midi; alors, le maréchal replia ses troupes et leur fit repasser la Kintzig, laissant le quatrième corps seul devant Hanau. La division Fontanelle mit une de ses brigades au faubourg, et l'autre dans la ville. La division Guilleminot, avec la brigade sous les ordres du général Morio de l'Isle, occupa le débouché du pont de Lamboi, qui avait été brûlé, et la division Morand fut tenue en réserve. Le général de Wrède, voyant le mouvement rétrograde du maréchal, crut pouvoir le suivre et rentrer dans Hanau. Il se mit en personne à la tête de deux bataillons autrichiens, l'un de grenadiers et l'autre de chasseurs, força la porte de Nuremberg, culbuta la division italienne, et la poussa sur le pont de la Kintzig, sur lequel il dirigea sa colonne; il n'en était plus qu'à cinquante pas, lorsqu'il reçut une balle dans le bas-ventre; il fut obligé de se retirer, et le mouvement de ses troupes fut arrêté en même temps par l'artillerie du général Morand, qui les prit en flanc. Les Italiens s'étant ralliés revinrent à la charge, et repoussèrent l'ennemi de l'autre côté de la ville.

Du côté du pont de Lamboi, le général Guilleminot était attaqué par deux divisions ennemies. Une forte canonnade s'engagea; les Français n'avaient que douze pièces de canon pour répondre à trente pièces que l'ennemi avait mises en batterie. Malgré cette infériorité, le feu se soutenait avec vigueur, lorsque douze cents Bavarois s'étant hasardés à passer sur les longerons du pont, furent reçus à la baïonnette, en partie culbutés dans la rivière où un grand nombre se noyèrent, et deux cents furent pris. Le général autrichien Fresnel, lors de la blessure du général de Wrède, avait pris le commandement de l'armée; rendu circonspect par ces deux échecs, il attendit le lendemain pour entrer dans Hanau. Le quatrième corps évacua la ville, et sur les sept heures du soir il était en pleine marche sur la route de Francfort, sans cependant être inquiété. Le maréchal Mortier était parti de Gelnhausen, sur la fausse nouvelle que le quatrième corps avait été écrasé, et que l'ennemi était maître de la grande route; il changea de direction par sa droite, à la hauteur de Langenselbold, et arriva le 31 au soir à Höchst.

L'empereur, avec le gros de son armée, avait continué sa route sur Francfort. La division bavaroise de Rechberg occupait la ville; mais, à l'arrivée de Napoléon, elle l'évacua, et se retirant dans le faubourg de Sachsenhausen, de l'autre côté du Mein, l'ennemi fit une coupure au pont. Sur le quai, il s'établit une fusillade assez vive des deux côtés de la rivière, mais qui cessa bientôt. Deux pièces d'artillerie furent placées en face, et les maisons voisines furent occupées afin d'empêcher toute tentative de l'ennemi pour repasser le Mein. Dans la journée du 31, toutes les troupes françaises arrivèrent successivement dans Francfort; le 2 novembre, Napoléon rentra à Mayence, et toute l'armée française repassa le Rhin, à l'exception du général Bertrand qui, avec le quatrième corps, occupa Cassel et Hocheim.

L'armée austro-bavaroise arriva le 4 novembre à Francfort, et ayant passé le Mein se dirigea par Darmstadt sur Manheim. Elle fut remplacée à Francfort par l'armée du prince de Schwartzenberg; le 5 novembre, l'empereur Alexandre y fit son entrée, et le même jour l'on força le passage de la Lidda, et le quartier-général du généralissime fut porté à Höchst, tandis que le général Blücher établissait le sien à Giessen.

Le prince de Schwartzenberg ayant appris que le général Bertrand mettait beaucoup d'activité à fortifier Hocheim, résolut de ne pas lui en donner le temps, et d'enlever cette position; en conséquence, le 9, le général Giulay avec son corps d'armée attaqua Hocheim, tandis qu'une autre colonne dirigée par le prince Alois de Lichtenstein tournait la division Morand placée en réserve en venant par Massenheim. Hocheim fut vigoureusement défendu par le général Guilleminot; mais, forcées de céder au nombre, les troupes françaises se retirèrent sur Cassel avec perte de trois cents prisonniers coupés dans le village, et de deux pièces de canon démontées.

Ce combat fut le dernier de la campagne, et de part et d'autre l'on ne songea qu'à donner un peu de repos à ses troupes. Les armées combinées furent réparties sur la rive droite du Rhin, pour prendre des cantonnemens. L'armée de Silésie fut placée entre Coblentz et le Mein. La grande armée de Bohème occupa au centre l'intervalle entre le Mein et le Necker, et l'armée austro-bavaroise s'établit sur la rive gauche du Necker.

Après la bataille de Leipsick, le prince royal de Suède s'était dirigé sur Cassel avec son armée et celle de Beningsen. Celle-ci fut laissée dans les environs de Magdebourg pour bloquer cette place et soutenir le général Klenau, qui, de son côté, avait été en même temps envoyé devant Dresde, dans le cas où le maréchal Saint-Cyr chercherait à sortir de cette place. Le 28 octobre, le corps de Saint-Priest occupa Cassel. Le général Rigault, n'ayant avec lui que quelques bataillons, avait évacué la ville l'avant-veille, et s'était retiré sur Dusseldorf, où il repassa le Rhin, poursuivi par l'avant-garde de Wintzingerode. Bientôt tout le grand-duché de Berg fut occupé par les alliés. L'armée du Nord, à laquelle avait été jointe l'avant-garde de Beningsen, envahit le Hanovre, et le prince royal établit son quartier-général dans la capitale. Wintzingerode s'étendit dans l'Oldenburg et l'Ost-Frise, tandis que Bulow marchait sur la Hollande, pour y faire déclarer l'insurrection; le 5 novembre il était à Munster.

CHAPITRE XIX.

Suite des affaires d'Espagne et des Pyrénées.

Lord Bentinck avait remplacé sir Murray, et était débarqué à Alicante avec des renforts de la Sicile. La bataille de Vittoria et la retraite qui en avait été le résultat avaient compromis au plus haut degré la position du maréchal Suchet dans le royaume de Valence. D'après les ordres qu'il avait reçus, l'évacuation de cette province fut décidée; mais le système qui avait laissé tant de belles garnisons depuis la Vistule jusqu'à l'Elbe lui prescrivit aussi d'en laisser dans les places qui échelonnaient sa route depuis Sagonte jusqu'à Figuières, afin de pouvoir revenir à Valence, si, par suite des opérations dont la direction venait d'être confiée au maréchal Soult, l'armée des Pyrénées occidentales reprenait l'offensive avec succès, *et parvenait à reconquérir la route de Madrid.* Ces espérances gigantesques dans le Nord et dans le sud de l'Europe, après la rupture du congrès de Prague, confondent la pensée et isolent Napoléon dans une atmosphère inabordable à la raison humaine. Il avait donc, après le désastre de Moscou, espéré de reparaître en vainqueur sur le Niémen, puisqu'il avait enfermé trente mille hommes à Dantzick seulement! Après le désastre de Vittoria, il n'avait donc pas renoncé à renvoyer ses aigles de Bayonne à Madrid, et après les quatre défaites de Macdonald, de Vandamme, d'Oudinot et de Ney, forcé de donner sa grande bataille à Leipsick, il avait donc espéré aussi rentrer à Dresde, où il avait laissé trente-deux mille hommes au maréchal Saint-Cyr! Enfin il avait donc attaché encore assez de confiance en son étoile dans les plaines de Leipsick, pour qu'il ne crût pas avoir besoin d'appeler à marches forcées le maréchal Davoust et ses quarante mille hommes sur la Hollande et sur le Rhin, et pour qu'il lui prescrivît au contraire de lui garder Hambourg! Plus de cent trente mille hommes enfermés dans les places de la Vistule, de l'Oder et de l'Elbe manquèrent à la fortune française!

Dans les premiers jours de juillet, l'armée française quitta les habitans de Valence, comme des amis qu'elle devait bientôt revoir. La reconnaissance et la vénération publique de cette grande ville furent pour le maréchal un éclatant témoignage de la bienveillance et de la loyauté qui avaient caractérisé son gouvernement. Le général Delort remit les postes à la garde nationale. Depuis St.-Philippe jusqu'en Catalogne, la marche de l'armée ne fut inquiétée par aucune hostilité, et elle arriva à Barcelonne où finit sa sécurité.

Les Catalans étaient d'autres ennemis que les Valenciens; ils secondaient avec une audacieuse opiniâtreté la guerre que les Anglais avaient portée dans leur pays. Dès le 29 juillet, lord Bentinck, commandant-général des armées anglo-espagnoles dans la Catalogne, avait voulu réparer l'affront de son prédécesseur devant Tarragone qu'il tenait investie par terre et par mer. La chute de cette ville, toujours vaillamment défendue par le général Bertoletti, son gouverneur, paraissait inévitable. Les aqueducs avaient été coupés le 30 juillet, et l'invincible garnison allait succomber, au milieu de la canicule, à l'horrible tourment de la soif. Cependant lord Bentinck avait vainement engagé le gouverneur français à recevoir ses parlementaires. Bertoletti et sa faible garnison mettaient le comble a leur gloire en soutenant pour la seconde fois une défense opiniâtre dans une place démantelée et assiégée nuit et jour par une armée nombreuse où régnait l'abondance. Pour la seconde fois aussi, le maréchal Suchet voulut être le sauveur de la garnison de Tarragone. Le 14 août, il réunit à Villa-Franca les divisions Harispe, Habert, Maurice Matthieu, Lamarque et Delort, et, pour masquer son opération, il dirigea sur Venderell et, Nostra Senora de Bara, au bord de la mer, deux divisions d'infanterie et toute la cavalerie. Ce mouvement réussit : les Espagnols crurent que le maréchal allait attaquer les hauteurs retranchées d'Attafretta. Alors le général anglais fit reployer pendant la nuit les divisions Wittingham et la Roche qui occupaient le col de San-Christina et de Roccadelleure, et dégarnit ainsi les fortes positions qu'elles occupaient sur la rive droite de la Gaya. Aussitôt que le maréchal eut connaissance du succès de son mouvement, il retira dans la nuit du 14 au 15 les troupes postées sur la grande route, et franchit rapidement les défilés de Roccadelleure, tandis que les généraux Lamarque et Maurice Matthieu débouchaient avec la même impétuosité par le col de San-Christina. Ainsi l'ennemi fut débordé tout à coup sur sa gauche, et ne put défendre que faiblement le passage de la Gaya. Le maréchal se trouva maître des hauteurs, et les divisions de l'armée de Catalogne, aux ordres du général Decaen, parurent à Walls. Cette manœuvre, aussi hardie que savante porta encore une fois à l'improviste l'armée de Valence sous les murs de Tarragne à l'insu de sa brave garnison, à la vue de la flotte immense, qui couvrait la rade et protégeait l'armée assiégeante. L'ennemi dut se retirer sur tous les points; il fut poursuivi sur Canonge par les généraux Habert et Delort. Les lanciers westphaliens poussèrent vigoureusement les dragons anglais sous les murs de Cambrillo, pendant que leurs compatriotes désertaient en Allemagne les drapeaux de Napoléon. La délivrance d'une brave garnison long-temps assiégée, est une gloire dont le bonheur est sans mélange et sans égal. Les défenseurs et les sauveurs de Tarragone la partagèrent avec ivresse. Glogau et Wittemberg avaient donné dans le nord le même spectacle à l'armée de Napoléon ; mais Tarragone était condamnée à ne plus être ni défendue ni attaquée, et le 18 août, trois coups de canon donnèrent le soir le signal de la destruction de ses remparts, qui s'écroulèrent en même temps au bruit d'une effroyable détonation.

Après cette glorieuse expédition, le maréchal porta son quartier-général à Villa-Franca. Malheureusement la disette de vivres l'obligea d'étendre ses cantonnemens, et la redoutable bande du chef de guérillas Manso détruisit à San-Sadurni un bataillon italien, et à Pallejat un bataillon et un escadron français. Il fallut marcher avec la plus grande prudence dans la Catalogne, dont les localités et la population étaient également dangereuses pour l'armée française. Lord Bentinck venait de concentrer ses troupes à Villa-Franca, et son avant-garde, commandée par le général Adams, occupait la forte position du col d'Ordel. Dans la nuit du 13 septembre, le maréchal mit en marche les armées d'Aragon et de Catalogne, l'une par la route royale, l'autre par les défilés de Bégas et d'Avinyonet ; il menaçait ainsi le flanc droit de l'ennemi. Dans la matinée, malgré la difficulté des chemins, le mouvement des deux ailes sur le centre fut opéré, et toutes les troupes françaises se trouvèrent devant Villa-Franca, en face de l'armée anglo-espagnole. L'armée de Catalogne avait culbuté les corps de Manso et d'Éroles, et celle d'Aragon, dans la journée du 16, n'ayant pu décider l'armée ennemie à recevoir le combat, la poursuivit vivement dans sa retraite, après avoir emporté la nuit les positions du col d'Ordal, et tourné celle de Villa-Franca, et lui fit éprouver une perte de quatre mille hommes, dont trois mille cinq cents prisonniers. L'avant-garde de l'armée ennemie, qui fut seule engagée, était de six mille hommes et fut presque totalement détruite. Elle perdit ses bagages et son artillerie. L'affaire de Villa-Franca fut le dernier combat et la dernière victoire des Français en Espagne. Ce maréchal, qu'une suite de brillans succès venait de porter en si peu de temps des bords de l'Èbre aux murs d'Alicante, arriva tranquillement à Gironne, où il établit son quartier-général.

L'armée des Pyrénées-Occidentales, réorganisée par le maréchal Soult, avait, à la fin de juillet, pris le nom d'*armée d'Espagne et des Pyrénées*. Elle était forte de soixante mille hommes, formant dix divisions, dont une de réserve. Le général Reille avait le commandement de l'aile droite, le général Drouet d'Erlon celui du centre, le général Clausel celui de l'aile gauche. Le général Treillard commandait deux mille cinq cents dragons, et le général Soult, frère du maréchal, deux mille hussards et chasseurs. Le lieutenant-général Gazan était chef d'état-major-général. Les réserves étaient sous les ordres du général Villatte. Le général Tirlet commandait l'artillerie de l'armée et des places. Le général Garbé commandait le génie. L'armée ennemie, la grande armée anglo-hispano-portugaise, sous les ordres du généralissime Wellington, était forte de cent vingt mille hommes d'infanterie et de dix mille chevaux. Elle était divisée en trois corps, l'un sous les ordres du maréchal Béresford, les deux autres sous les généraux Hill et Graham; tous les soldats espagnols de cette armée étaient réunis sous les ordres du général Freyre, sous le nom de *Grande armée espagnole.*

L'aile droite de l'armée française occupait, ainsi que la réserve, la basse Bidassoa et la ligne en avant de Saint-Jean-de-Luz ; le centre était placé sur les hauteurs qui dominent Espolette et Ainboué. L'aile gauche était établie à Saint-Jean-Pied-de-Port ; la cavalerie sous Bayonne, où était le grand quartier-général et l'artillerie. Le poste français, qui avait été laissé au fort de Pancorvo par l'ordre direct de l'empereur, se trouvant, depuis la bataille de Vittoria, séparé de trente-cinq lieues de l'armée française, avait capitulé le premier juillet et s'était rendu au comte de l'Abisbal, qui bloquait Pampelune avec douze mille hommes. Le petit port de Santona, sur la mer de Biscaye, avait également été abandonné à ses propres forces, ainsi que la ville de Saint-Sébastien, si importante par son port et par ses fortifications. Santona était bloquée, et Saint-Sébastien était assiégée par le général Graham. La place de Jaca, l'une des portes des Pyrénées sur le Béarn, était menacée par l'extrême droite des alliés. Ils occupaient, de Jaca à l'Océan, les cols de Roncevaux, de Maye, de Barre, de San-Martial, ainsi que l'entrée des vallées de Baztan et de Baigorry. Le quartier-général de lord Wellington était à Tolosa.

La prise de Saint-Sébastien était une opération de la plus haute importance, pour appuyer l'aile gauche de lord Wellington; celle de Pampelune complétait aussi, avec la possession de l'Espagne, son plan d'attaque sur la France. Le maréchal Soult conçut le vaste projet de forcer l'ennemi à abandonner l'investissement de ces deux places en l'attaquant par sa droite, et même de le pousser jusqu'à l'Èbre. Saint-Sébastien, vivement attaqué par sir Graham, dont la nombreuse artillerie battait la place du couvent de Saint-Bartholomé et des hauteurs des dunes, était vaillamment défendu par son gouverneur, le général Rey, et par son chef d'état-major, l'adjudant-commandant Songeons. Le 22 juillet, la brèche étant jugée praticable, le général Rey fut sommé de se rendre, mais il renvoya le parlementaire sans l'entendre, et, à la tête de trois mille braves qui composaient sa garnison, il se disposa à soutenir l'assaut. Ce fut alors qu'il fut averti par le maréchal du grand mouvement qui allait avoir lieu sur la droite de l'ennemi. Toutes les dispositions étaient prises ; le 24 juillet, l'attaque générale devait commencer ; mais les Français trouvèrent aussi en Espagne la guerre des élémens : une effroyable tourmente força le maréchal de remettre l'attaque au lendemain. Ce retard est funeste. Le 25, il marche avec la colonne du général Clausel, et chasse devant lui l'ennemi jusqu'à Roncevaux ; mais un autre retard qu'éprouve dans sa marche son aile droite, qui devait arriver à Linduo, contrarie encore son opération. Au centre, pendant cette journée, tout a été forcé. Le général Drouet d'Erlon a fait perdre au général Hill trois fortes positions, s'est emparé du col de Maye, a pris deux mille hommes et quatre pièces de canon ; mais au lieu de continuer sa marche, le général Drouet passe sur le col de Maye la nuit du 25 au 26, et n'a pas fait sa jonction avec la gauche de l'armée, qui doit, à marches forcées, se diriger sur Pampelune. L'ennemi est en retraite sur cette place, où il va se concentrer pour en couvrir le blocus. Une grande précipitation dans l'abandon de plusieurs de ses positions prouve son inquiétude. Il évacue Zubiri le 27. Le même jour les Français occupent la ville d'Iros, et le lendemain, le quartier-général du maréchal est porté à Cabaldica. Ce fut ce jour-là aussi que paraît Wellington; il a connu le plan d'attaque du maréchal, il a fait porter en ligne toutes ses forces; il est lui-même à la droite de son armée, qu'il a placée sur les hauteurs qui descendent sur Pampelune, la gauche à Villalba, la droite à Huerta, le centre sur la montagne d'Oricain, au pied de laquelle les Français occupent depuis la veille le village de Sorauren. Ainsi, l'occupation par toutes les troupes ennemies des montagnes qui défendent Pampelune est le résultat des retards qu'ont éprouvés les ordres du maréchal. Il n'est pas plus heureux dans les Pyrénées, sous ce rapport, que l'empereur ne l'est en Allemagne. Ainsi, cette grande combinaison, dont le succès était tout entier dans l'exactitude des mouvemens prescrits jour par jour, non-seulement se trouve totalement manquée, mais l'éveil que le défaut d'obéissance aux ordres du maréchal a donné à l'armée ennemie l'a appelée toute entière sur l'armée française qui parvient avec peine, au travers des plus grands périls, dominée qu'elle est perpétuellement dans sa retraite par le feu de l'ennemi, à arriver le 31 à San-Estevan. Le 2 août, l'armée est rentrée en France. Mais la grande expédition, dont le débloquement de Pampelune et de Saint-Sébastien devait être le premier trophée, n'a pas été sans résultats pour ces places ; car le 27, où les troupes du blocus ont été appelées en ligne par le généralissime Wellington, elles ont fait d'heureuses sorties, et leur ravitaillement, qui était un des principaux motifs de l'expédition du maréchal, avait été complétement opéré.

Le siége de Saint-Sébastien se poussait toujours avec la plus grande vigueur. Deux nouvelles brèches avaient été ouvertes les 23 et 24 juillet; l'incendie s'était manifesté dans plusieurs parties de la ville; l'éloignement de nos troupes, alors en marche sur Pampelune, décide encore le général Graham à tenter un assaut définitif; mais la garnison lui oppose une défense héroïque, et refoule les assiégeans dans la tranchée. Ceux qui ont envahi le chemin couvert sont acculés aux palissades et détruits à la baïonnette. Sur deux mille Anglo-Portugais qui ont paru sur les brèches de Saint-Sébastien, la moitié est tuée, blessée, ou prisonnière. Deux jours après, c'est la victorieuse garnison qui va attaquer l'ennemi. Elle ne peut atteindre que son arrière-garde; sir Graham a dû se porter sur la basse Bidassoa pour y remplacer les troupes appelées sur Pampelune; le colonel Songeons commande cette brillante sortie et rentre avec des trophées à Saint-Sébastien.

Le 3 août, la position de la Croix des Bouquets

et la basse Bidassoa, jusqu'aux hauteurs de Sainte-Barbe, le camp de la Bayonnette, le camp de Suraïde, Urdach, sont occupés par les troupes françaises. Le général Foy est à Saint-Jean-Pied-de-Port avec sa division; le passage d'Oleron est gardé. Jura et le fort de Lourdes ont reçu une garnison; Bayonne, Saint-Jean-Pied-de-Port, Navarreins, Soccoa, Lourdes, sont déclarés en état de siége. Le quartier-général du maréchal Soult est porté à Saint-Jean-de-Luz. Le mois d'août se passe à s'observer mutuellement et à se fortifier. Les deux armées retrouvent et rétablissent à l'envi les retranchemens qui ont été construits il y a vingt ans; Saint-Sébastien aussi a réparé ses ouvrages, a relevé les brèches qui ont vu rentrer sa garnison triomphante. Le maréchal a pu compter ses ennemis et ses soldats, et, trop faible pour reprendre une nouvelle attaque, paraît être décidé à défendre les Basses-Pyrénées de l'invasion qui les menace. Mais au moment où l'armée s'y attend le moins, le 30 août, elle est mise en mouvement. Il s'agit encore de débloquer Saint-Sébastien et d'enlever la position de Saint-Martial. Le 31, les divisions sont en marche; la Bidassoa est franchie; une position voisine de Saint-Martial est enlevée; mais Wellington, malgré le secret de cette opération, continue à être toujours si bien instruit des desseins du maréchal, qu'à trois heures du matin, dans la nuit du 30 au 31 août, il a fait attaquer le général Raimond sur les deux rives de la Nivelle ; que, la veille, l'armée espagnole du général Frayre a été renforcée, que les ordres ont été donnés pour soutenir l'attaque des Français en arrière d'Irun et en avant de Saint-Martial, et que le général Hill a été chargé de reprendre l'offensive à Sarre et à Urbach. Il fallait aussi occuper la garnison de Saint-Sébastien, dont la valeur éprouvée menaçait la gauche de l'armée combinée d'une diversion inquiétante, et ce même jour 31 août, sir Graham a reçu l'ordre impératif d'enlever Saint-Sébastien. Pour la quatrième fois, l'ennemi débouche de ses tranchées et paraît au pied des brèches qu'il a déjà arrosées de tant de sang. Quatre fois l'assaut est donné, quatre fois il est repoussé. Tout ce que la bravoure a de plus impétueux est employé des deux côtés. Enfin trois régimens anglais ont l'ordre d'enlever à tout prix la courtine attaquée, et ils se précipitent tête baissée sur les Français. L'invincible garnison les reçoit avec sa vigueur accoutumée, et le même sort qui a détruit les assiégeans sur les brèches de Saint-Sébastien est réservé aux trois régimens, quand l'explosion subite d'un amas d'artifices entassés sur la courtine pour la défense de la brèche jette parmi les Français une confusion fatale, dont l'ennemi a su profiter. Un nouvel assaut, à qui ce désastre imprévu donne une force puissante, est ordonné, et après deux heures d'un combat acharné, l'ennemi parvient à se loger sur la brèche. A la fin de la journée, sans avoir cessé un moment de combattre et de défendre pied à pied les ruines de Saint-Sébastien foudroyées depuis le matin, la garnison, réduite à mille trois cents combattans, parvient à se retirer, par le port, dans le fort la Mothe. Les Anglais s'emparent ainsi de ce monceau de cendres qui s'appelle Saint-Sébastien, et trois mille hommes manquent dans leurs rangs. La barbarie la plus affreuse déshonore le triomphe de sir Graham : pendant quatre jours, sous les yeux des chefs des deux nations, sans distinction de sexe ni d'âge, la population fut égorgée, et la ville fut brûlée par les libérateurs de l'Espagne. Dix-sept maisons survécurent à cette exécrable destruction ; elles furent sans doute défendues par les états-majors de l'armée de sir Graham, qui laissèrent le reste à la férocité du soldat. Quand ce grand crime fut achevé, on dit que les Anglais et les Espagnols en éprouvèrent une telle horreur qu'ils s'en reprochèrent mutuellement la détestable invention. Le crime reste aux deux nations ; les mille trois cents braves Français enfermés au fort Lamothe en furent les témoins malheureux et les juges inexorables.

La seconde tentative du maréchal Soult n'est point, comme la première, entravée par les retards de ses généraux, mais par les masses ennemies qui, malgré le silence dont il avait couvert cette nouvelle entreprise, avaient été portées contre les corps de son armée dans le moment même où commençait leur mouvement. Cette trahison, dont une infâme vénalité fut peut-être le moyen, est jusqu'à présent restée inconnue; elle fut bien funeste, elle ouvrit à l'étranger une barrière qu'il ne devait jamais franchir. Le maréchal, voyant son expédition avortée, ne s'obstine point à vouloir recueillir quelques avantages sans but des succès partiels que pouvaient obtenir les généraux Reille et Clausel ; d'ailleurs le général Drouet d'Erlon était en péril sur la haute Nivelle; en conséquence il ordonne le passage de la Bidassoa et la retraite, le soir même. Tout à coup un violent orage, qui fait grossir les eaux de la rivière, menace d'en rendre le passage impraticable. Cependant le corps de Reille et les réserves de Villatte se pressent d'atteindre les ponts qui ont été jetés le matin, et parviennent sur l'autre rive. Mais bientôt ces ponts sont emportés par la violence des courans et du reflux de la mer, et le corps de Clausel est forcé d'attendre le jour sur la rive gauche. Mais le 1er. septembre, l'orage continuait, et la Bidassoa n'était qu'un vaste torrent. Il fallut remonter jusqu'au pont de Béra, à une demi-lieue; ce passage est dominé par un couvent crénelé, où l'ennemi s'est établi. Mille Français paient de leur sang le salut du corps de Clausel, qui va reprendre sa position dans les lignes d'Ascain. L'intrépide général Vander Maesen, qui, à la tête de deux cents tirailleurs, a tenu en respect la garnison ennemie, tombe frappé d'une balle. Le général Lamartinière, son ami, est blessé mortellement, et peu de jours après meurt à Saint-Jean-de-Luz. Le corps de Vander-Maesen fut déposé sur le sommet de la Bayonnette, en face de Béra où il avait si vaillamment combattu. Leur amitié, leur bravoure et leur fin appelèrent sur ces deux généraux les regrets de toute l'armée.

Le brave général Rey, désormais isolé de l'armée, et dans l'espoir de conserver à la France ce petit nombre d'intrépides soldats qui ont survécu à la défense de Saint-Sébastien, propose au général Graham une suspension d'armes de quinze jours, après laquelle il s'engage à remettre le fort Lamothe, si sa garnison n'est pas secourue, et il demande de rentrer en France avec elle. Cette proposition est refusée par le destructeur de Saint-Sébastien. Pendant quatre jours, le feu de cinquante-quatre pièces de canon ne cesse de battre le fort, dont à la fin tous les parapets sont rasés. Enfin, le 8 septembre, à la fois mitraillés par terre et par mer, sans abris, sans eau, sans vivres, sans munitions, onze cent trente-cinq hommes, dont cinq cents soixante-dix blessés capitulent et sortent à midi avec les honneurs de la guerre. Transportés en Angleterre, ils durent à leur conduite héroïque d'être échangés au commencement de 1814, où ils revinrent prendre leur place de bataille parmi les cinquante mille Français avec lesquels Napoléon défendit la patrie pendant quatre mois contre un million d'étrangers.

Il ne faut pas perdre de vue ce passage de la lettre de Napoléon au maréchal, du 1er. juillet, où il dit : *Vous prendrez toutes les mesures pour rétablir mes affaires en Espagne et pour conserver Pampelune, Saint-Sébastien et Pancorbo.*

Il paraît que cette intention fut manifestée de nouveau du quartier-impérial de Dresde au maréchal Soult, et que les deux tentatives malheureuses qui avaient eu lieu, furent le résultat des ordres les plus impératifs. Il était, comme le prouve toute la vie de Napoléon, dans le caractère de ce prince de ne jamais désespérer, et de chercher à vaincre la fortune par la constance même la plus audacieuse; d'ailleurs, il y avait nécessité pour ce prince à venger en Espagne le désastre de Vittoria, dont l'influence agissait chaque jour si puissamment contre lui sur les conseils de ses ennemis et sur ses alliances. Certes, si le maréchal avait pu débloquer Pampelune et Saint-Sébastien, ce qui devait résulter de l'obéissance et de l'ensemble de ses généraux à la première tentative du 31 juillet et peut-être à la seconde, il reportait sur l'Èbre la guerre des

Pyrénées : cette guerre redevenait une guerre d'Espagne, qui, vaillamment secondée par les armées victorieuses de Catalogne et d'Aragon, eût peut-être empêché l'Autriche de rompre, le 10 août, la négociation privée du duc de Vicence et de publier son manifeste. Napoléon avait jugé, avec une merveilleuse sagacité, l'importance d'un grand succès en Espagne.

L'armée française a fait des pertes ; elle opère sa retraite pour la troisième fois depuis le 21 juin, jour de la catastrophe de Vittoria. A présent le rôle de Wellington va changer, il va prendre celui d'agresseur. Le mois de septembre a été consacré des deux côtés à de nouveaux travaux de défense, à de nouvelles dispositions d'attaque. L'armée combinée se concentre, et reçoit une organisation plus convenable aux projets du généralissime. Enfin, le 7 octobre, le maréchal Soult, qui n'a pas comme le généralissime la ressource d'émissaires dévoués et actifs, apprend le passage de la Bidassoa par l'armée combinée, pendant qu'à cinq lieues de l'extrême droite de cette armée il passe une revue aux camps de Sarre et d'Espolette. Les Français, surpris sur toute leur ligne par des forces supérieures dont rien la veille n'a trahi le mouvement, perdent leurs positions de la Croix-des-Bouquets, de la Bayonnette, d'Urdach et de Sainte-Barbe. Il ne reste plus au maréchal que la ligne en avant de la Nivelle ;

mais elle est interrompue par la perte de la redoute de Sainte-Barbe qui en est la clef, et dans la nuit du 12 au 13, cette redoute est enlevée à la baïonnette par le général Conroux. Vainement, au point du jour, l'ennemi est revenu en forces pour reprendre cette position, qui garantit la nouvelle ligne française; ils sont repoussés avec perte, et l'armée du maréchal est de nouveau rendue, pendant tout le mois d'octobre, à un repos absolu. La capitulation de Pampelune, le 21 du même mois, après cinq mois de blocus, rompit seule le silence où se renferma tout à coup le camp ennemi après les affaires de la Bidassoa et de la Sainte-Barbe. La garnison fut, ainsi que le général Cassan, gouverneur, envoyée prisonnière en Angleterre, et les troupes du blocus vinrent grossir l'armée combinée. Le maréchal Soult ignore le nouvel avantage que son adversaire retire de la prise de Pampelune, qui s'est rendue faute de subsistances. L'officier français, chargé de lui en porter la nouvelle, est honteusement retenu dans le camp ennemi. Wellington veut dérober au maréchal le surcroît de forces ralliées à son drapeau.

Cependant le maréchal voit arriver à son armée une grande partie des trente mille conscrits dont, sur sa demande, la levée a été décrétée le 28 août. Ces jeunes Français remplissent avec joie les intervalles laissés dans la vieille armée par la perte de tant de braves. Un système imposant d'ouvrages fortifiés couvre la chaîne des Pyrénées depuis Saint-Jean-de-Luz jusqu'au Mondarraïn; les débouchés du Bidarry et de Saint-Jean-Pied-de-Port sont étroitement gardés : le fort de Sainte-Barbe a reçu de plus grands développemens. Il défend cet intervalle d'une demi-lieue, qui ouvre à l'ennemi un débouché facile sur la France. Ces travaux sont achevés le 20 octobre; ceux d'une seconde ligne, qui s'étend de Saint-Jean-de-Luz à Combo, et d'une troisième d'Ustaritz à Bidard, sont commencés, et de toutes parts s'élèvent les retranchemens. L'artillerie est transportée sur des points reconnus jusqu'alors inaccessibles, tels que le rocher du Mondarraïn. Les canons de fer de la marine de Bayonne, qui ont soutenu sur les mers l'honneur du pavillon français, sont hissés, portés à bras sur les escarpemens des Pyrénées, pour y défendre l'aigle impériale. Mais le 10 novembre, une attaque générale, combinée avec le secret qui couvre toujours les opérations du généralissime, enlève au maréchal le fruit de tant de travaux. Le soir l'ennemi était maître de sept positions sur le territoire français, et le lendemain il entrait à Saint-Jean-de-Luz que le maréchal a dû évacuer pour prendre position sur la troisième ligne à peine terminée. Le général Foy, qui était chargé d'opérer contre la droite de l'ennemi, avait abordé Morillo avec une rare intrépidité, l'avait culbuté, l'avait poursuivi jusqu'au col de Maya, et avait jeté la terreur sur la droite de la ligne ennemie. Mais la perte des camps de Sarre et de Suraïde rendit ses succès inutiles; il eut seul l'honneur de cette fatale journée, et se replia avec le plus grand ordre sur Combo avec quelques trophées, des prisonniers, des bagages et des troupeaux. La journée du 10 novembre coûta aux deux armées environ trente mille hommes. L'armée française eut à regretter le brave général Conroux, qui avait prédit que le camp de Sarre serait son tombeau.

L'ennemi est devenu le maître des débouchés depuis Saint-Jean-de-Luz jusqu'à la haute Nive. Cette rivière n'est plus guéable. Le maréchal y voit une défense naturelle. Le général Foy a fait sauter le pont de Combo, où il a été attaqué la veille, et s'est retranché sur la rive droite. Le maréchal veut isoler l'armée ennemie à Saint-Jean-de-Luz, à Ustaritz et à Espolette, et lui interdire toute invasion dans le reste du département des Basses-Pyrénées. Il établit son quartier-général à Bayonne le 12, et groupe autour de cette ville ses quatre corps d'armée, sur les routes qui y conduisent des positions ennemies et sur la rive droite de la Nive. Bayonne est couverte par d'immenses travaux qui la défendent du côté du château de Marrac, et sur les routes de Saint-Jean-Pied-de-Port et de Saint-Jean-de-Luz. Ces ouvrages sont protégés par un vaste camp retranché qui s'appuie à trois cents toises en avant des glacis sur l'Adour et sur la Nive. Un pont de bateaux sur la Nive est la communication de la place avec les camps retranchés. Les hauteurs qui dominent la citadelle sont couronnées de redoutes. Quatorze mille hommes, au lieu de huit mille, forment la garnison.

Wellington, qui n'attaque qu'une fois par mois, aussitôt que la Nive est devenue guéable, donne, le 9 décembre, le signal d'une attaque générale. Une partie de son armée parvient à passer cette rivière, et s'établit, après la plus opiniâtre résistance sur ses deux rives depuis la ville de Combo jusqu'à Villa-Franca, à deux lieues de Bayonne. De retour à son quartier-général, le maréchal conçoit le grand projet de profiter de la séparation de l'armée ennemie par la Nive, pour l'attaquer sur les deux rives. L'attaque a lieu le lendemain; mais le mauvais temps détruit une partie des espérances de l'armée, et après une affaire très-chaude, qui coûte trois mille hommes aux Français et six mille à l'ennemi, il a été impossible de forcer ses positions. Le système de la défection allemande sur l'Elbe enlève au maréchal, dans la nuit du 10 au 11 décembre, seize cents hommes des contingens de Nassau et de Francfort; mais ces braves qui depuis long-temps partagent les périls et la gloire du drapeau français, forcés d'obéir à l'ordre de leurs souverains, ne souillent point leurs armes et déclarent qu'ils ne s'en serviront point contre l'armée d'Espagne.

Cependant quelques mouvemens sur la droite de l'armée ennemie sont signalés dans la matinée du 12 par le général Drouet, et le maréchal veut les prevenir aussi par une attaque combinée qui décide ce qu'il a voulu obtenir la veille. Il ordonne d'exécuter dans la nuit suivante un contre-mouvement général. Les ténèbres ont dérobé à l'ennemi une savante manœuvre; il va enfin l'aborder avec des forces égales. Au point du jour, l'attaque a commencé. L'ennemi est abordé sur tous les points; mais, au lieu de quinze mille hommes que l'on croit surprendre, quarante mille se trouvent en ligne. On a remarqué que nos feux ont été éteints où ils devaient être allumés. Si Wellington n'a pas été averti, comment a-t-il pu deviner le point d'une attaque dont tous les préparatifs, tous les mouvemens ont été confiés à une nuit profondément obscure du mois de décembre! Cependant malgré la supériorité du nombre de ses troupes, sa défaite est certaine. Le général Abbé, officier de la plus grande résolution, a forcé tous ses postes à la baïonnette : le général Foy a obtenu le même succès. La droite de l'ennemi est tournée. Sa retraite a commencé; mais des renforts considérables de troupes fraîches ont tout à coup passé la rive droite. Malgré ce secours toutefois, le général Abbé conservera la position importante qu'il a enlevée, s'il est secouru. Il ne l'est pas; sa troupe est foudroyée; il doit céder du terrain. Deux fois il la ramène à la position où tant de forces sont réunies contre lui; mais à la fin, se voyant seul, il a dû se replier ainsi que le général Foy. Wellington, qui a désespéré de la victoire, profite du défaut d'ensemble qui vient de détruire la brillante opération du général Abbé et du général Foy, et parvient à faire appuyer sa droite par une forte colonne. La bataille se prolonge toute la soirée; elle fut très-meurtrière. L'ennemi perdit six mille hommes; les Français environ quatre mille. Du 9 au 13 décembre, les combats sanglans de la Nive coûtèrent vingt-six mille hommes aux deux armées, dont dix mille à celle du maréchal. Deux fois Wellington fut au moment d'ordonner la retraite; le 10, devant le général Clausel, le 13 devant le général Abbé. Deux fois il fut sauvé par l'arrivée de ses renforts, et par des fautes militaires bien disparates, le 10 par les retards, le 13 par la précipitation. D'autres causes, observées alors, échappèrent aux recherches du maréchal, dont les plans et surtout le dernier étaient conçus avec une sagesse et entrepris avec une vigueur au-dessus de toute critique. Il avait fallu six mois au généralissime Wellington pour mettre le pied sur le territoire français avec une aussi nombreuse armée et toute l'insurrection espagnole. D'illustres faits d'armes, perdus dans les escarpemens des Pyrénées et dans les désastres de la grande armée d'Allemagne, honorèrent les derniers travaux de l'armée d'Espagne sous le maréchal Soult. Les généraux Clausel, Foy, Abbé, Conroux, Vander-Maesen, Lamartinière, Maucune, etc., attachèrent leurs noms à cette campagne vigoureuse, où la gloire française soutint le dernier vol de l'aigle impériale sur les sommets des Pyrénées.

A la fin de 1813, telle était la position respective des deux armées.

L'armée ennemie avait sa droite appuyée à l'Adour, sa gauche à la mer, son centre à Uztaritz et Villa-Franca; elle occupait une circonférence de trois lieues de rayon autour de Bayonne. Le quartier-général resta à Saint-Jean-de-Luz. L'armée française, obligée de changer sa ligne d'opérations par la position de l'ennemi sur l'Adour, avait son aile droite en avant de Marac et de la porte d'Espagne, une réserve à Saint-Étienne, en avant de la citadelle de Bayonne : son centre gardait la ligne de l'Adour depuis Saint-Esprit jusqu'à l'embouchure des Gaves, la droite en avant de la Bidouze, une brigade en avant de Saint-Jean-Pied-de-Port. L'armée s'étendait aussi par une courbe de l'embouchure de l'Adour à Saint-Jean-Pied-de-Port. Le grand quartier-général était à Peyrehorade, presque au centre de la nouvelle ligne, non loin du confluent de l'Adour et des Gaves.

Il ne reste plus aux Français en Espagne que le petit port de Santona, qui, presque sans défense, partagera avec Hambourg, à l'autre extrémité de l'Europe, l'honneur de conserver le drapeau français jusqu'au traité de Fontainebleau.

CHAPITRE XX.

Affaires d'Italie.

Le 18 mai, le prince vice-roi était arrivé à Milan. A cette époque, Napoléon, quelque éclairé qu'il fût par la correspondance de son ambassadeur à Vienne sur la nouvelle politique de cette cour, était encore bien éloigné de croire que son beau-père dût bientôt paraître armé à la tête de ses ennemis ; aussi le principal motif du départ du vice-roi de la grande armée était bien moins l'intention de menacer l'Autriche par ses états héréditaires, que de la décider, par la formation d'une armée de cinquante mille hommes sur l'Adriatique, soit à conserver l'alliance, soit au moins à se renfermer dans les bornes d'une rigoureuse neutralité. Il y avait donc prudence politique de la part de Napoléon plutôt encore que prévoyance militaire dans l'envoi du prince Eugène à Milan, et dans le décret qui rendit ce prince maître de l'organisation de sa nouvelle armée. Mais il y eut imprévoyance totale dans le mode de formation de cette armée, en affectant aux drapeaux d'Italie les conscriptions des sujets français d'Italie, depuis la Lombardie jusques et y compris les départemens situés au pied des Alpes. En effet, si les dangers de la mère-patrie devaient appeler un jour à son secours l'armée du vice-roi, il était à craindre que cette armée ne préférât le sol natal au sol adoptif, et n'abandonnât sa métropole envahie à des destinées devenues subitement étrangères aux habitans du Piémont, de la Toscane, des états romains, etc.; ce qui ne pouvait arriver si, au lieu de ces populations dont il était douteux de pouvoir asservir le patriotisme au point de les exiler dans une défense toute française, Napoléon eût mis à la disposition du prince Eugène une partie des conscriptions de l'ancienne France. Ces vieux Français eussent entraîné les nouveaux avec eux, ou bien seuls, sous leur drapeau national, ils eussent été grossir à Lyon, au moment du péril, l'armée d'Augereau, vers laquelle se seraient alors avancées à grandes journées les armées combinées de Toulouse et de Narbonne, sous les ordres du généralissime Soult et du maréchal Suchet. Mais si Napoléon négligea cette considération par une imprévoyance alors excusable, il obtint ce qu'il voulait, la création subite d'une armée en Italie.

Dans le mois de juillet, le vice roi avait sous ses drapeaux cinquante-deux mille trois cents hommes, dont quarante-cinq mille fantassins et quinze cents cavaliers présens sous les armes. Cette armée était divisée en trois lieutenances générales, la première sous les ordres du comte Grenier, la deuxième sous ceux du comte Verdier, la troisième sous le comte Pino. Le général Mermet commandait la cavalerie, le général Bonfanti la réserve, le général Saint-Laurent l'artillerie, le colonel Moydier le génie, et le comte Vignolles était chef d'état-major général. Le général de division d'Anthouard était premier aide-de-camp du prince vice-roi.

Dans le mois d'août, les Autrichiens, sous les ordres du feld-maréchal Hiller, firent soulever l'Illyrie et la Croatie française. Le prince se hâta de prendre la ligne de la Save, se porta sur Goritz le 19, et fit occuper Wippach, Alpen, Tarvis, Villach, Leybach et Trieste. Le général Jeanin fut attaqué à Karlstadt, où il ne put se défendre parce qu'il fut abandonné par ses Croates, et il n'eut que le temps d'arriver presque seul à Fiume. Le mouvement offensif des Autrichiens, précédé de l'insurrection des provinces réunies à la France, avait eu lieu le 17, le lendemain de l'expiration de l'armistice. La ligne de la Save était déjà dépassée par l'ennemi. Le vice-roi craignit pour sa gauche, et s'y porta lui-même. En effet, Villach avait été attaquée, évacuée, reprise et abandonnée. Le 28 août, le vice-roi attaqua les Autrichiens en position à Rossek, reprit Villach, et y établit son quartier-général.

Sur la droite, une affaire avait lieu à Krainbourg le 30 septembre. Cette ville était évacuée par le général Betolli; mais, le 2 août, le vice-roi fit attaquer l'ennemi : cette ville fut reprise, et le général Pino s'y établit. Le projet de l'ennemi était d'obliger l'armée d'Italie à se replier derrière l'Isonzo et les Alpes Juliennes. Il avait perdu le passage de la Drave par la perte de Villach, mais il avait fortifié Feistritz, et de cette place il menaçait Tarvis et Arnoldstein. Le vice-roi donna ordre d'attaquer Feistritz. Le 6 septembre, après un combat très-opiniâtre, le général Grenier avait enlevé les retranchemens et toute la position. Le 8, le vice-roi ordonna le mouvement sur Lippa; le 10, il plaça son armée derrière la Drave et la Saale, et le 11 il porta son quartier-général à Laybach. Les 14 et 15 septembre, les Autrichiens furent chassés de Lippa et de Fiume. Le général Pino termina sa carrière militaire par ce dernier succès; il demanda sa retraite, et fut remplacé par le général Palombini, Romain.

Le traité de Ried, entre l'Autriche et la Bavière, venait tout à coup d'ouvrir les défilés du Tyrol aux troupes autrichiennes, et donnait à la guerre d'Italie un caractère plus dangereux. Le vice-roi jugeant alors sa ligne trop étendue, organisa son armée en deux corps, dont il commanda le premier et le général Grenier le second. Il se trouve, comme son père adoptif, les armes à la main contre son beau-père. Comme Napoléon, il est trahi sous ses tentes ; comme Napoléon, il commande une armée de recrues contre les vieux soldats autrichiens, anciens prisonniers de la victoire française. Il marche aussi entre deux défections : au Nord, celle du roi de Bavière, que son propre général, le général de Wrede, entraîne dans le système de la cour de Vienne deux mois plus tôt que ce prince ne l'avait annoncé lui-même à son allié Napoléon ; au midi, ce n'est pas une défection, c'est une trahison méditée, qui, sous le nom d'une alliance fraternelle, fait partir de Naples l'armée de Joachim : ce titre, que reconnaissent toujours Napoléon et le vice-roi, qui a appelé Joachim au secours de l'Italie, ouvre au roi de Naples les villes, les arsenaux, les magasins des provinces françaises et italiennes. Trois colonnes, à longs intervalles, sont sorties du royaume de Naples, et par trois routes différentes occupent le pays qui est en deçà du Pô ; elles laissent sur leur passage toutes les traces d'une occupation combinée depuis Rome jusqu'aux frontières du Milanais. Si c'est un ami qui marche, l'Italie est sauvée ; la route de Vienne reverra les légions françaises ; l'empire pourra apprendre bientôt pour la troisième fois l'occupation de la capitale de l'Autriche, et alors Napoléon devra son salut à ceux à qui il a confié depuis long-temps les insignes royales de l'Italie, pour les défendre jusqu'à la mort contre les ennemis de la France. Tous deux sont ses élèves, ses compagnons d'armes; l'un est son fils adoptif, l'autre est son beau-frère.

La tâche du prince Eugène est cruelle : il est condamné à redescendre, les armes à la main, les premiers degrés de la gloire militaire de Napoléon. Cette marche glorieusement rétrograde commence au Tyrol : ce ne sont plus les sommets, ce sont les pentes des Alpes qu'il doit franchir. Après avoir jeté des forces dans Palma-Nova et organisé la défense de Venise, obligé de quitter Bautzen, Brixen et Trente, il doit se retirer d'abord sur le Tagliamento, ensuite sur l'Adige. Sa jeune armée est affaiblie par des combats continuels, par les maladies, par les garnisons laissées dans les places, tandis que celle de l'ennemi se recrute d'un autre tugendbund qui rend toute la population son auxiliaire. Le 5 novembre, l'armée est sur l'Adige; elle occupe Vérone, Legnago, Ronco, les positions de Rivoli, de la Corona, Roverchiaro, Desenzano, Salo, les vallées du Brescian. Triste et dernier hommage de la valeur italienne et française, l'armée d'Eugène va sacrifier aux grands souvenirs de ces lieux si historiques quelques centaines d'Autrichiens dans les gorges du Tyrol! Le 15 novembre, un combat à Caldiero coûte trois mille hommes à l'ennemi. Battu à Saint-Michel le 27 novembre, il est obligé d'évacuer Ferrare : le 3 décembre, il est repoussé à Rovigo. L'opiniâtreté qui attache l'ennemi aux territoires de Ferrare et de Rovigo, n'est pas cette opiniâtreté militaire qui rend les efforts glorieux et leur assure une belle renommée. Les Autrichiens savent que derrière le vice-roi, Joachim a planté ses tentes, et qu'il y attend la réponse aux négociations ouvertes à Naples avec l'Autrichien Neipperg et l'Anglais Bentinck. C'est là qu'ils doivent donner la main aux Napolitains pour écraser de concert leurs amis, leurs alliés de la veille! Le combat de Boara venait d'assurer au général autrichien Nugent la liberté de ses communications. Il s'était porté le 10 décembre à Ravenne, d'où il adressait des proclamations, aux peuples d'Italie; il leur promettait sous la maison d'Autriche, le bonheur dont ils jouissent à présent. Dans celles dont il couvre l'Italie, Joachim lui assure fastueusement son indépendance. Cependant le vice-roi inquiet de l'attitude des Napolitains, à qui il avait plusieurs fois offert l'honneur de partager avec lui la défense de la patrie italienne et de la patrie française, jugea devoir faire construire un pont à Borgo-Forte et armer le fort de Plaisance pour défendre le passage du Pô.

Zara venait de succomber à un siége et à un bombardement par la défection d'un bataillon de Croates. Huit cent quarante Français sortirent de la place par capitulation avec les honneurs militaires. Venise était étroitement bloquée, mais l'ennemi était journellement repoussé dans ses attaques : cette ville n'avait plus de communication possible avec le continent. Le 19, les Autrichiens furent battus à Cartaguaro. Dans les derniers jours de décembre, la trahison de Joachim se consommait : ses troupes arrivaient à Rimini et à Imola. Les Autrichiens occupaient paisiblement sous leurs yeux Faenza et Cesena. Le général napolitain Filangieri refusait de coopérer à une expédition sur Ravenne avec le général du vice-roi qui commandait à Bologne, et avec le commandant de Forli. Les Napolitains étaient entrés à Ancône comme amis et alliés ; ils entrèrent de même à Bologne le 30 décembre. Ce fut alors que le vice-roi, ayant reçu des renforts provenant des troupes revenues d'Espagne et des dépôts d'Alexandrie, réorganisa son armée. Son quartier-général était à Vérone.

CHAPITRE XXI.

Napoléon à Paris.

Le 2 novembre, Napoléon est rentré à Mayence avec les drapeaux que son invincible garde vient de conquérir à Hanau sur les Bavarois. Ces adieux à l'Allemagne jettent un dernier éclat sur les vainqueurs de Lutzen, de Bautzen, de Würschen, de Dresde, sur les braves trahis à Leipsick, sur les vengeurs de la déloyauté du général de Wrède. Mais Napoléon refuse tout de cette dernière gloire qui s'exile avec lui de la terre germanique. Ce n'est qu'à regret qu'il a porté des armes vengeresses contre les bataillons qui depuis tant d'années étaient si heureux et si fiers de marcher sous son commandement. Il les a reconnus à Hanau ; ce sont les mêmes au milieu desquels, confiant alors dans la loyauté allemande, seul, avec une escorte des dragons de sa garde, il alla placer son aigle, en 1809, contre ces mêmes Autrichiens qu'il vient de combattre dans les rangs bavarois. Ce sont les mêmes avec lesquels il a fait tomber le 23 avril les murs de Ratisbonne, avec lesquels il a rendu la Bavière à leur souverain qu'il avait fait roi, avec lesquels il a pris Vienne pour la seconde fois! il a revu sur leurs poitrines, sur celle de leur général, la décoration de l'honneur, dont à Friedland, le 14 juin 1807 contre les Russes, et à Ratisbonne le 23 avril 1809 contre les Autrichiens, il dota à pleines mains leur bravoure et leur fidélité. En 1809, la Russie marchait aussi avec lui contre l'Autriche! Il est vrai que l'année précédente l'Autriche marchait avec lui contre la Russie, que trois mois plus tôt seulement elle traitait avec lui comme alliée, et qu'encore à présent, où cette cour, qui est sa famille, le dévoue à la proscription sous la solde britannique, il sépare au nom de l'impératrice et du roi de Rome les sentimens qu'il suppose à son beau-père, des intérêts qui arment contre lui la politique de l'empereur d'Autriche. Obsédé de ces funestes rapprochemens, Napoléon jette des regards plus douloureux sur l'armée mutilée, qui se presse autour de lui à Mayence, et il les détourne de ces drapeaux flétris autrichiens et bavarois dont pour elle et pour lui il dédaigne le trophée!

Les six jours que Napoléon passe à Mayence sont consacrés à une nouvelle organisation de son armée : le duc de Tarente est chargé de défendre le Rhin à Cologne; le duc de Raguse commande les forces rassemblées à Mayence; le duc de Bellune part pour Strasbourg; le duc de Valmy va prendre à Metz le commandement des réserves. Le général Bertrand qui, le lendemain de la bataille de Hanau, a livré aux Allemands le dernier combat sur les bords de la Kintzig, est placé en première ligne pour couvrir la frontière provisoire du Rhin à Hockeim, en avant de cette fameuse tête de pont de Cassel, inexpugnable boulevart de la ville de Mayence. Un camp retranché va s'ouvrir dans cette position avancée, sur les hauteurs où le quatrième corps a arrêté sa retraite victorieuse. Tout le reste de l'armée est rentré dans cette grande limite que la nature et la république avaient donnée à la patrie française, et Napoléon va la réclamer hautement dans la fallacieuse négociation, que la peur du sol français médite à Francfort. Le 9, Napoléon est arrivé au palais de Saint-Cloud.

La campagne s'était ouverte par l'arrestation, contre le droit des gens, d'un secrétaire de légation du baron de Saint-Aignan, ministre de France près les cours ducales de Saxe. Elle se terminait par la même violation sur la personne de ce ministre, dont le droit de la force venait de faire un prisonnier de guerre. On l'emmenait à sa destination en Russie, quand il fut subitement appelé par le comte de Metternich, à Francfort, où se trouvaient également le comte de Nesselrode et lord Aberdeen. Le motif de la conférence qui eut lieu entre ces quatre personnages aurait pu être sans doute une réponse à faire à la dernière note du duc de Bassano, après la rupture de Prague. Mais la négociation dont Napoléon avait chargé lui-même le comte de Meerfeld, son prisonnier à l'affaire de Wachau, événement qu'un reste de pudeur ne pouvait condamner à l'oubli, parut aux ministres de la coalition un moyen plus capable de voiler aux yeux de l'Europe l'exécution des projets arrêtés contre Napoléon.

La note du baron de Saint-Aignan éclaircit suffisamment cette iniquité mystérieuse, improvisée, à l'aspect du sol redoutable de la France, sur une démarche toute généreuse confiée sur le champ de bataille par la loyauté du vainqueur à la loyauté de son prisonnier.

Note écrite à Francfort, le 9 novembre 1813, par M. le baron de Saint-Aignan.

« M. le comte de Metternich m'a dit que la circonstance qui m'a amené au quartier-général de l'empereur d'Autriche pouvait rendre convenable de me charger de porter à S. M. l'empereur la réponse aux propositions qu'elle a fait faire par M. de Meerfeld. En conséquence, M. de Metternich et le comte de Nesselrode m'ont demandé de rapporter à sa majesté :

» Que les puissances coalisées étaient engagées par des liens indissolubles qui faisaient leur force, et dont elles ne dévieraient jamais;

» Que les engagemens réciproques qu'elles avaient contractés leur avaient fait prendre la résolution de ne faire qu'une paix générale;

» Que lors du congrès de Prague, on avait pu penser à une paix continentale, parce que les circonstances n'auraient pas donné le temps de s'entendre pour traiter autrement; mais que, depuis, les intentions de toutes les puissances et celles de l'Angleterre étaient connues; qu'ainsi il était inutile de penser soit à un armistice, soit à une négociation qui n'eût pas pour principe une paix générale;

» Que les souverains coalisés étaient unanimement d'accord sur la puissance et la prépondérance que la France doit conserver dans son intégrité, et en se renfermant dans ses limites naturelles, qui sont le Rhin, les Alpes et les Pyrénées;

» Que le principe de l'indépendance de l'Allemagne était une condition *sine quâ non*, qu'ainsi la France devait renoncer, non pas à l'influence que tout grand état exerce naturellement sur un état de force inférieure, mais à toute souveraineté sur l'Allemagne; que d'ailleurs c'était un principe que sa majesté avait posé elle-même en disant qu'il était convenable que les grandes puissances fussent séparées par des états plus faibles;

» Que du côté des Pyrénées, l'indépendance de l'Espagne et le rétablissement de l'ancienne dynastie étaient également une condition *sine quâ non*;

qu'en Italie, l'Autriche devait avoir une frontière qui serait un objet de négociation ; que le Piémont offrait plusieurs lignes que l'on pourrait discuter, ainsi que l'état de l'Italie, pourvu toutefois qu'elle fût, comme l'Allemagne, gouvernée d'une manière indépendante de la France, ou de toute autre puissance prépondérante ;

» Que de même, l'état de la Hollande serait un objet de négociation, en partant toujours du principe qu'elle devait être indépendante ;

» Que l'Angleterre était prête à faire les plus grands sacrifices pour la paix, fondée sur ces bases, et à reconnaître la liberté du commerce et de la navigation à laquelle la France a droit de prétendre ;

» Que si ces principes d'une pacification générale étaient agréés par sa majesté, on pourrait neutraliser sur la rive droite du Rhin tel lieu qu'on jugerait convenable, où les plénipotentiaires de toutes les puissances belligérantes se rendraient sur-le-champ, sans cependant que les négociations suspendissent le cours des opérations militaires.

» Le baron DE SAINT-AIGNAN.

» Francfort, le 9 novembre 1813. »

Cette note fut remise par le baron de Saint-Aignan au duc de Bassano qui, dans sa dépêche du 16 du même mois, proposa au comte de Metternich l'ouverture d'un congrès à Manheim, « pour y discuter la paix sur les bases de l'indépendance de toutes les nations, tant sous le point de vue continental que sous le point de vue maritime. »

Le comte de Metternich répondit, le 25, *que ce principe, un peu vague, ne pouvait remplacer les bases générales et sommaires* confiées à M. de Saint-Aignan. Et, tout à coup, le duc de Bassano fut remplacé par le duc de Vicence. Ce changement imprévu dut frapper l'attention publique.

La nomination du duc de Vicence, beau-frère de M. de Saint-Aignan, parut une garantie et une sorte d'avance de la part de Napoléon à la nouvelle négociation ouverte par M. de Metternich. Il n'y eut pas de temps perdu. Le 2 décembre, M. de Vicence écrivit à M. de Metternich « *que l'empereur adhérait aux bases générales et sommaires.* » Le 10 suivant, M. de Metternich répliqua : « Les souverains réunis à Francfort ont reconnu *avec satisfaction* que l'empereur des Français avait adopté des bases essentielles au rétablissement d'un état d'équilibre et à la tranquillité future de l'Europe ; en voulant que cette note fût portée sans délai *à la connaissance de leurs alliés*, ils ne doutaient point qu'après la réception de leurs réponses les négociations ne pussent s'ouvrir. »

Par cette étrange réponse, il devint impossible à l'empereur Napoléon et à son cabinet de se méprendre sur la nature de la négociation de

Francfort ; car la note du baron de Saint-Aignan, écrite sous la dictée de M. de Metternich en présence de M. de Nesselrode et de lord Aberdeen, énonçait formellement *que les intentions des puissances ainsi que de l'Angleterre étaient connues*, et M. de Metternich répondait de Francfort qu'il allait porter la note de M. le duc de Vicence *à la connaissance des alliés!* Quels étaient donc ces alliés, puisque les empereurs de Russie et d'Autriche, le roi de Prusse, étaient à Francfort avec les chefs de leurs cabinets, MM. de Nesselrode, de Metternich, de Hardenberg? Lord Aberdeen y représentait si bien lord Castelreagh, lequel n'était point arrivé, qu'il avait fait partie de la conférence de Francfort, où M. de Saint-Aignan avait été appelé. Ainsi, il n'était plus, il ne pouvait plus être douteux pour Napoléon, que la négociation de Francfort n'eût été un piége, puisqu'il était éconduit quand il acceptait sans restriction les bases imposées par les alliés. Il en eût infailliblement été de même à Prague, si de part et d'autre la première négociation avait été portée à ce point de maturité. Certainement, en admettant un moment une supposition, dont nous croyons avoir démontré toute l'erreur, c'est-à-dire que Napoléon ait pu faire la paix à Prague, au moins est-il impossible de nier que ce prince voulût bien positivement faire la paix au mois de décembre 1813, quand il voyait la France assiégée par un million d'hommes, et la conspiration européenne représentée à Paris par une foule d'oppositions françaises. La paix n'était plus un devoir pour Napoléon, elle était un besoin, une nécessité, une loi de la fortune. A cette époque, il n'y avait que la coalition qui fût assez forte pour la refuser, et elle ne tarda pas à en instruire l'Europe; car ce fut dans ce court intervalle de la réplique de M. de Metternich à la première note du duc de Vicence, que parut la fameuse déclaration de Francfort.

Cette déclaration, avec celle de l'Autriche du 12 août, suffisent pour éclairer la ténébreuse machination ourdie aux conférences de Reichenbach, de Trachemberg et de Peterswaldau, pendant le fatal armistice de Plesswitz, dont la convention ne fut que le prélude de la déclaration de guerre de la cour de Vienne, comme la conférence de Francfort avec M. de Saint-Aignan fut celui de la déclaration du 1er. décembre des puissances alliées. De même M. de Metternich éconduisait à Francfort l'adhésion de Napoléon si clairement exprimée par le duc de Vicence, comme il avait éconduit à Prague la note du 18 août du duc de Bassano, où il était dit : « Le soussigné propose de neutraliser un point sur la frontière pour le lieu des conférences ; de réunir les plénipotentiaires de la France, de l'Autriche, de la Russie, de la Prusse, de la Saxe, de convoquer tous ceux des

puissances belligérantes, et de commencer dans cette auguste assemblée l'œuvre de la paix si vivement désirée par toute l'Europe, etc., etc. »
L'Autriche avait pris son parti quand elle se fit médiatrice, mais il lui fallait du temps pour armer sa médiation. La coalition avait pris aussi son parti de détruire Napoléon et l'empire français, mais elle avait besoin aussi de gagner du temps pour se faire ouvrir les portes de la France.

Déclaration de Francfort du 1er. décembre 1813.

« Le gouvernement français vient d'arrêter une nouvelle levée de trois cent mille conscrits : les motifs du sénatus-consulte renferment une provocation aux puissances alliées. Elles se trouvent appelées à promulguer de nouveau, à la face du monde, les vues qui les guident dans la présente guerre, les principes qui font la base de leur conduite, leurs vœux et leurs déterminations.

» Les puissances alliées ne font point guerre à la France, mais à cette prépondérance hautement annoncée, à cette prépondérance que, pour le malheur de l'Europe et de la France, l'empereur Napoléon a trop long-temps exercée hors des limites de son empire.

» La victoire a conduit les armées alliées sur le Rhin. Le premier usage que LL. MM. impériales et royales ont fait de la victoire, a été d'offrir la paix à S. M. l'empereur des Français.

Une attitude renforcée par l'accession de tous les souverains et princes de l'Allemagne n'a pas eu d'influence sur les conditions de la paix. Ces conditions sont fondées sur l'indépendance de l'empire français, comme sur l'indépendance des autres états de l'Europe. Les vues des puissances sont justes dans leur objet, généreuses et libérales dans leur application, rassurantes pour tous, honorables pour chacun.

» Les souverains alliés désirent que la France soit grande, forte et heureuse, parce que la puissance française grande et forte est une des bases de l'édifice social. Ils désirent que la France soit heureuse; que le commerce français renaisse; que les arts, ces bienfaits de la paix, refleurissent, parce qu'un grand peuple ne saurait être tranquille qu'autant qu'il est heureux. Les puissances confirment à l'empire français une étendue de territoire que n'a jamais connue la France sous ses rois, parce qu'une nation valeureuse ne déchoit pas pour avoir à son tour éprouvé des revers dans une lutte opiniâtre et sanglante, où elle a combattu avec son audace accoutumée.

» Mais les puissances aussi veulent être heureuses et tranquilles; elles veulent un état de paix qui, par une sage répartition de forces, par un juste équilibre, préserve désormais leurs peuples des calamités sans nombre qui depuis vingt ans ont pesé sur l'Europe.

» Les puissances alliées ne poseront pas les armes sans avoir atteint ce grand et bienfaisant résultat, noble objet de leurs efforts ; elles ne poseront pas les armes avant que l'état politique de l'Europe ne soit de nouveau raffermi, avant que des principes immuables n'aient repris leurs droits sur de vaines prétentions, avant que la sainteté des traités n'ait enfin assuré une paix véritable à l'Europe. »

Cette déclaration séparait par un arrêt européen le peuple français de Napoléon, au moment même où l'on venait d'ouvrir avec ce prince une négociation que l'on avait provoquée, et on le dévouait à la haine et à l'abandon de ses propres sujets! et on prononçait à la face du monde, au dix-neuvième siècle, la destruction d'un adversaire qui tenait dans une main le gage du combat qu'il avait dû relever à Prague, et dans l'autre la négociation qu'il venait d'accepter! Napoléon, dans le temps de ses prospérités, avait conçu l'idée d'un haute cour de rois, qui aurait réglé les grands procès politiques. Ce projet se réalisait à Francfort, et il devenait justiciable d'une pensée gigantesque, dont la force, la haine, la vengeance pervertissaient l'exécution.

Mais tandis qu'il est condamné par l'Europe à transformer la France en champ de bataille, il reçoit chaque jour les plus accablantes nouvelles de ses armées. Le maréchal Saint-Cyr, condamné, depuis la perte de la bataille de Leipsick, à ne devoir qu'à une heureuse témérité la délivrance des trente-deux mille hommes qu'il commande à Dresde, a fait, le 11 novembre, une capitulation honorable avec les généraux Tolstoi et Klenau. Mais le système qui a fait trahir toutes les alliances fait trahir les capitulations; et c'est le dernier ambassadeur d'Autriche en France, c'est le prince de Schwartzenberg, qui refuse de ratifier la convention signée par ses lieutenans! Le corps du maréchal était déjà en marche vers la France. C'est dans sa route, sur la foi du traité le plus sacré de la guerre, qu'il est investi, arrêté, désarmé et conduit prisonnier en Autriche! Le premier janvier 1814 verra le même attentat commis sur l'héroïque garnison de Dantzick, autre armée de trente mille hommes, pour lesquels le général Rapp aura capitulé, après un an de combats et de blocus, avec le duc de Wurtemberg. La ratification sera refusée par l'empereur Alexandre. Le 21 novembre, Stettin, après huit mois de blocus, avait dû ouvrir ses portes. Le 24, Amsterdam se rendait au général Bulow, et proclamait l'indépendance de la Hollande et le rappel de la maison d'Orange. Le 2 décembre, Utrecht était au pouvoir de l'ennemi. Le 4, Lubeck était prise par les Suédois. Le 10, les villes de Bréda et de Wilhemstadt s'étaient rendues; et le 15, afin qu'il ne restât plus en Europe un seul allié à la France, le Danemarck devait stipuler un armistice avec les Russes. Privés de leurs alliés, les trente-cinq mille Français que le maréchal Davoust commande à Hambourg, ceux qui étaient appelés à changer la face de la guerre, si le maréchal Oudinot avait pris Berlin, sont condamnés à attendre, dans les remparts qu'ils ont rendus inexpugnables, l'heure de la destruction de l'empire. Un ordre fatal les a retenus! Ils auraient pu, dans les mois d'août et de septembre, aller débloquer Magdebourg, et, réunis à sa garnison, donner cinquante mille hommes à la forte place de Wesel, et ouvrir une belle campagne en Hollande et sur le bas Rhin. Ceux de Dresde, réunis à ceux de Torgau, l'ont-ils pu également? Si cela est, la France aura encore été privée de près de quarante mille défenseurs voisins du théâtre de ses périls, et la patrie aurait à jamais le droit de reprocher aux lieutenans de Napoléon d'avoir été sacrifiée à leur obéissance. Le général Durrieu était parti de Dresde le 6 octobre, emmenant le grand quartier-général auquel étaient réunis près de cinq mille hommes des armes du génie et de l'artillerie, hommes d'élite. La perte de la bataille de Leipsick l'avait forcé de se replier de Duben sur Eulembourg et de cette ville sur Torgau, où il arriva dans la nuit du 19 au 20. A Torgau étaient réunis les dépôts des hôpitaux et de la cavalerie, et vingt-sept mille hommes s'y trouvèrent rassemblés par l'arrivée des troupes commandées par le général Durrieu. Le comte de Narbonne, aide-de-camp de l'empereur, et plénipotentiaire à Prague, est gouverneur de Torgau. Tant d'hommes, tant de malades entassés dans une ville qui ne compte que deux mille cinq cents habitans, bloqués, assiégés, bombardés nuit et jour, sont bientôt dévorés par une contagion qui en moissonne quatre cents par vingt-quatre heures. Blessé d'une chute de cheval, le comte de Narbonne a été emporté par ce terrible fléau. Bientôt ils ne sont plus que mille pour soutenir les travaux du siége ; tout le reste est mort, meurt ou languit dans les hôpitaux. Le général Dutaillis, qui a remplacé le comte de Narbonne, soutiendra jusqu'au dernier moment l'honneur et le malheur de ses troupes ; il n'ouvrira ses portes que quand la dernière subsistance sera épuisée. Le cimetière même a été pris par l'ennemi. La terre pétrifiée par la gelée, ne peut plus s'ouvrir pour recevoir les innombrables victimes du typhus. Les glaces de l'Elbe sont brisées, et les abîmes du fleuve servent de sépulture. Desgenettes, qui a vu la peste à Jaffa, la retrouve sous un autre nom, mais bien plus meurtrière à Torgau. Telles sont les nouvelles que Napoléon reçoit des pays au delà du Rhin.

C'est à présent qu'il peut connaître dans toute son étendue le funeste effet des désastres éprouvés devant Berlin par les maréchaux Oudinot et Ney. Ces revers ont enlevé à la France les cent soixante mille combattans qui, sous des chefs illustres, sont, dans les places de la Vistule, de l'Oder et de l'Elbe, les prisonniers de l'invasion étrangère. Tout a conspiré, tout conspire encore pour lui enlever les immenses ressources que le plus grand état militaire qui ait existé en Europe doit lui laisser encore. Il a accepté, le 2 décembre, les bases de Francfort; et en témoignage de la volonté qu'il a de faire la paix qu'on lui propose, le 11, par le traité de Valençay, il a rendu l'Espagne à Ferdinand. Alors les cent dix mille hommes que, depuis Bayonne jusqu'à Gironne, commandent les maréchaux Soult et Suchet, vont être rendus à la défense de la patrie; il ne peut croire que de perfides retards, apportés par son ministre de la guerre, empêcheront ces armées de se trouver dans un mois au cœur de la France, au-devant de tous ses périls.

Alors aussi, après avoir compté les ennemis étrangers qui bloquent la France, les armées qu'il n'a plus pour les combattre, il fait le dénombrement des ennemis intérieurs, dont les intrigues et les agitations lui montrent plus profond l'abîme qui va engloutir la France et sa fortune. Ce sont les auxiliaires de l'étranger; c'est cette armée qui marche sans bannière, dont les armes sont cachées, dont les mouvemens sont inaperçus, dont l'attaque est perpétuelle, dont son propre palais est peut-être le quartier-général, dont sa destruction est le seul but ; c'est cette armée de coalisés domestiques, aussi différente de mœurs, de langage, de souvenirs, d'intérêts, de passions, que celle qui assiége la France et lui ; c'est celle qui n'assiège réellement que lui, et qui est affectée à sa perte comme sa garde l'est à sa conservation. Il n'y a qu'un mot d'ordre pour les trois partis qui composent cette armée ; ce mot est aussi : MORT A L'ENNEMI COMMUN ! L'un de ces partis, est celui qui a fait le 18 brumaire ; il en veut un second pour le même but qui lui a fait faire le premier, pour conserver et assurer ses dignités et sa fortune de toutes les époques, et non, comme la France l'accepta alors, pour arracher la patrie à l'anarchie directoriale. Ce parti est le moins généreux : c'est encore Fouché, devenu duc d'Otrante, qui en est l'âme ; il en a été, disait-on, l'émissaire à Dresde pendant le séjour de M. de Metternich ; il veut, depuis long-temps, substituer la régence à Napoléon. Il veut, comme il l'a voulu depuis, comme il a eu l'orgueilleuse démence de le croire, au retour de la famille royale, être le premier ministre, le chef politique de l'empire. Les constitutionnels de 1789, les fondateurs de la véritable liberté française, malgré leur antipathie pour cet homme éminemment révolutionnaire et contre-révolutionnaire, se sont groupés autour de lui dans l'espoir de rétablir sous une longue et paisible régence la pureté des principes de l'Assemblée constituante, et de faire de Napoléon II l'élève de la liberté française et peut-être le protecteur de la liberté de l'Europe. Le second parti est moins compliqué, il est le moins nombreux. C'est celui qui voulait un 9 thermidor contre le 18 brumaire; c'est le parti des absolutistes de la république. Il n'y a dans ses rangs ni capitalistes, ni rentiers, ni agioteurs politiques : les premiers veulent la république, plus un roi; ceux-ci veulent la république, moins un roi. Leur doctrine est austère comme celle de la secte religieuse des indépendans qu'ils représentent dans la religion politique; mais les intérêts qu'ils pourraient éveiller reculent devant leurs souvenirs. De telles passions sont éteintes dans cette masse d'hommes sans avenir, qui seuls peuvent les recevoir et les alimenter. L'empire a doté tous les prolétaires. Il n'y a plus de prolétaires en France; ainsi, ce parti serait nul s'il ne votait pas aussi pour le renversement de Napoléon. On ne prend de lui que ce seul vote, qui, au milieu des discussions privées, fait entendre sa mâle énergie. Le troisième parti, le plus dangereux, le plus implacable, parce qu'il est la victime des deux autres, est le parti royaliste; il conçoit la grande idée d'être le plus fort, en prenant pour auxiliaire le million d'étrangers qui va pénétrer en France; il se souvient de Pilnitz et de la Vendée; il se compose du petit nombre de grands seigneurs qui ont constamment refusé les faveurs de Napoléon, et n'ont accepté que l'amnistie de l'émigration, du grand nombre de ceux qui se sont empressés de prendre l'habit de sa cour, qui le portent encore sous ses yeux, attendant l'événement, et enfin, indépendamment de cette foule encore attachée à l'ancienne noblesse, et que l'opportunité des circonstances lui rend tout à coup, les anciens ennemis amnistiés de Napoléon, les nobles du Poitou, de la Bretagne, de l'Anjou, qui ont combattu la république et le consulat, et dont plusieurs ont pris place depuis long-temps dans les rangs de l'armée impériale. Ce parti, le seul belliqueux de ceux qui méditent la ruine de l'empire, est habile, actif, entreprenant. La Vendée est dans Paris; elle a son organisation politique, civile et militaire; elle a la combinaison et la force des sociétés secrètes dont elle a conservé tous les élémens. Ce parti, malgré sa soumission, a toujours regardé comme un interrègne le règne de Napoléon; il a toujours soumis au roi les traités qu'ils a faits avec l'empereur; il ne veut que le roi, et il tient ouverts, dans l'intérieur, des cadres cachés prêts à recevoir les débris de l'empire si, comme il a raison de l'espérer, Napoléon succombe sous le poids des conspirations coalisées de l'intérieur, et sous celui de l'Europe qui attend leur signal sur la rive droite du Rhin.

Mais encore effrayée, malgré ses succès et son innombrable armée, de la nécessité où elle est de fouler le sol de la France, la coalition attendait encore une autre garantie. Immédiatement après la bataille de Leipsick, elle avait employé près des cantons suisses les mêmes séductions qu'auprès des états de la confédération pour les réunir à sa cause. Mais les Suisses, dont la probité était la vraie politique, s'étaient justement retranchés dans le beau privilége que l'Europe avait depuis plusieurs siècles octroyé à la Suisse, celui de rester neutre dans toutes les guerres que les puissances du continent pourraient avoir entre elles. Cette résolution avait été prise le 18 octobre dans une assemblée générale de la confédération, et Napoléon s'était empressé d'y accéder. Dès ce jour sa médiation et son titre de médiateur avaient été supprimés des actes de la confédération ; mais cette neutralité n'ouvrait aux alliés ni la haute Alsace, ni la Franche-Comté, ni la Bresse, et tant que l'est de la France restait invulnérable, ils n'osaient passer le Rhin depuis la Hollande jusqu'au Brisgau. En conséquence ils employèrent avec succès d'abord sur les individus influens, ensuite sur le gouvernement, les moyens dont l'Angleterre s'était servie avec tant de succès, vis-à-vis d'eux-mêmes. Cette négociation eut lieu au quartier-général du prince de Schwartzenberg. Le cordon de neutralité, commandé par M. de Wattewille, eut ordre de se replier dans l'intérieur, et les portes orientales de la France furent ouvertes par les Suisses à deux cent mille hommes, à qui ils livrèrent le Rhin à Bâle, à Rheinfelden et à Schaffouse. La grande armée alliée traversa la Suisse et le comte de Bubna, avec l'armée destinée à agir sur Lyon, en parcourut toute la longueur depuis Bâle jusqu'à Genève qui lui ouvrit ses portes. C'est la droite de la grande armée. Le centre s'est précipité de Bâle sur Huningue et sur Béfort; la gauche sur Colmar où elle est repoussée. La seconde armée, dite de Silésie, sous Blücher, est destinée à agir sur la basse Alsace et sur la Lorraine par Manheim; mais Blücher attend le succès de la violation de la neutralité helvétique par Schwartzenberg, pour tenter son passage à Manheim. La troisième armée est celle du maréchal Bernadotte; elle est composée de tous les ennemis de la France de la ligue du Nord, Suédois, Russes, Anglais, Prussiens, Hanovriens : elle doit envahir la France par la Belgique. Le général Bulow, qui en fait partie, occupe déjà la Hollande. Mais la terreur qu'inspire si justement à Bernadotte ce sol français, qu'il a si bien défendu jadis contre la première coalition, est telle qu'il craint aussi d'y mettre le pied avec la sixième, avant que Blücher n'y ait pénétré. Quelques émissaires de Bernadotte, porteurs d'une proclamation et chargés d'une négociation *toute française*, sont arrivés à Paris. Ils ne trouvent pas leurs anciens amis favorables à ce genre d'intérêt si imprévu, qui vient se glisser dans le danger commun sous la forme d'un parjure national. La proclamation et la négociation repassent la frontière dans le même incognito où elles sont arrivées. Mais une décision extraordinaire des souverains de la coalition interdit l'entrée en France à leur généralissime de l'armée du nord. Cet exil, d'une espèce tout-à-fait nouvelle, retient à Aix-la-Chapelle le prince royal de la Suède.

Cependant, dès le 15 novembre, deux sénatus-consultes avaient pourvu aux besoins de la France sous les rapports politiques et militaires : l'un avait mis trois cent mille hommes à la disposition de Napoléon ; l'autre en fixant au 19 décembre l'ouverture du corps législatif, où Napoléon se proposait de porter la cause de la patrie assiégée, appelait à cette séance, qui devait être mémorable, le corps entier du sénat et le conseil d'état. Cette grande scène de famille mettra en présence Napoléon, le sénat et le corps législatif. Mais ce ne sera pas la nation, dont c'est uniquement la cause, la nation, qui en est le juge naturel, à qui le jugement en sera réservé. Le 17 décembre, un décret impérial a mobilisé cent soixante mille gardes nationales pour renforcer les garnisons de l'intérieur. Enfin, le 19, Napoléon fait en ces termes l'ouverture du corps législatif :

« Sénateurs, conseillers d'état, députés des départemens au corps législatif,

» D'éclatantes victoires ont illustré les armes françaises dans cette campagne ; des défections sans exemple ont rendu ces victoires inutiles : tout a tourné contre nous ; la France même serait en danger sans l'énergie et l'union des Français. Dans ces grandes circonstances, ma première pensée a été de vous appeler près de moi : mon cœur a besoin de la présence et de l'affection de mes sujets. Je n'ai jamais été séduit par la prospérité ; l'adversité me trouvera au-dessus de ses atteintes. J'ai plusieurs fois donné la paix aux nations, lorsqu'elles avaient tout perdu. D'une part de mes conquêtes j'ai élevé des trônes pour des rois qui m'ont abandonné. J'avais conçu et exécuté de grands desseins pour la prospérité et le bonheur du monde..... Monarque et père, je sens que la paix ajoute à la sécurité des trônes et à celle des familles.

» Des négociations ont été entamées avec les puissances coalisées. J'ai adhéré aux bases préliminaires qu'elles ont présentées.... J'ai ordonné qu'on vous communiquât toutes les pièces originales qui se trouvent au portefeuille de mon département des affaires étrangères.... Rien ne s'oppose de ma part au rétablissement de la paix. Je connais et je partage tous les sentimens des Français.... je dis des Français, parce qu'il n'en est aucun qui désirât la paix au prix de l'honneur... Sénateurs, conseillers d'état, députés des départemens, vous êtes les organes naturels de ce trône ; c'est à vous de donner l'exemple d'une énergie qui recommande cette génération aux générations futures. Qu'elles ne disent pas de nous : ils ont sacrifié les premiers intérêts des pays ; ils ont reconnu les lois que l'Angleterre a cherché en vain pendant quatre siècles à imposer à la France. Mes peuples ne peuvent pas craindre que la politique de leur empereur trahisse jamais la gloire nationale. De mon côté, j'ai la confiance que les Français seront constamment dignes d'eux et de moi. »

Ce discours fit sur l'assemblée une impression qui fut bien loin d'être unanime.

Le duc de Vicence, ministre des affaires étrangères, fut chargé des communications à la commission du sénat, et le conseiller d'état d'Hauterise à celle du corps législatif. Celle-ci s'assembla chez l'archichancelier. La commission du sénat se réunit dans son palais ; elle communiqua avec le ministre par M. de Fontanes, son rapporteur. Le ministre d'état, comte Regnault, fut chargé des messages. La commission du sénat, présidée par M. de Lacépède, était composée de MM. de Talleyrand, de Fontanes, de Saint-Marsan, de

Barbé-Marbois et de Beurnonville : celle du corps législatif, présidée par le duc de Massa, était composée de MM. Raynouard l'aîné, Gallois, Flaugergues et Maine de Biran. Le 30, une députation du sénat fut admise à présenter le rapport de sa commission. Le sénat approuvait tous les sacrifices demandés à la France dans le but de la paix ; il suppliait l'empereur de faire un dernier effort pour l'obtenir : « C'est le vœu de la France, Sire, disait la députation ; c'est le besoin de l'humanité. Si l'ennemi persiste dans ses refus, eh bien ! nous combattrons pour la patrie entre les tombeaux de nos pères et les berceaux de de nos enfans. » L'empereur répondit : Ma vie n'a qu'un but, le bonheur des Français ; cependant le Béarn, l'Alsace, la Franche-Comté, le Brabant sont entamés. Les cris de cette partie de ma famille me déchirent l'âme ; j'appelle les Français au secours des Français ; j'appelle les Français de Paris, de la Bretagne, de la Normandie, de la Champagne, de la Bourgogne et d'autres départemens, au secours de leurs frères. Les abandonnerons-nous dans leur malheur ? Paix et délivrance de notre territoire doit être notre cri de ralliement. A l'aspect de tout ce peuple en armes, l'étranger fuira, ou signera la paix *sur les bases qu'il a lui-même proposées. Il n'est plus question de recouvrer les conquêtes que nous avions faites.* »

Le rapport de la commission du sénat développa noblement l'opinion générale, qui, tout en justifiant ses vœux pour une paix prochaine, justifiait également les efforts que le chef du gouvernement demandait à la nation pour l'obtenir. Le sénat ne vit que les malheurs présens. Si, dans la campagne de Russie, la gloire comme l'infortune fut toute à la France, et le crime aux élémens, il en était de même de la campagne actuelle, dont la trahison seule avait fait tous les désastres. Cette dernière question était habilement traitée. Le rapport abordait aussi avec grandeur la situation de la patrie. « Le moment est décisif. Les étrangers tiennent un langage pacifique; mais quelques-unes de nos frontières sont envahies, et la guerre est à nos portes : trente-six millions d'hommes ne peuvent trahir leur gloire et leur destinée. La France peut être fière de ses blessures comme de ses triomphes passés : le découragement dans le malheur serait encore plus inexcusable que la jactance dans le succès. Ainsi donc, en invoquant la paix, que les préparatifs militaires soient partout accélérés et soutiennent la négociation. Rallions-nous autour de ce diadème, où l'éclat de cinquante victoires brille au travers d'un nuage passager. *La fortune ne manque pas long-temps aux nations qui ne se manquent pas à elles-mêmes.* » Le sénat avait noblement saisi cette occasion de prendre le rang qu'il devait occuper dans la fortune de la France ; mais, peu de mois après, ce grand principe qu'il venait de proclamer était perdu pour la France et pour lui.

Le corps législatif prit une couleur moins généreuse : au lieu d'arriver au secours de la France et de son chef, il fit le procès de l'empire avec la liberté ; sa commission semblait n'être que l'organe d'un parti, au lieu d'être celui des députés de tous les départemens de la France : « S'il s'agissait, dit dans la séance du 28 M. Raynouard, orateur de la commission, de discuter ici des conditions flétrissantes, sa majesté n'eût daigné répondre qu'en faisant connaître à ses peuples les projets de l'étranger ; *mais on ne veut pas nous humilier, on veut seulement nous renfermer dans nos limites* et réprimer l'élan d'une activité ambitieuse, si fatale depuis vingt ans à tous les peuples de l'Europe. De telles propositions nous paraissent *honorables pour la nation, puisqu'elles prouvent que l'étranger nous craint et nous respecte.* Ce n'est pas lui qui assigne des bornes à notre puissance, c'est le monde effrayé qui invoque le droit commun des nations. Les Pyrénées, le Rhin et les Alpes renferment un vaste territoire dont plusieurs provinces ne relevaient pas de l'empire des Lys, et cependant la royale couronne de France était brillante de gloire et de majesté entre tous les diadèmes. »

Orateur, s'écrie le duc de Massa président, ce que vous dites, est inconstitutionnel ! Il n'y a ici d'inconstitutionnel que votre présence, répliqua M. Raynouard, et il continua par le tableau du despotisme sur lequel gémissaient les peuples du Rhin, du Brabant, de la Hollande.

« Ne dissimulons rien, ajouta-t-il ; nos maux sont à leur comble... Il n'est point de Français qui n'ait dans sa famille une plaie à guérir.... La conscription est devenue pour toute la France un odieux fléau.... Depuis deux ans, on moissonne trois fois l'année.... Les larmes des mères et les sueurs des peuples sont-elles donc le patrimoine des rois? Il est temps que les nations respirent.... Notre auguste monarque qui partage le zèle qui nous anime, et qui brûle de consolider le bonheur de ses peuples, est le seul digne d'achever ce grand ouvrage... Les monarques français se sont toujours glorifiés de tenir leur couronne de Dieu, du peuple et de leur épée, parce que la paix, la morale et la force sont avec la liberté le plus ferme soutien des empires.... »

C'était parler en homme de parti plutôt qu'en homme d'état, en tribun monarchique plutôt qu'en orateur de la législature française. L'Europe assiégeante et la France assiégée apprirent en même temps que le corps législatif se constituait l'opposition. Par suite de ce rapport, une adresse fut votée à la majorité de deux cent vingt-trois voix contre trente-une. Cette adresse semblait être une émanation de la déclaration de Francfort ; elle séparait le peuple français de Napoléon ; elle exprimait vivement le vœu d'une sorte de redressement des griefs imputés au gouvernement de Napoléon ; elle lui demandait des garanties contre lui-même, *des garanties politiques pour engager la nation, pour rendre la guerre nationale.* Il s'agissait bien alors de théories. Sans doute le corps législatif avait raison de vouloir rétablir les bases ébranlées de la liberté publique; il avait raison de vouloir *réprimer les infractions aux lois*, mots sévères, mais justes, auxquels le duc de Massa obtint de faire substituer ceux-ci : *maintenir l'exécution des lois*. Mais le devoir actuel, le devoir pressant et vraiment constitutionnel du corps législatif était de concourir de suite et séance tenante, avec l'empereur, à sauver la patrie par tous les moyens, de prendre l'initiative légale du salut public, et de garder en réserve ses justes remontrances, comme des titres qui devaient survivre aux malheurs de la France sauvée, pour les empêcher de se renouveler jamais. Le corps législatif voulait avec raison rendre la guerre nationale. Si ce grand pouvoir avait proclamé lui-même, à la tête de son rapport et de son adresse, la guerre nationale; si, à cette haute résolution de Napoléon, qui voulait aussi nationaliser la guerre, et à laquelle toute la France eût applaudi, il se fût déclaré le conseil permanent de la défense de la patrie en danger, la patrie entière se serait levée en armes, et le million d'étrangers qui n'osaient déborder sur son territoire qu'après avoir violé la neutralité helvétique, entraîné la

Hollande, soulevé les passions de l'intérieur, effrayé tout à coup du rempart de fer que la population de la vieille France, redevenue civique, eût subitement élevé devant lui, fût retourné promptement sur le Mein, où il eût invoqué l'acceptation des bases de Francfort qu'il venait de refuser. Napoléon ne pouvait point faire lever la France en masse; il n'y avait, comme du temps de la république, que le pouvoir législatif à qui ce droit fût acquis. Napoléon le dit aux députés. «Il faut suivre l'exemple de l'Alsace, de la Franche-Comté et des Vosges. Les habitans *s'adressent à moi pour avoir des armes....* Je vous ai rassemblés pour avoir des consolations : ce n'est pas que je manque de courage; mais j'espérais que le corps législatif m'en donnerait; au lieu de cela, il m'a trompé, au lieu du bien que j'attendais; il a fait du mal.... Vous cherchez à séparer le souverain de la nation. »

Et en effet, le corps législatif, par son rapport, signalait en détail à l'Europe les maux de la situation domestique de l'Empire; il lui indiquait les points où la France était vulnérable; il donnait à tous ses ennemis extérieurs et intérieurs le secret de son plus grand péril; il fit plus, il décolora, en l'accusant, celui qui seul pouvait sauver l'État, s'il était soutenu par les représentans de la nation. Il légalisa pour ainsi dire la méfiance; il se déclara l'opposition à l'empereur; il rompit l'unité.

Le 30 décembre, l'épreuve du rapport et de l'adresse fut saisie chez l'imprimeur, par ordre du ministre de la police; la planche fut brisée. Les portes du Palais législatif furent fermées. Le 31, la législature fut dissoute.

Ainsi c'était par une véritable guerre civile entre le corps législatif et Napoléon que se terminèrent la communication solennelle faite aux premiers pouvoirs de l'État, des espérances et des besoins relatifs à la paix du monde et au salut de la France. La discorde intestine semblait appeler l'invasion étrangère : elle frappait d'un interdit public, d'une sentence nationale, le dictateur armé pour le salut de tous; elle couvrait de ses pertes le sol de la patrie que l'union seule pouvait sauver encore. On avait dit à Rome et à Athènes : « Nous délibérons, et l'ennemi est à nos portes. » On le dira encore une autre fois à Paris, et le même ennemi prendra deux fois la capitale.

L'année 1813 expire dans ce grand conflit des passions de la France et des vengeances de l'Europe. Fatigué de tant de défections, Napoléon n'a plus d'autre ressource que de se réfugier dans l'inexpugable fidélité de son courage et de son armée.

FIN DU SECOND ET DERNIER VOLUME.

TABLE DES CHAPITRES

DU SECOND VOLUME.

Pages.

CHAPITRE PREMIER. 30 mai. — Conférences à Waldstadt. — Correspondance de l'empereur. 1
CHAPITRE II. Conférence de Gebersdorf. — 31 et 1er. juin. — Correspondance de l'empereur. . . . 6
CHAPITRE III. Conférences de Plesswitz. — 1er. et 2 juin. 24
CHAPITRE IV. Conférences de Plesswitz. — 3 juin. — Correspondance de l'empereur. 39
CHAPITRE V. Conférences de Plesswitz, 4 juin. — Correspondance de l'empereur. — Fin de la négociation. — Convention de l'armistice. 51
CHAPITRE VI. L'empereur porte son quartier-général à Dresde. 68
CHAPITRE VII. Séjour de l'empereur à Dresde, du 10 au 30 juin. — Correspondance de l'empereur. . . 77
CHAPITRE VIII. Convention de Dresde, par laquelle la France reconnaît la médiation de l'Autriche. . . . 99
CHAPITRE IX. Affaires politiques et militaires de l'Espagne. — Succès des armées de Catalogne et d'Aragon. — Délivrance de Tarragone. — Retraite de Madrid. — Bataille de Vittoria. — Départ du duc de Dalmatie pour les Pyrénées. — Lettres de Napoléon au maréchal Soult et au prince archichancelier. . . . 111
CHAPITRE X. Prolongation de l'armistice. — Correspon-

dance diverse.—Départ de Napoléon pour Mayence.
— Retour à Dresde. — Du 1er. juillet au 5 août. . . 140

CHAPITRE XI. Convention pour la prolongation de l'armistice. — Départ de l'empereur pour Mayence. — Retour à Dresde. — Lettre au grand-juge. — Correspondance avec l'archichancelier et le prince d'Eckmühl. 167

CHAPITRE XII. Congrès de Prague. — Déclaration de guerre de l'Autriche à la France. — Correspondance de Napoléon. 199

CHAPITRE XIII. Position des armées belligérantes. — Préliminaires de la campagne. 279

CHAPITRE XIV. Combat de Goldberg.—Course de Napoléon en Bohème. — Il revient sur Blücher. — Bataille de Dresde. 293

CHAPITRE XV. Batailles de la Katzbach, de Kulm, de Gross-Beeren, de Dennewitz et de Juterbogt. . . . 312

CHAPITRE XVI. Traité de la triple alliance de Tœplitz. — Manœuvres des deux armées. — Opérations des partisans ennemis sur les communications de l'armée française. — Traité de Tœplitz entre l'Angleterre et l'Autriche. — Traité de Ried entre l'Autriche et la Bavière. — Départ de Dresde. — Combat de Liébertwolkowitz. — Marche sur Léipsick. 346

CHAPITRE XVII. Batailles de Wachau et de Léipsick. . . 384

CHAPITRE XVIII. Bataille de Hanau. — Napoléon à Mayence. 426

CHAPITRE XIX. Suite des affaires d'Espagne et des Pyrénées. 438

CHAPITRE XX. Affaires d'Italie. 464

CHAPITRE XXI. Napoléon à Paris. 472

FIN DE LA TABLE DES MATIÈRES.

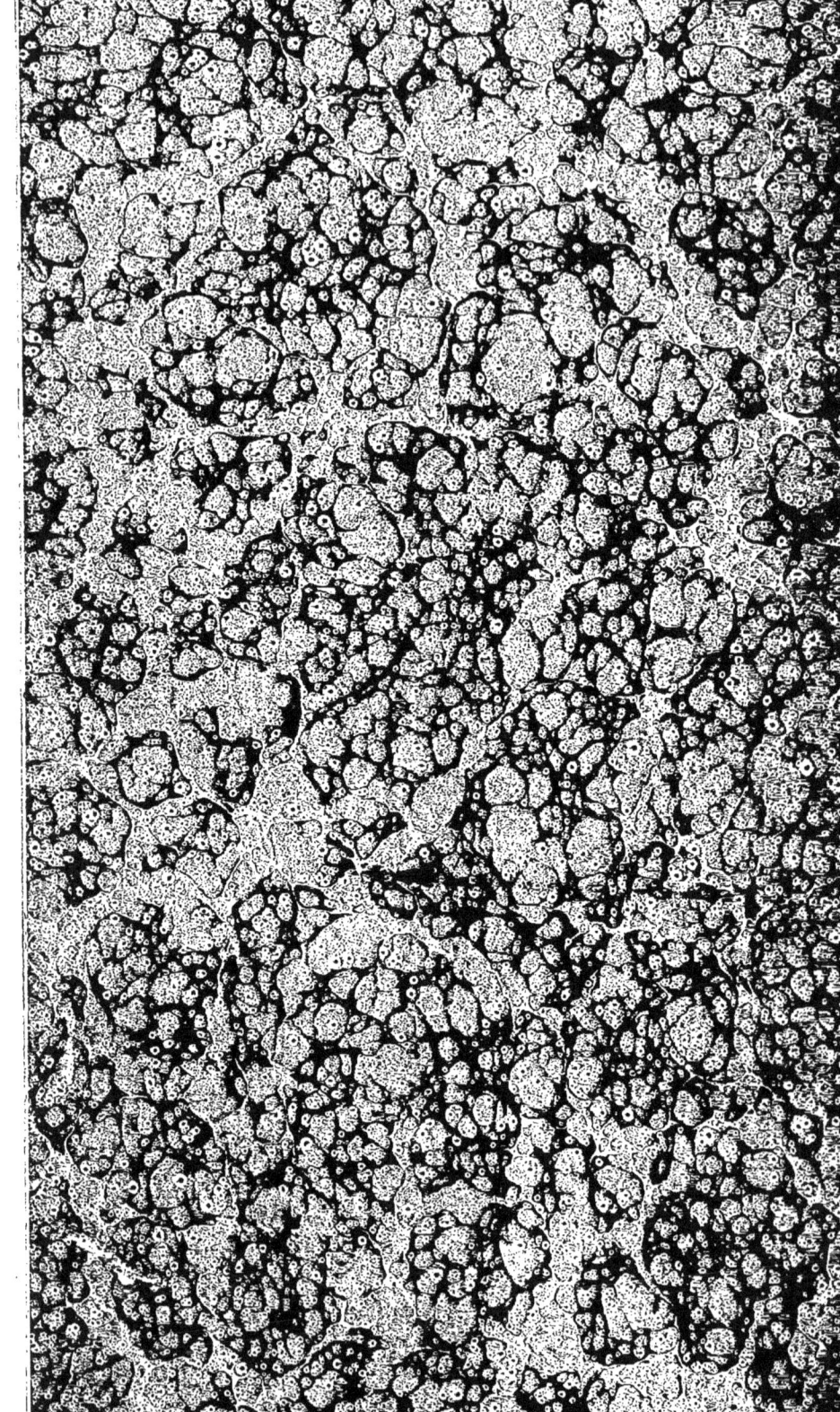

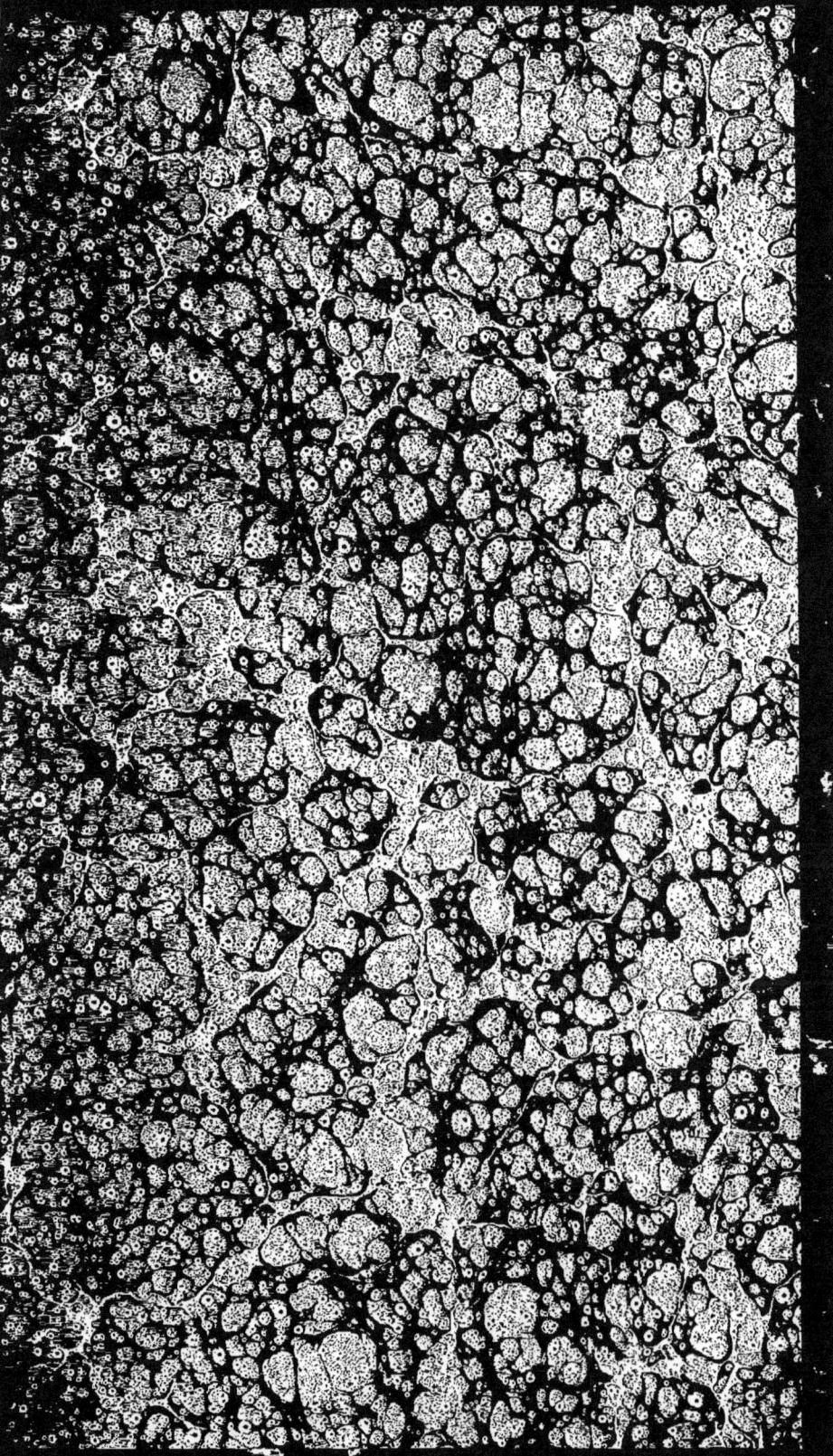

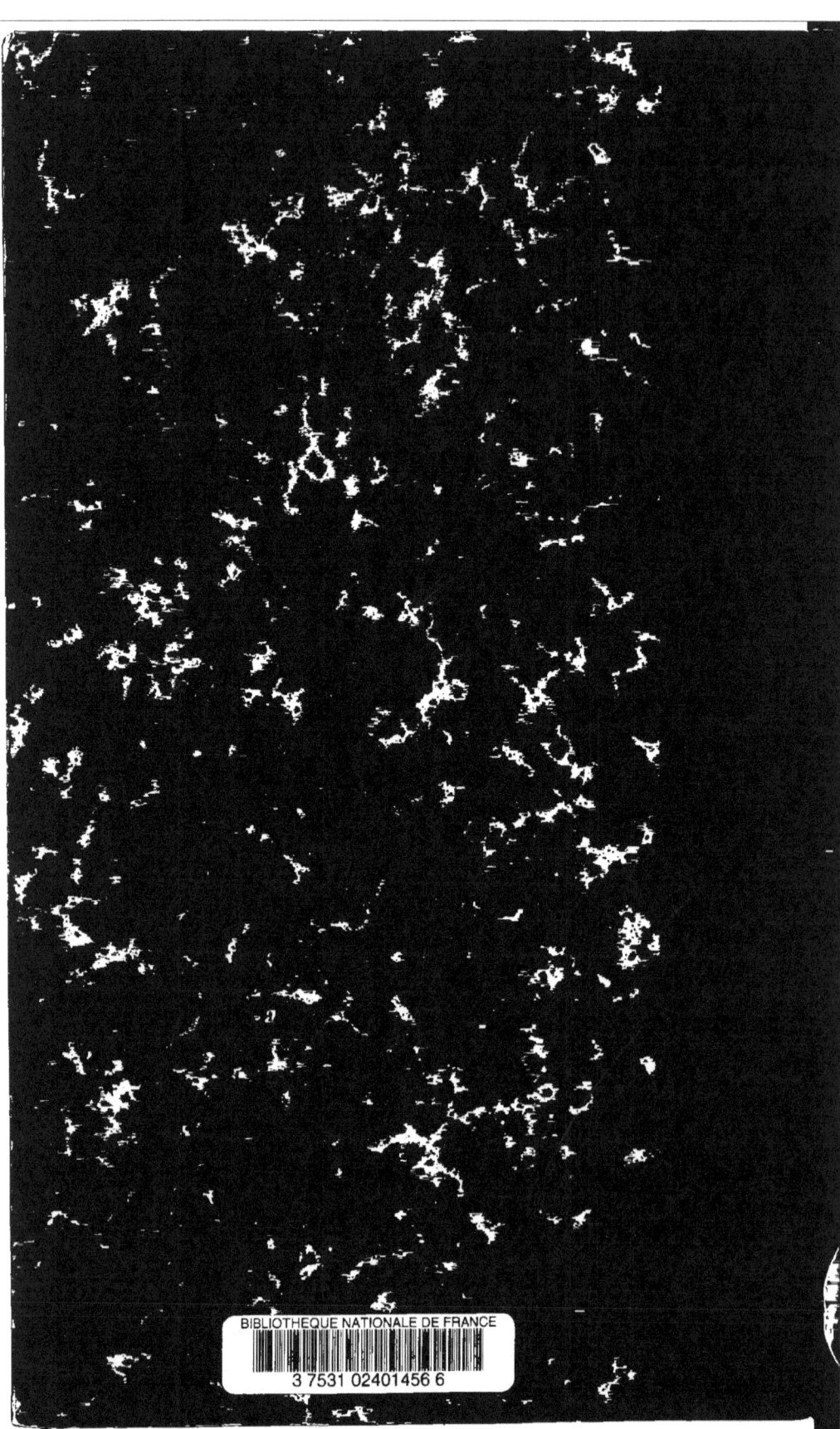

www.ingramcontent.com/pod-product-compliance
Lightning Source LLC
Chambersburg PA
CBHW051129230426
43670CB00007B/741